図解 眠れなくなるほど面白い

日本史

鈴木 旭
Akira Suzuki

日本文芸社

はじめに

いま、日本の歴史と文化に強い興味と関心を示す人々が増えているようです。それも面白半分の興味半分ではないようです。謎解きとか、ミステリーに心惹《ひ》かれるというような歴史愛好家ではなく、真面目に自分が所属する国家の歴史と文化を学ぼうとする人々が増えているように感じられるということです。

それはどういうことか、何故、そういう現象が起きているのか、などと問うまでもありません。アメリカと中国の対立と争点が浮かび上がり、混乱し、混迷の度合いが深まるにつれ、世界中の諸国・諸地域でもクーデタや内乱、侵略、武力衝突が相次いでいるからです。我が国の周辺でも例外ではありません。

また、世界各国各地において、第二次世界大戦の世界秩序を圧倒的な経済力と軍事力、そして、最先端の科学＝技術力で守り続けてきたアメリカの力が低下、弱体化してきたために各地で支配体制に緩《ゆる》み、綻《ほころ》びが出てきました。しかし、現在はアメリカに代わって世界秩序を取り仕切る国は存在しません。したがって、自国の利益以外は頭にない国と地域は、アメリカの足元を見て悪さを働くようになります。

そういう地政学的、地理的環境にありながら我が国の国情を冷静に観察してみると異常なほどに静かに、穏やかな生活を楽しんでいるように見受けられますが、なかには時勢の赴《おもむ》くところを感じ取り、国家国民の行く末を考え、いま、何を為《な》すべきなのか、真面目に考える人々、日本国を意識して日々を生きる国民が増えてきたということです。

一人の日本国民として、日本の未来と近未来を展望するならば、いま、自分が平和と安寧、安心の暮らしを享受していること、安心の暮らしができることにまずは感謝しなければいけないのではないでしょうか。どうして我が国だけが例外的な平和と安寧を享受できるのか。なぜなのか。

日本文化は縄文文化に発します。本来、縄文文化に土着するものです。縄文文化は自然の流れ（法則）に逆らわず、それを受け入れ、それを活かす文化です。そして、楽しむ文化です。

ポイントは和合と協調にあります。たとえ、大陸由来の弥生文化に出逢っても、欧米由来の近代文化を受け入れても細やかな日本文化に変容して定着したのです。

今後、ますます世界の対立と混乱は深まっていくでしょうが、われわれ日本人の進むべき道に迷いはありません。本書に貫かれている、誇るべき文化と歴史に学び、独自の道を行くだけです。

令和元年10月　自宅書斎にて記す

鈴木 旭

眠れなくなるほど面白い 図解 日本史

目次

はじめに……2
01 日本列島の誕生……12
02 火山の崇拝……14
03 縄文文化の発生……16
04 縄文農耕の始まり……18
05 進化する石器・土器……20
06 農業の発展 稲作導入……22
07 邪馬台国の実体……24
08 神武東征説話の真偽……26
09 実際の出雲王国……28

10 大和の大国主命伝説 …… 30
11 ヤマトタケルの悲哀 …… 32
12 応神天皇の河内開発物語 …… 34
13 仏教伝来と聖徳太子の国造り …… 36
14 女帝時代の権力抗争 …… 38
15 大化改新の真偽 …… 40
16 壬申の乱と天武天皇 …… 42
17 独自の和唐折衷文化 …… 44
18 本格的な都の建設＝平城遷都 …… 46
19 悲願の大仏建立 …… 48
20 平安京建設と蝦夷平定 …… 50
21 平安仏教の二大巨人、空海と最澄 …… 52
22 藤原一族の黄金時代 …… 54
23 早すぎた武家政権、平将門と藤原純友 …… 56

24 人材輩出の藤原道長時代 58
25 源頼義、義家の悲哀 60
26 奥州藤原氏の黄金文化 62
27 上皇・法皇の陰謀 64
28 源平を操る白河法皇 66
29 海賊将軍＝平清盛 68
30 木曽の暴れん坊、義仲 70
31 鞍馬の小天狗、義経の活躍 72
32 源頼朝と鎌倉幕府 74
33 尼将軍政子の咆哮 76
34 二度にわたる元軍撃退戦 78
35 後醍醐天皇のアナクロニズム 80
36 新時代の武家棟梁、足利尊氏 82
37 百花繚乱の新しい武家文化 84

38 惣村パワーの炸烈 86
39 応仁の乱＝雑兵の活躍 88
40 勘合貿易を巡る対立 90
41 下剋上の代表選手＝戦国大名 92
42 法華の乱の真相 94
43 まむしの道三＝国盗り物語 96
44 信玄と謙信の死闘 98
45 信長の電撃的デビュー 100
46 天下布武の大戦略 102
47 本願寺王国（一向一揆）との戦い 104
48 天下を継承する秀吉 106
49 前代未聞の仰天戦法、小田原攻め 108
50 信長亜流の限界、文禄・慶長の役 110
51 織豊政権への反動＝関ヶ原合戦〜大坂の陣 112

52 天下普請＝江戸と江戸城の建設 114
53 アジアの海を渡る朱印貿易船 116
54 鎖国への道＝オランダの陰謀 118
55 低成長期の地味なビジネス 120
56 戦国の終えん＝生類憐みの令 122
57 討ち入り　赤穂事件 124
58 享保改革、破綻せる農本主義の立て直し 126
59 田沼意次の重商主義政策 128
60 歩いて作った超精密測量地図 130
61 天保改革のアナクロニズム 132
62 「鎖国」を破ったペリー来航 134
63 安政大獄と桜田門外の変 136
64 咸臨丸、荒海に乗り出す 138
65 生麦事件の波紋 140

66 薩長両藩の攘夷戦 …… 142
67 八・一八政変　尊攘派公家の都落ち …… 144
68 新撰組の池田屋襲撃 …… 146
69 意外な結末　長州征伐前後 …… 148
70 奇跡の薩長同盟 …… 150
71 大政奉還と慶喜の真意 …… 152
72 江戸城無血開城と彰義隊決戦 …… 154
73 会津の悲劇 …… 156
74 画期的な版籍奉還・廃藩置県 …… 158
75 殖産興業と教育改革 …… 160
76 西南戦争　士族の反乱 …… 162
77 自由民権運動と国会開設 …… 164
78 不平等条約撤廃と憲法発布 …… 166
79 日清戦争　朝鮮の宗主国清国との戦い …… 168

80 三国干渉と日露戦争……170
81 実業家渋沢栄一の活躍……172
82 第一次世界大戦と大陸出兵……174
83 世界恐慌と植民地経営……176
84 東亜新秩序構想と日中戦争……178
85 アメリカ参戦　太平洋戦争……180
86 GHQによる日本解体作戦……182
87 GHQの統治方針の大転換……184
88 ソ連の崩壊と東欧の消滅……186
89 時代遅れの中国の帝国主義……188
90 新生日本の『積極的平和主義』……190

ブックデザイン　株式会社ウエイド（菅野 祥恵）
イラスト　株式会社ウエイド（山岸 全）

図解 眠れなくなるほど面白い
日本史

01 日本列島の誕生

人類の進化と地質年代

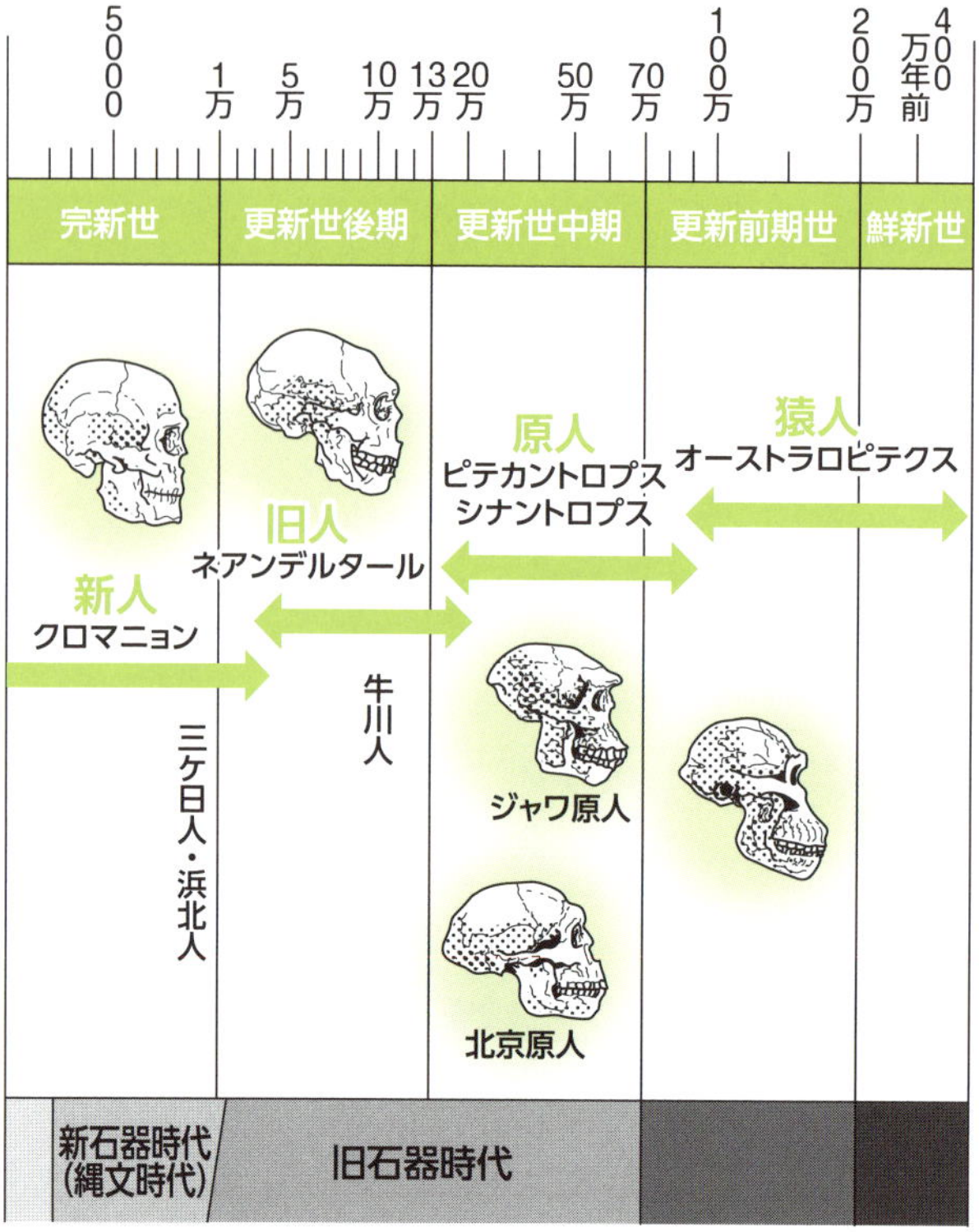

地理的、地政学的条件は、その国の歴史と文化を規定すると言われています。それは単に攻めたり、攻められたりする出来事だけでなく、その国の成り立ちや国民の本性、本質までも規定するということです。

たとえば、わが国の歴史と文化を語る時、無視できないのが日本列島の誕生ですが、意外にもあまり意識化されることなく、簡単に見過ごされているのが現状です。

しかし、大陸と日本列島が地続きであった時には乾燥した大陸性気候が支配的であったのが、日本海（湖）に暖流（黒潮）が流れ込み、列島を大陸から切り離し、独立した島にしてしまったため、温暖性の湿潤の海洋性気候が支配する島に変わってしまったのです。

草花の植生や生息する動物・鳥類・昆虫、菌類に至るまで一変しました。お陰で食糧資源の豊富化をもたらし、縄文文化成立の基盤が形作られたのです。

更新世末期の日本列島

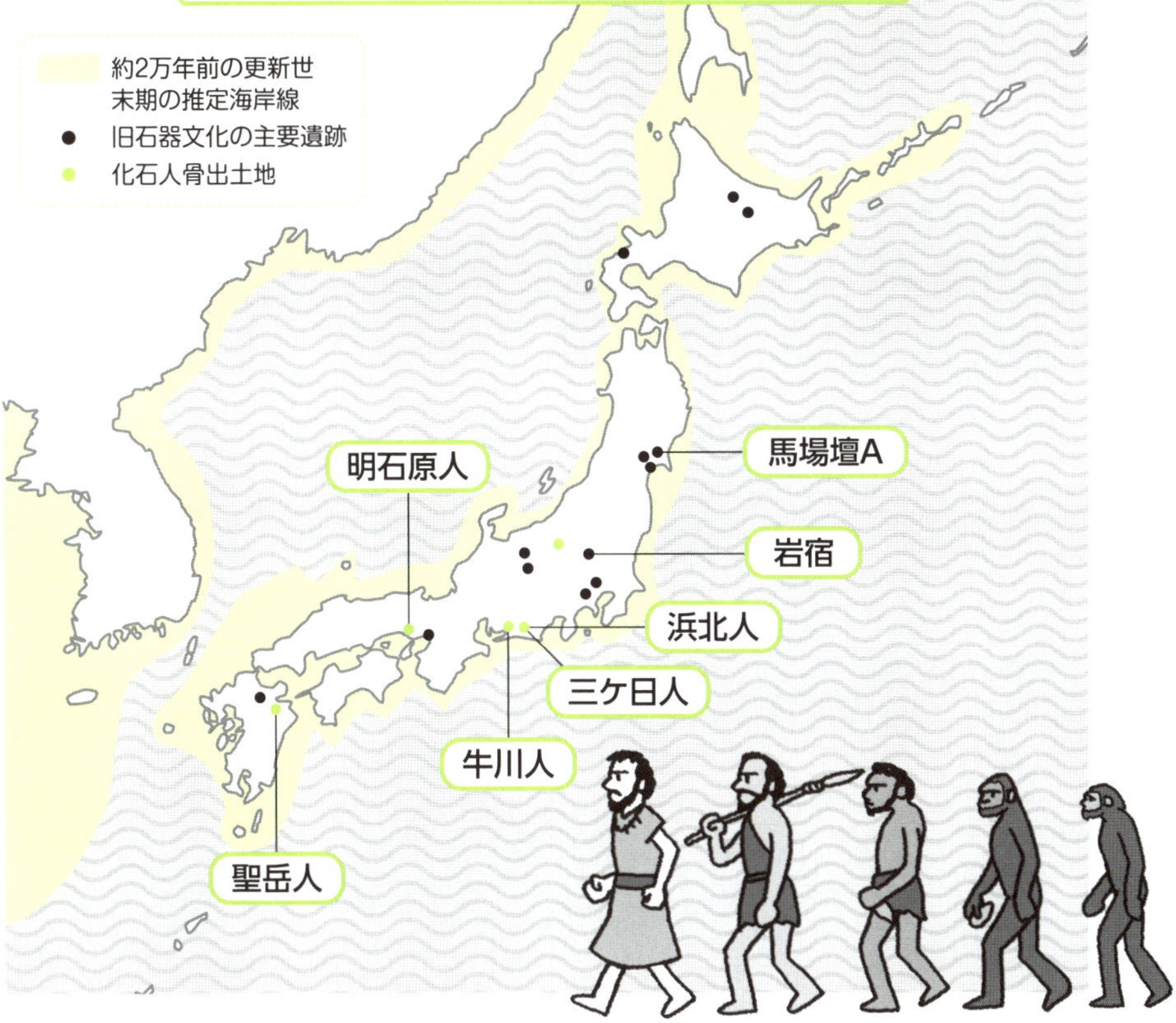
約2万年前の更新世末期の推定海岸線
旧石器文化の主要遺跡
化石人骨出土地
明石原人
馬場壇A
岩宿
浜北人
三ケ日人
牛川人
聖岳人

Column

縄文大海進

1万2000～3000年前、気候が温暖化して海面が上昇したために湖状態であった日本海に黒潮（暖流）が流れ込み、日本列島が大陸から切り離されたため、自然環境が一変。水位が80～120メートル程、上がったと言われている。東日本にはブナやナラが生い茂り、西日本にはシイなどが広がったため、大型獣が絶滅し、シカやイノシシが繁殖する。この環境変化を基盤にして発生したのが縄文文化である。

外野席

前期旧石器文化　上高森遺跡のでっち上げ事件以来、社会問題となった「前期旧石器文化」だが、だからと言って、旧石器文化が否定されたり、低められることはない。岩宿遺跡（群馬県）はじめ、旧石器文化の調査研究が進展している。早とちりして、前期縄文文化を否定してはいけない。

02

火山の崇拝

日本列島の主な火山
火山が
日本文化の源
なのか？
● 現在、気象庁が常時
観測している50火山

環太平洋諸国諸地域、とりわけ、日本列島は世界でも名立たる火山地帯として知られています。日本列島は北から南まで火山が連続する火山列島なのです。

火山は一旦爆発すれば、辺り構わず焼き尽くし、緑の沃野を焼き尽くしてしまうのですが、大人しくしていれば母なる原郷となる――。山は雲を起こし、雨を降らせ、水を蓄えて地下水となり、川となって川下に流れ下り、平野を潤すからです。

そこに例えようのない畏《おそ》れと限りなき感謝を伴う信仰心が芽生え、原始宗教とも言うべき山岳信仰が発生したのではないかと考えられます。ピラミッド（古代山岳祭祀遺跡）とストーンサークル（環状列石）は、そのシンボルとされたようです。

日本列島には自然の山を利用した半自然、半人工のピラミッドが多数あり、ストーンサークルも多数見られます。

謎に包まれた大湯環状列石

秋田県鹿角市にある遺跡。野中堂、万座の二つの環状列石からなる。現時点では出土した土器と土偶から縄文後期に造られたという事実しか判明していない。考古学関係者の間では大別すると「墓地説」と「祭祀場説」という二つの見解がある。

なんのために
作られたのか
わかって
いないぞ

Column

黒又山ピラミッド

十和田湖の南西にクロマンタ（黒又山）と呼ばれ、昔からピラミッドではないか、と噂されてきた三角山がある。環太平洋学会が考古学者を中心に調査団を編成し、天文学・地球物理学・環境工学・岩刻文様学等の総合的な調査を実施したところ、少なくとも縄文後期以前に自然の地山に人工的な工事を施し、建設した遺跡であることを実証した。それは北に聳《そび》え立つ黒森山を本殿として礼拝する拝殿であることがわかった。山を崇拝する山だったのである。

外野席

大湯環状列石　ピラミッドとストーンサークルは別々に論じられてきたがワンセットのようだ。黒又山の山頂部で大湯環状列石の組み石と同じ石が発見され、同様の組石遺構があった可能性が浮上したからだ。無視できない事実として注目されている。他、筑波山と環状土塁遺構（寺野東遺跡）のようなマッドサークルである。

03

縄文文化の発生

縄文時代に登場する様々な道具

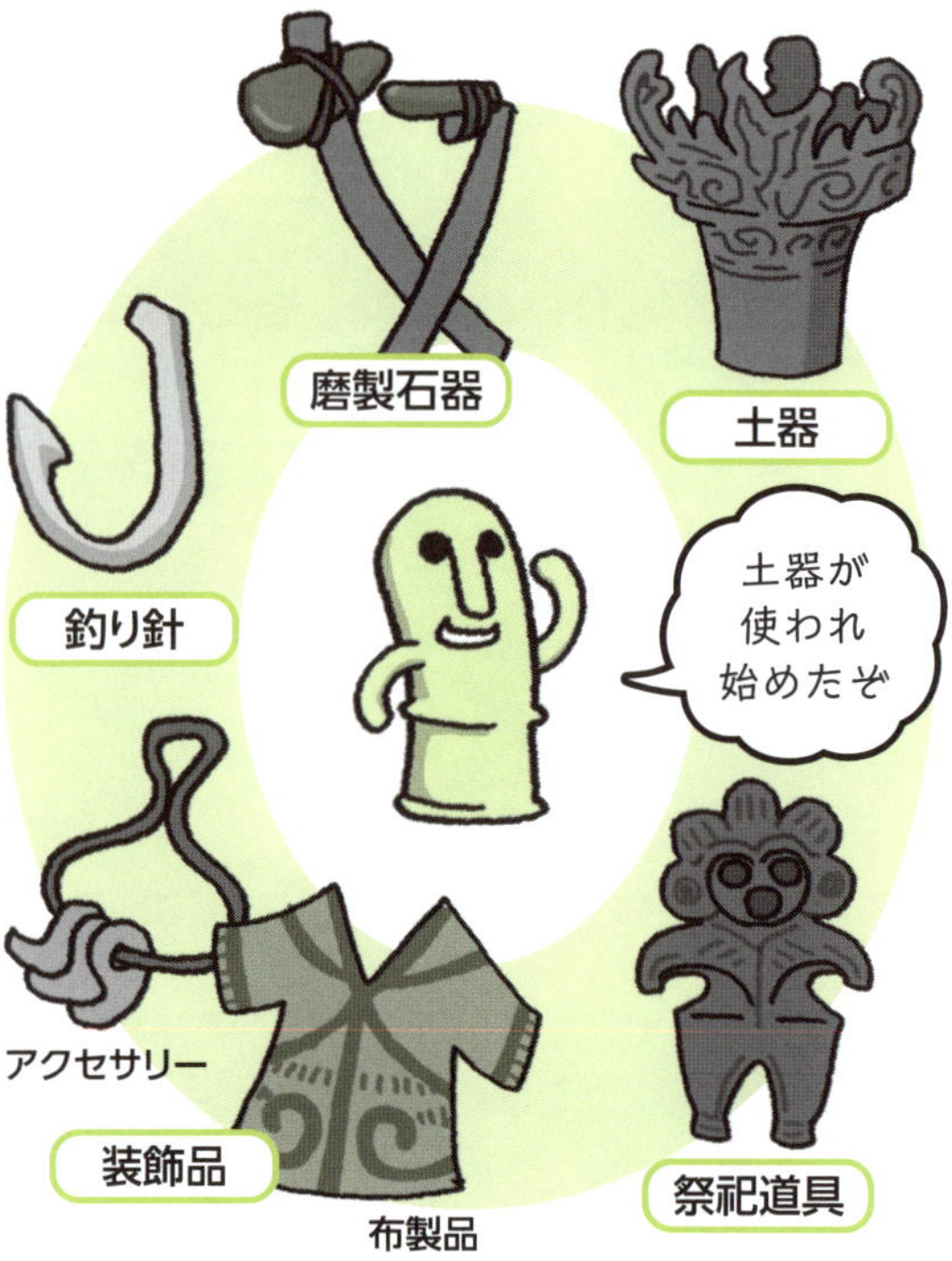
磨製石器
土器
釣り針
土器が
使われ
始めたぞ
アクセサリー
装飾品
布製品
祭祀道具

日本海に暖流が流れ込み、日本列島の気候変化、植生変化、生態変化が始まり、自然環境が一変したことが縄文文化成立の前提条件になっています。

古生態学者たちの花粉分布測定調査では、いまから一万二千年前までは亜寒帯性の針葉樹林が列島全体を覆っていたのですが、次第に西日本から東日本へブナやナラの落葉広葉樹林帯が広がっていったようです。

落葉広葉樹林は大地を肥やし、様々な植物を育て、それを食料とする動物や鳥類を繁殖させるので、それだけ人類の食糧資源、生活環境も豊かになりました。その時、人類史を画する大事件が勃発したのです。

土器の発明です。火山の爆発、溶岩流で土が焼けると硬くなることを発見し、焼くことで土器を作る技術を発明したのです。これによって、食糧加工、保存技術が飛躍的に進化します。火山列島だからできたのです。

縄文時代の住居

Column

あいまいな縄文文化概念

素朴な疑問であるが、ある考古学者の言を引用する。「縄文文化とは縄文土器によって代表される文化であるという見解が根強いのですが、土器の有無が文化や時代を規定するほどのものであるのかどうか、たえず疑問がつきまとうところです…土器と同じ程度に時代区分の指標になりうるものはほかにも多く、たとえば縄文前期～中期に見られる定住村落の形成などは、その代表的な例としてあげられましょう」（東京美術刊・渡辺誠著）

外野席

多民族国家論　未だに「日本人は単一民族」とする見解が根強い。旧石器時代の野尻湖人（長野県）や岩宿人（群馬県）の他、黒潮に乗ってきた南方系の他、シベリア、カムチャッカから南下、大陸から渡来する者があった。その結果、他民族間の混交が繰り返されたのは言うまでもない。日本は多民族国家だったのだ。

04

縄文農耕の始まり

縄文時代の選択栽培

栗の木を植える
1
どうやって
食料を手に
入れよう？
2
3
4
苦労せずに収穫
果樹園のように増設

土器が発明され、食糧加工、保存技術が改善されると定住生活が可能となり、集落が営まれるようになりました。これは最近になってわかってきたことです。

定住生活が始まると周辺の自然環境に手を加え、種子を選択して栽培するようになりました。栗や稗《ひえ》の栽培をしたことが三内丸山遺跡の土壌採取、花粉分析でわかっています。これを選択栽培（半農業）と言います。

冬場の農作業をするためのロングハウスも建設されるようになりました。小・中学校の体育館のような大きさです。建物が大きいのは、雪の降る冬場でも集落の住民全員で共同作業をするためです。

竪穴住居の住み心地も意外に快適で、履き物や衣類なども編み物技術の高度化で次々に改善され、清潔で豊かな暮らしをしていたことがわかってきました。各地の遺跡発掘で次第に実態が明らかになってきています。

Column

広大な定住集落

学校で習った縄文人のイメージは、粗末な毛皮を身にまとっただけで野山を駆け巡り、鳥や獣を追い掛ける姿。そして、洞窟で火を灯して暮らすというイメージだったが、まったく異なる高度な文化人だった。青森市の三内丸山遺跡、鹿児島県国分市の上野原遺跡、北海道函館市の函館空港遺跡群で、かなり広い集落遺跡が見つかった。早くから定住生活を営んでいたのである。

外野席

クリーンルーム　竪穴住居は暗くて、じめじめした小屋だった？　現代人は誤解している。屋内の地面は一旦、掘り上げた土に砕いた炭と土器片（焼結土）を混ぜて敷き詰め、叩き、固めていた。室内の湿度調整は無論、マイナスイオンが満たされたクリーンルームだったのである。

05 進化する石器・土器

時と共に多種多様に

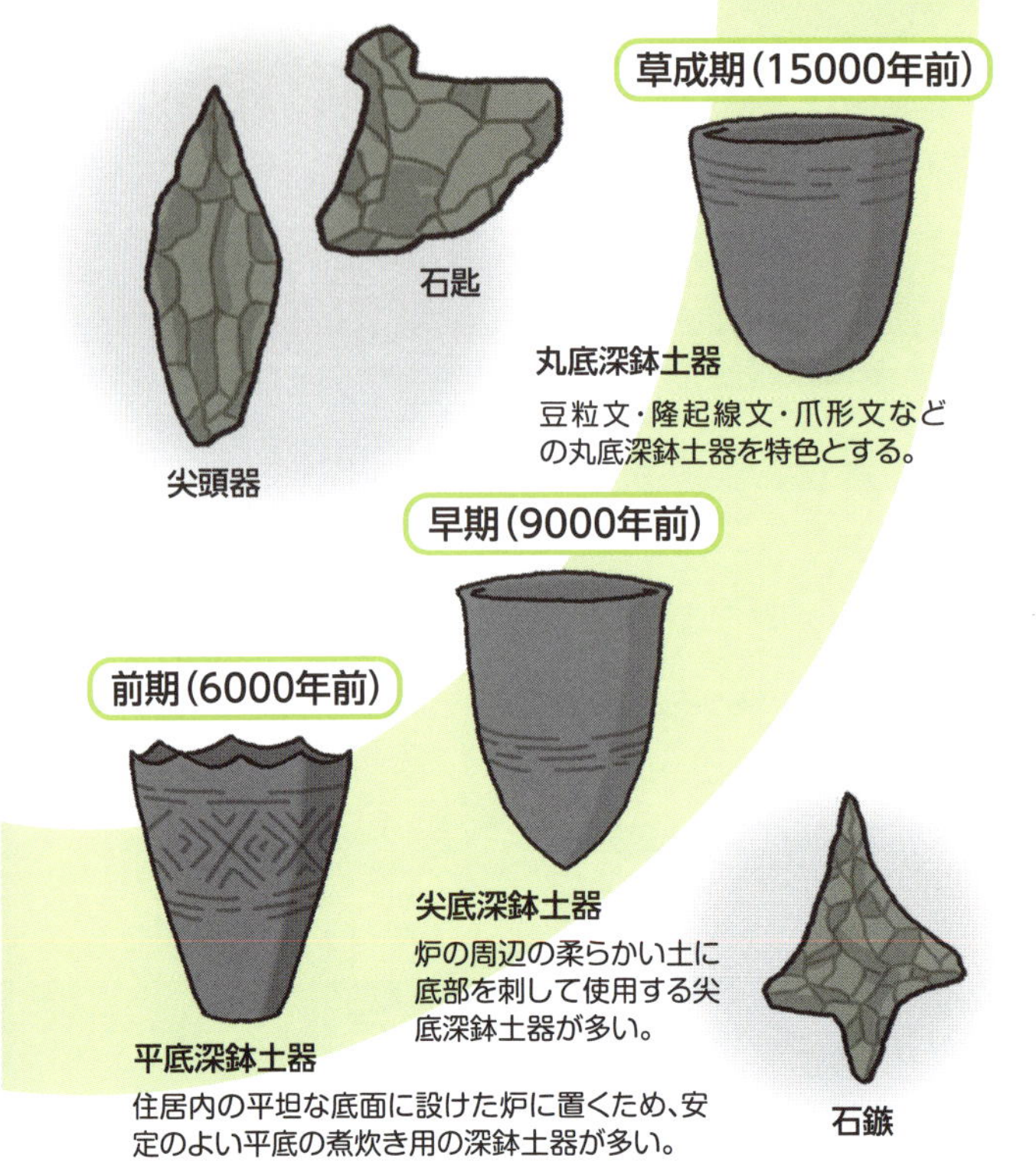

草成期（15000年前）
石匙
尖頭器
丸底深鉢土器
豆粒文・隆起線文・爪形文などの丸底深鉢土器を特色とする。
早期（9000年前）
前期（6000年前）
尖底深鉢土器
炉の周辺の柔らかい土に底部を刺して使用する尖底深鉢土器が多い。
平底深鉢土器
住居内の平坦な底面に設けた炉に置くため、安定のよい平底の煮炊き用の深鉢土器が多い。
石鏃

縄文農耕が深化発展し、食生活が変化してくると狩猟・採集道具よりも調理・保存用道具の開発、実用化が進みます。

まず、炉が複式炉に改良され、常に置き火をおいて、いつでも調理できるようになりました。煮炊きに使う深鉢だけでなく、浅鉢もセットの土器として作られ、杓子型の木器や土器も出現し、団子やすいとん状の食糧が食べられるようになりました。

つまり、堅果類の粉をこねたり、団子状にした食材をすいとん状に調理したり、肉や山菜と一緒に煮炊きしたり、雑炊状にして食べるとか、食生活のバリエーションが豊かになってきたことを反映しています。

こうした変化は、漁業や狩猟が生活に占める割合が低くなり、選択的栽培や焼畑農業などの先進的な農耕の占める割合が高くなった縄文中期以降の特徴です。安定した食生活を裏付ける道具が出土するようになります。

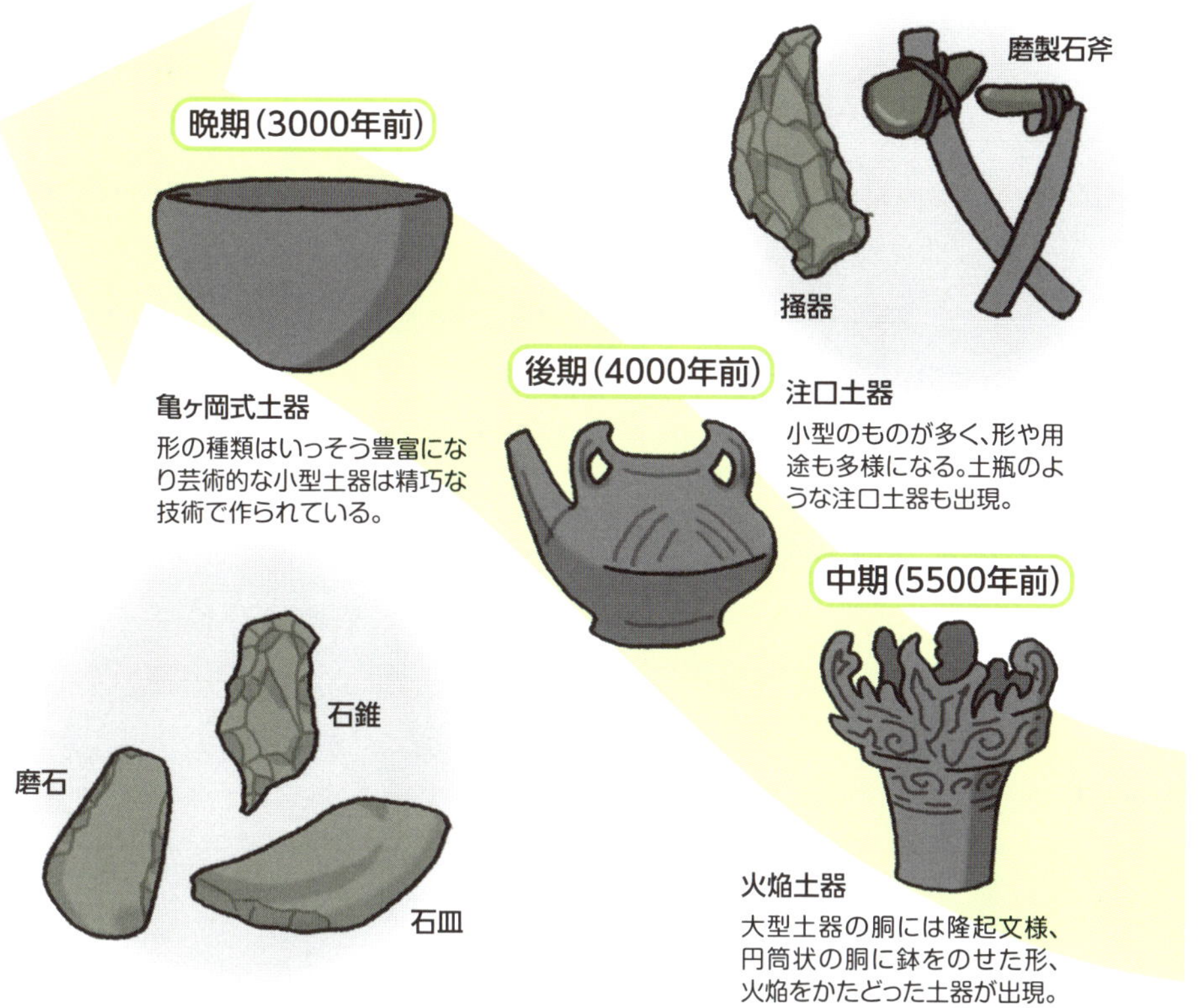
晩期(3000年前)
亀ヶ岡式土器
形の種類はいっそう豊富になり芸術的な小型土器は精巧な技術で作られている。
磨製石斧
掻器
後期(4000年前)
注口土器
小型のものが多く、形や用途も多様になる。土瓶のような注口土器も出現。
中期(5500年前)
火焔土器
大型土器の胴には隆起文様、円筒状の胴に鉢をのせた形、火焔をかたどった土器が出現。
石錐
磨石
石皿

Column

予想以上の高度な技術・文化

三内丸山遺跡が世に知られるようになった時、現代人を驚かせたのは縄文人が予想以上に高度な科学と技術力を持っていたということ。直径一メートル余のクリの木柱痕が見つかった時、奈良時代の仏教建築が出現するまではお目に掛かれない大型建築物だということで話題になった。また、集落のほぼ中央で長軸30メートル、短軸9メートルの超大型建築物(ロングハウス)が見つかった時、体育館か、と驚かされた。

外野席

縄文の名付け親　縄文の名付け親は、大森貝塚を発見したモースではなく、菅江真澄（江戸後期の学者）らしい。菅江は三河国の住人であるが、津軽巡遊の途中、陸奥湾を見下ろす三内村に通り掛かり、人の頭や仮面の形をした土器を発見。「縄形の文様」とメモしたノートが見つかったのである。

06

農業の発展 稲作導入

弥生時代の稲作風景

縄文草創期以来、上昇し続けていた気温が縄文中期をピークにして下がり始めます。気候の寒冷化が顕著になり、少しずつ寒くなってきたのです。当然、植生も変わり、食料事情も厳しくなってきます。

その結果、人口が減少します。遺跡分布に基づく人口動態を推計したところ、縄文前期十万五千人が中期二十六万一千人に急増した後、後期十六万人に減少。晩期には七万六千人まで急減します（小山修三調べ）。

ですが弥生になり、いきなり五十九万五千人に急増します。その謎は鉄器と共に渡来人が持ち込んだ稲作のおかげです。水利の良い、低地の湿地帯を利用して耕作される稲作は収穫物（米）の保存性も良いため、急速に西日本一帯に普及したのです。

しかし、東日本では無理に稲作をしなくても実り豊かな自然の恵みがあったので、絢爛《けんらん》豪華な亀ヶ岡文化の華を開花させたのです。東北は遅れていたわけではないのです。

原始国家が生まれた弥生文化

日本列島は寒冷化して食べ物が不足しているぞ
BC500～600年頃、稲作・金属器の文化が上陸
短期間で畿内まで拡大普及
東日本
稲作を必要としない豊富な食糧のもと、縄文晩期～続縄文期に独自文化を形成
西日本
階級分裂が発生し垂直構造の社会に変質、原始的国家が出現

Column

縄文文化は終わらない

寒冷化が進み。食料事情が悪化した時、米栽培が導入され、食料事情が安定したところで弥生文化が始まり、縄文文化は終わったかのように説明されてきたが、それは逆。縄文文化が深化発展し、バリエーション豊かな食生活が実現されたことが遺跡調査の結果、判明している。とりわけ、注目されるのが米作りが始まっても負けずに光り輝いたのが、遮光器土偶で有名な亀ケ岡文化（続縄文文化）だった。

宇宙服を着ているみたいだね

外野席

稲作の限界　北九州に住む人々が稲作を手掛け、弥生式土器や金属器を使うようになり、猛烈な勢いで瀬戸内海を東上。近畿一帯に普及した後、静岡の登呂遺跡に到達した途端、スピードが鈍る。東日本では豊かな自然環境があり、食料事情に恵まれていた。その差、違いは赤土と黒土。東日本は肥沃な黒土に恵まれていたのである。

07
邪馬台国の実体

邪馬台国はどこにあった？
関西と九州どっちだと思う？
卑弥呼
狗邪韓
対馬
一支
伊都
末盧
奴
各説が主張する邪馬台国の位置

鉄器が導入され、稲作が普及すると平等な縄文社会に貧富の差が生じ、支配する者とされる者に分かれます。また縄文社会同士でも差が生じ、強弱の差が出てきます。どれだけ鉄器を持っているか、どれだけ米が採れたか、で評価が決まるようになります。

ムラ程度の小さな縄文社会が対立と併合を繰り返し、大きな集団（クニ）に成長します。さらにクニとクニが連合体を作り、他の連合体と競合し、対立します。それが『魏志倭人《ぎしわじん》伝《でん》』に記された「卑弥呼《ひみこ》の邪馬台国《やまたいこく》」のような原始的国家を形作るようになります。

ただ邪馬台国は関西方面か、九州方面か、未だに決着が付かないのですが、論争が長引いている間に議論百出し、百花繚乱の勢い。いまは外国説まで登場する始末。『倭人伝』の記事の読み方、銅鏡の謎など、検討課題は多岐にわたるからです。

冷静に追及したいものです。

その頃の中国と朝鮮半島

Column

吉野ヶ里遺跡に見るクニの構造

吉野ヶ里遺跡は国家創成期の原始的国家の構成要素であるムラ（小国家）の実体を示すものとして注目しておきたい。深い環濠に囲まれ、高い物見やぐらを備えた環濠集落は様々な附属施設を伴っていた…。

外野席

銅鏡百枚の謎　卑弥呼は紀元 239 年、魏に国交を開く使者を派遣すると魏朝皇帝から「親魏倭王」に任ぜられ、「金印紫綬」を授けられたという。その際、「銅鏡」が授けられたというが、「景初三年鏡」の他、「四年鏡」もある。景初年間は三年までで四年はないため、鏡自体が疑問視されている。

08

神武東征説話の真偽

「記紀」によるイワレヒコの系図

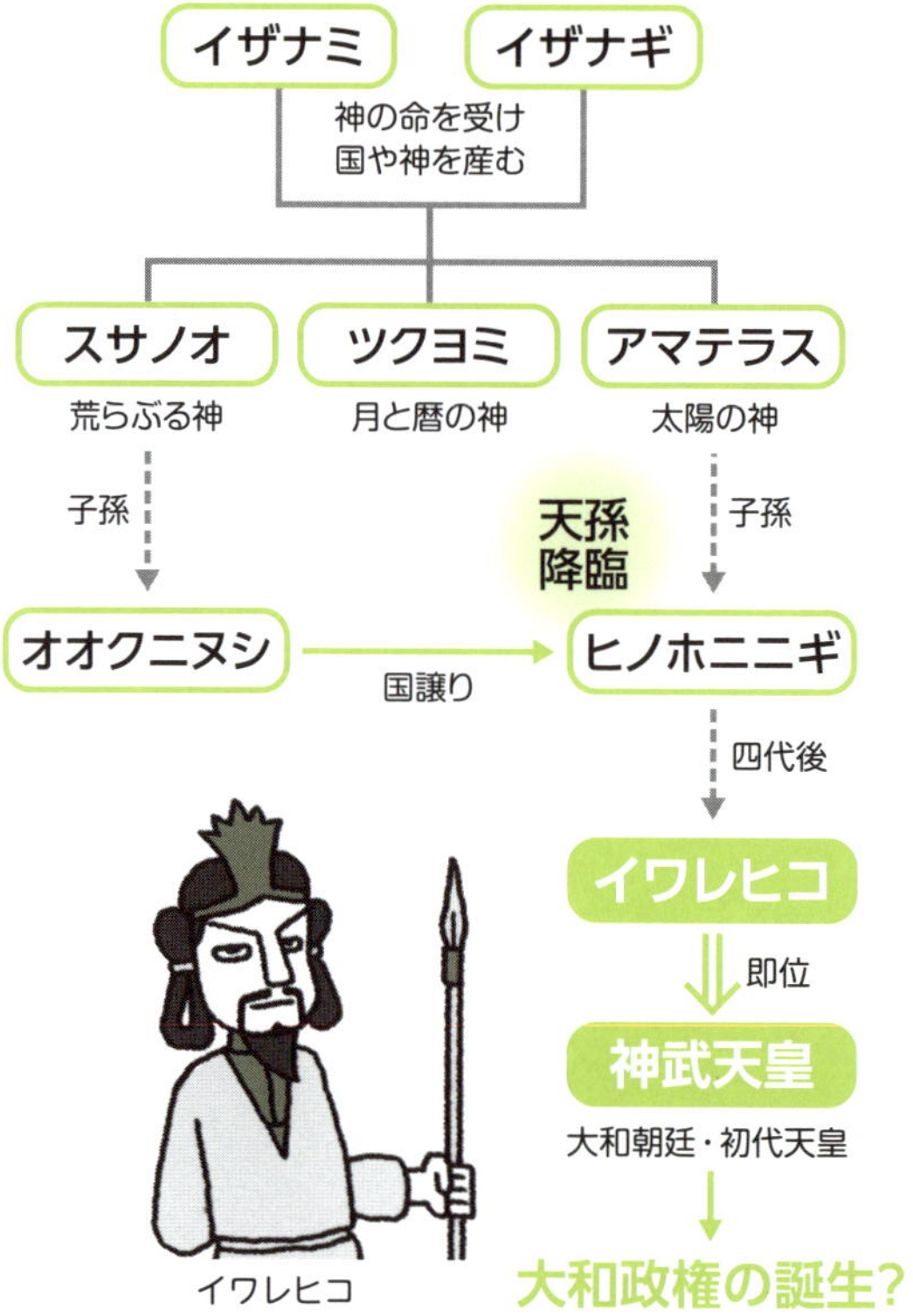

神武東征説話は、日向国《ひゅうがこく》（いまの宮崎県）の豪族イワレヒコが東の国へ攻め上がり、西日本を制圧し、大和国の橿原宮《かしはらのみや》にて初代天皇に即位。神武天皇となり、日本最初の国を開いたと伝えられる神話です。

ですが、明治政府が「紀元節（建国記念日）」制定時に神武天皇の即位年代を紀元前六六〇年一月一日としたために、逆に真実味が出てきました。縄文文化が終焉し、弥生文化に交代する時期に重なるからです。

紀元前六六〇年は考古学上、縄文晩期に属し、地域によっては弥生時代に移行しつつある年代で、早いところは縄文集落からムラ、ムラからクニへ変化する動きがあったかもしれません。微妙なところです。

また、春秋戦国時代で荒れまくる中国大陸から多数の国外脱出者がわが国に漂着したため、「神武東征」は混乱する日本を守るための各地の行動を総称している可能性があります。微妙なところです。

イワレヒコの東征ルート（『古事記』より）

浪速《なみはや》の渡《わたり》
白肩《しらかた》の津《つ》（楯津《たてつ》）
速吸門《はやすいなと》（?）
高嶋《たかしま》の宮《みや》
畝火《うねび》（傍）
吉備《きび》の国
忍坂《おさか》
阿岐《あき》（安芸）の国
多祁理《たけり》の宮《みや》
宇陀《うだ》
岡田《おかだ》の宮《みや》
血沼《ちぬ》の海《うみ》
熊野《くまの》
竺紫《つくし》（筑紫）の国
宇沙《うさ》
豊国《とよくに》
男《お》の水門《みなと》
紀《き》の国
速吸門《はやすいなと》（?）
スタート
日向《ひむか》の国
高千穂《たかちほ》の宮《みや》
大陸は春秋戦国時代。ボートピープルがたくさん上陸して、混乱していたらしい

Column

乱暴な神武伝説

神武天皇の祖国日向国には理解に苦しむ遺跡が多い。鵜戸《うど》神宮の洞窟遺跡、生目山《いきみややま》〜笠《かさ》置山《ぎやま》周辺の女陰石、盃状穴《はいじょうけつ》、月天子《がってんし》、その他は母系制社会の伝統を色濃く残す遺跡遺構であり、男系天皇制の遺跡遺構ではない。少なくとも神武天皇の祖国の遺跡遺構としてはふさわしくない。あるいは逆に母系制社会であったために神武天皇は日向国を捨て、新しい国造りのために東方に向かって旅立ったのではあるまいか、と考えざるを得なくなってくる。まったくの的外れとは思えない。

外野席

鳥型古墳の意味　生目古墳群の怪現象。無理矢理に前方後円墳に改造された疑いのある古墳群が並んでいるのは驚きである。素直に見て行くと「鳥の形」に見えて来るから不思議。八咫烏を信奉する神武天皇にとって、これは許し難い暴挙であろう。非公式な話だが、これらは大正時代に改造されたようだ。

09 実際の出雲王国

古代の出雲大社

東大寺の大仏殿は高さ 45 m。それより高かったんだって！

従来より、出雲では銅剣銅矛《どうほこ》中心の九州文化と銅鐸《どうたく》中心の大和文化が混在していたのですが、ある日、突然終焉したと推測されています。荒神谷《こうじんだに》（出雲市）で大量の銅剣、銅鉾、銅鐸が整然と埋納された状態で出土したからです。

しかも、出雲大社のご神体は西方向、すなわち、北九州を向いていることで知られ、大《おお》国主命《くにぬしのみこと》の伝説伝承は大和に連なっているというわけで、どっちつかずですが、出雲独自の文化があったことは明らかです。

さらに注目されるのが、加茂岩倉遺跡に広がる壮大な磐座《いわくら》遺跡群と大量の銅剣、銅鉾、銅鐸を出土した荒神谷遺跡が南方に聳《そび》える仏経山を中心に繋がること。こちらが出雲文化の本拠地だという説も出ています。

こうした事情から、仏経山が本拠であり、出雲大社は単なる監視塔付きの砦だったという極論まで出る始末です。いずれにしろ、出雲文化論は再構築が求められています。

九州と大和の文化が混在する出雲文化

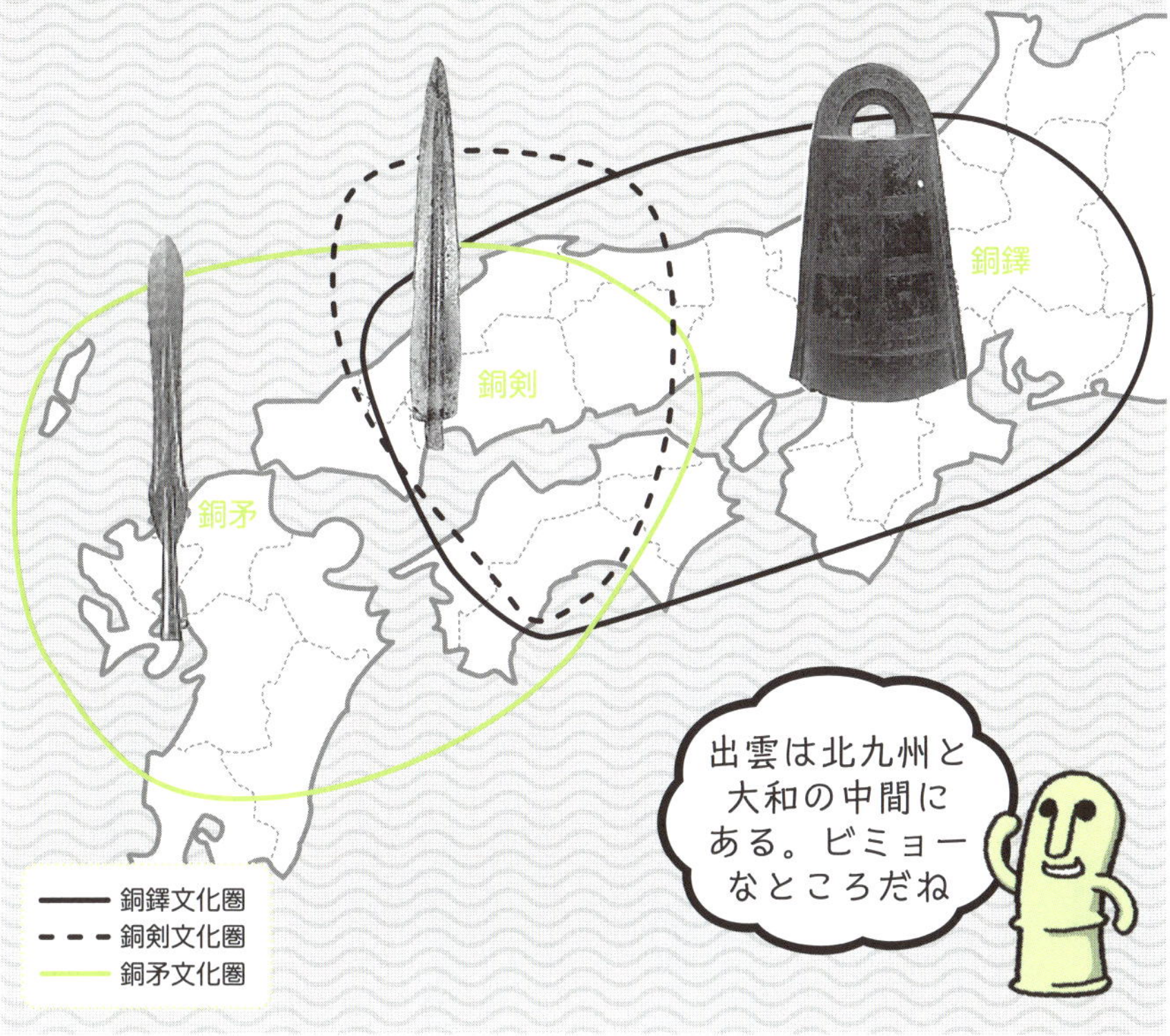
銅鐸
銅剣
銅矛
出雲は北九州と大和の中間にある。ビミョーなところだね
銅鐸文化圏
銅剣文化圏
銅矛文化圏

Column

銅剣、銅矛が埋納された理由

従来より、銅剣・銅矛中心の九州文化圏、銅鐸文化圏の大和文化圏と色分けされてきたのであるが、出雲では両方の文化が混在し、併用する時代があった、しかも、結構長い間、続いたことを示しているのではないだろうか。ところが、ある日、突然、その終焉の日が訪れる。それが大量埋納、隠蔽ということであったということではないだろうか。何かの理由があり存続できなかった。それほど難しい理由があったとは思えない。

外野席　**天を突く空中社殿？**　途方もない遺構が見つかった。空中楼閣かと話題になった。しかし、そんなに高い社殿を建設して何になるのか？　出雲族の本拠と見られる仏経山の西側、海岸部は上陸に適した海岸部である。そこは日常的な警戒区域だったのではないだろうか？　望楼が必要だったのである。

10 大和の大国主命伝説

古代の小国家群
大和国（畿内）
三輪山
大和朝廷だけじゃない。たくさんの国々があったんだね

第十代崇神《すじん》天皇代の事。疫病が流行して人口の半ばを失ったため、天皇が祭祀で疫病を治めようとしたところ、大物主大神《おおものぬしのみこと》（大国主命）が夢枕に現れ、「わが御前を祀《まつ》らしめよ」と伝えたので三輪山《みわやま》に祀りました。

さらに天神地祇《アマツカミクニツカミ》を祀らせると疫病は止み、国中平らかになりました。しかし、大和の中心、三輪山に出雲の神様、大国主命を祀るのは不自然です。出雲との間に何かあったことを暗示しています。神話と現実の狭間を覗き見してみる必要があります。

やはり、大和朝廷のルーツは出雲王国、吉備王国との連続が前史として触れられなければ不自然でしょう。その名残が建設期の大和朝廷創業物語として作られた「大国主命伝説」ではないか、と見られています。

ところで、閑話休題。三輪山は山頂部から中腹に磐座の残骸が残る古代山岳祭祀遺跡（ピラミッド）の山としても有名です。古くから伝わる伝統を残しております。

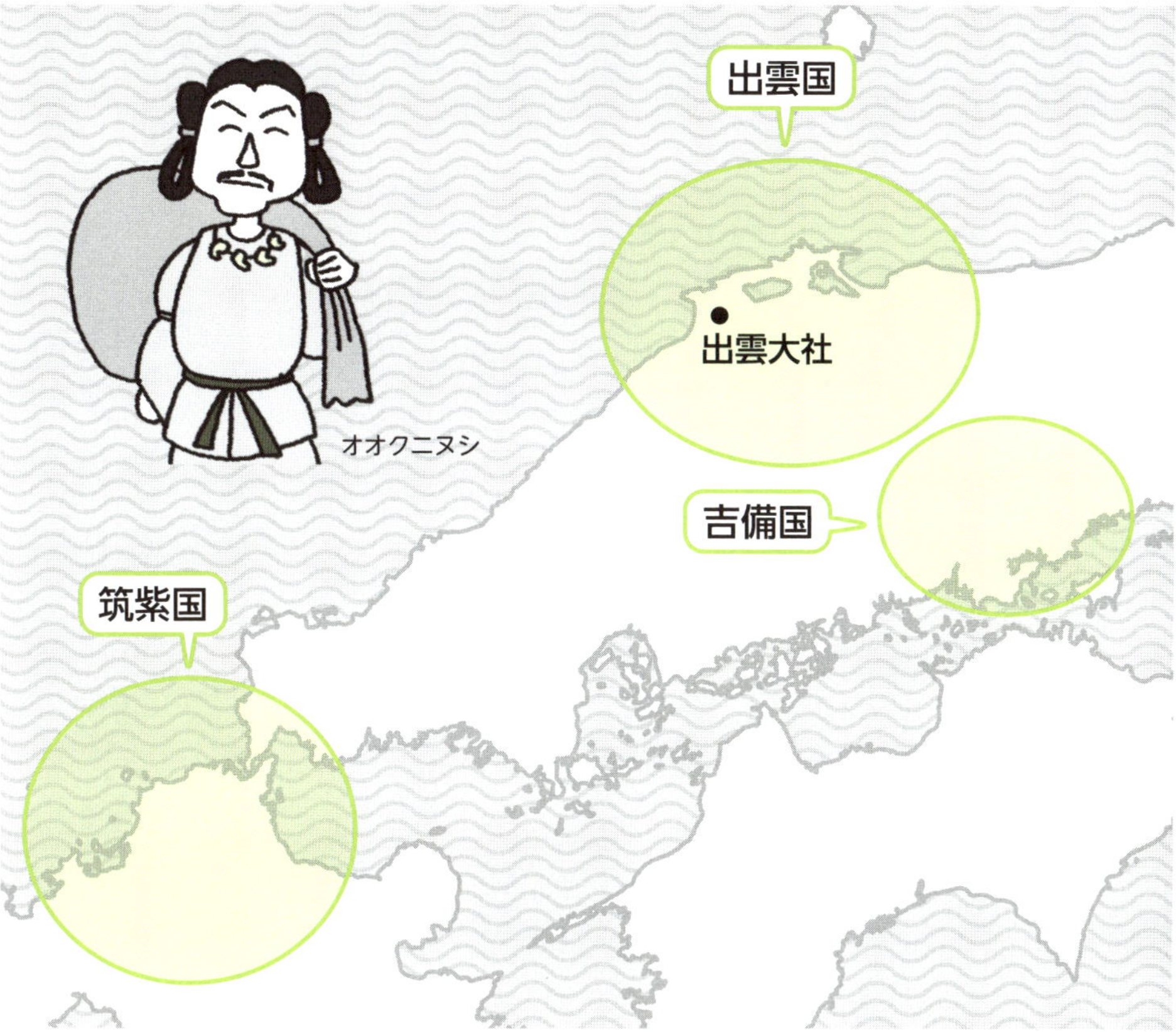

Column

最大のライバルは出雲族？

神武以来、大和朝廷に滅ぼされた土着民族の顔ぶれはいろいろあったが、最大最強のライバルとして立ちはだかったのが、大国主命に代表される出雲族だったのではないだろうか。古くから大和の聖地として知られる三輪山の祭神として祀られるなどということはあり得ない。それだけ出雲族を支配下に収めるということは大和朝廷にとって決定的意味を持っていたのであろう。

外野席

二人目のハツクニシラス　天皇家の系譜を辿ると妙なことに出会う。ハツクニシラススメラミコト、つまり、初めて国を治めた天皇が2人いることだ。神武天皇と崇神天皇である。崇神天皇は騎馬民族系の渡来人で、神武系の王朝を滅ぼして新王朝を開いたのだ（江上波夫説）と一般には説明されている。

11 ヤマトタケルの悲哀

ヤマトタケルの系図

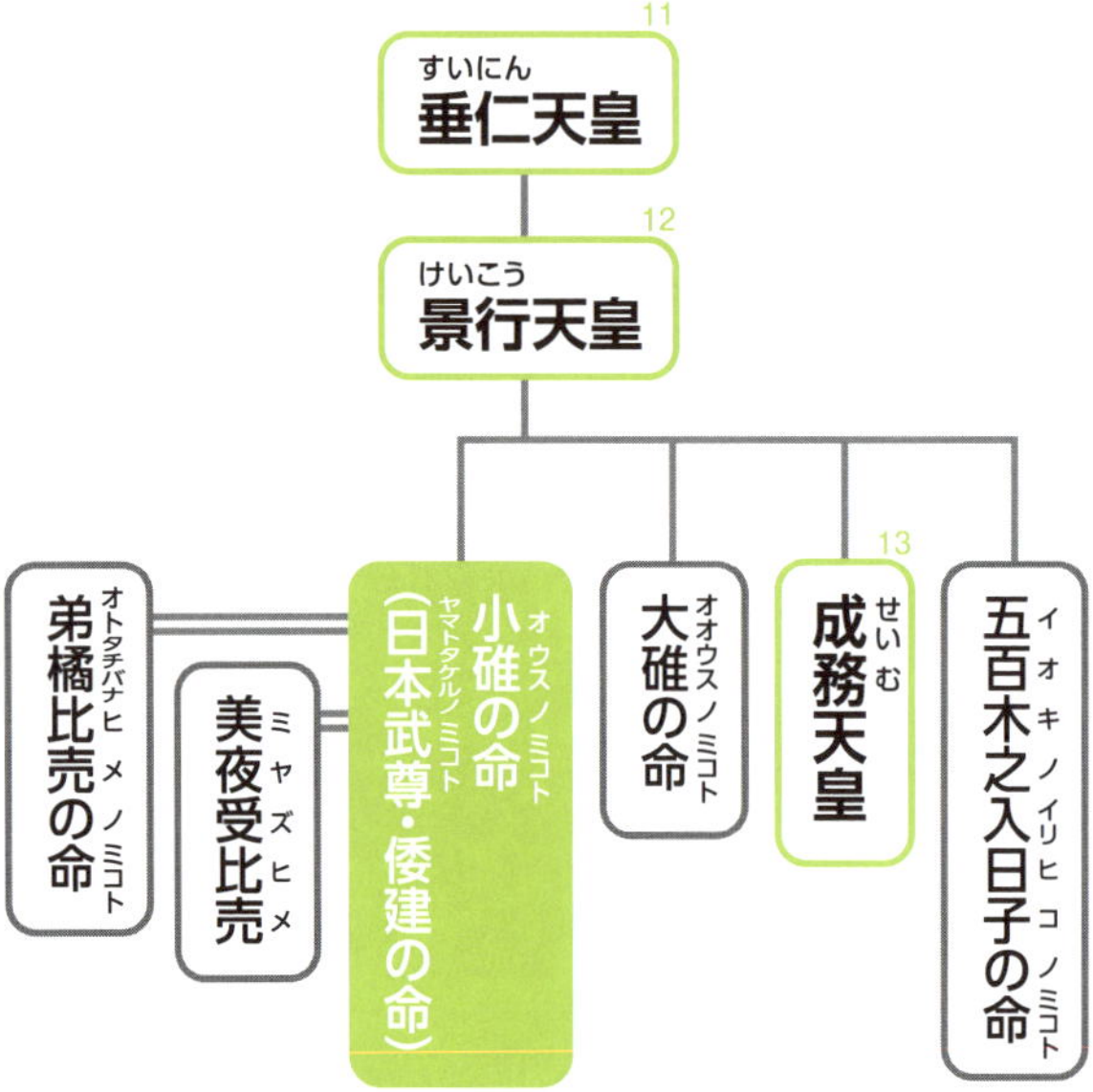

第十二代景行天皇代の事。天皇が九州南部の豪族熊襲《くまそ》を征伐し、大和に戻ると熊襲が再び背いたので日本武尊《やまとたける》を派遣。熊襲の長である川上梟帥《かわかみのたける》を討ちました。そして帰国途中、日本武尊は出雲建《いずものたける》も倒しました。

意気揚々と帰国すると、天皇は直ちに東国遠征を命令しました。日本武尊は「天皇は私に早く死ねと思っているのか」と嘆きましたが、命令に従います。そして、幾度も苦難に遭いながら東国平定に成功します。

しかし帰国途中、病気になり、故国に辿り着けない身の上を嘆きながら亡くなります。前半の英雄物語とは反する悲劇的な結末ですが、大和朝廷創業期にはそれだけ多数の若きプリンスたちの物語があったということでしょう。一人ではなかったのです。

したがって、ヤマトタケルという名前は、たくさんのタケルたちの集合名詞だったと推測されています。

ヤマトタケルの遠征ルート（『古事記』より）

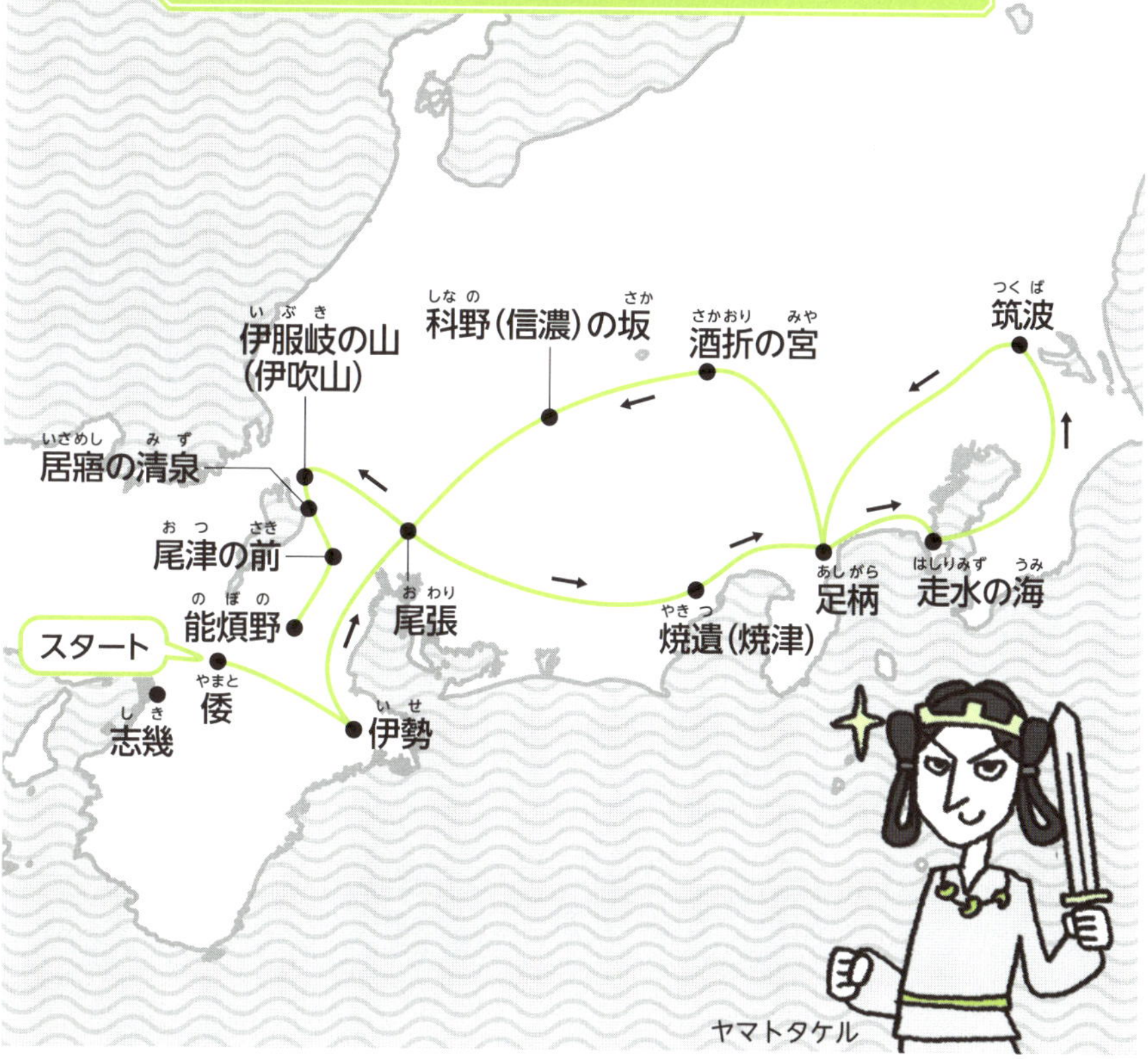

Column

大祓詞にいう大倭日高見之国

大祓詞《おおはらいのことば》に「かく依《よ》さし奉りし四方の国中と大倭日高見之国を安国と定め奉りて」とあり、「遷却祟神詞」でも「かく天降し寄さし奉りし四方の国中と大倭日高見国を安国と定め奉りて」と述べられている。ところで、「大倭日高見国」とは大倭国と日高見国の二カ国のことか、大倭日高見国という一国のことか。いずれにしろ、大倭国とは別の国があり、次第に一つの国に統合、合併されたことを示す言葉ではないのか。蝦夷国は日高見国として独立していた？

外野席

景行二十七年紀　武内宿禰の東方諸国の視察報告として次のような記事が掲載されている。「東夷の中、日高見国あり。その国人、男女並びに椎結、身を文げて、人なり勇み悍し。是を総べて蝦夷と曰う。また土地沃壌え広し。撃ちて取るべし」撃ちて取るべし？日高見国を？

12
応神天皇の河内開発物語

古墳の種類と形

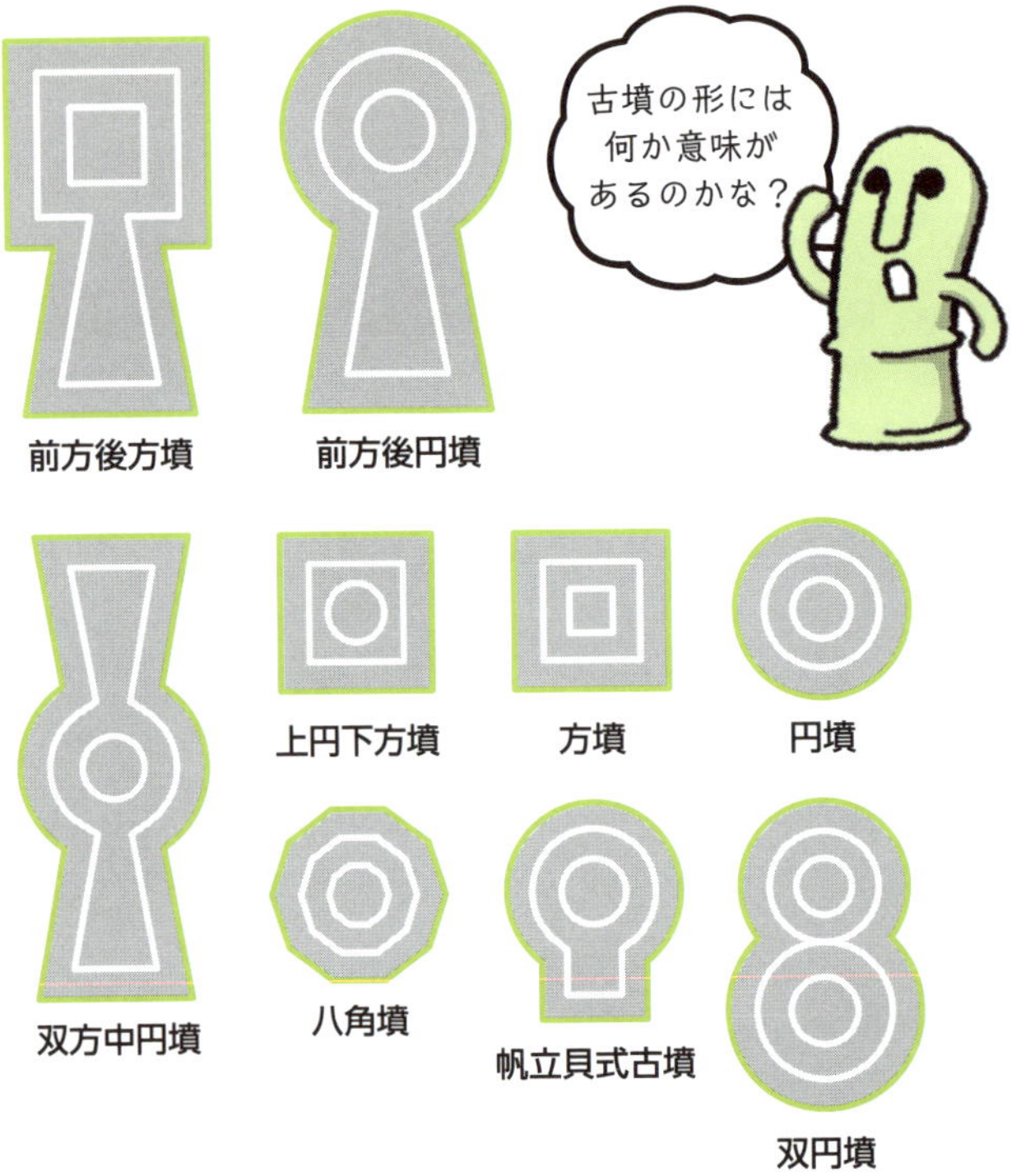

古墳の形には何か意味があるのかな？
前方後方墳
前方後円墳
双方中円墳
上円下方墳
方墳
円墳
八角墳
帆立貝式古墳
双円墳

第十五代応神《おうじん》天皇代、四世紀～五世紀の間のこと。大和朝廷は大和から河内に勢力範囲を拡大。本格的な中央政権として地方政権を圧倒するようになります。その力を象徴するのが巨大な前方後円墳でした。

奈良盆地の大和川流域に立ち並ぶ景行《けいこう》天皇陵、崇神《すじん》天皇陵、箸墓《はしはか》古墳、メスリ山古墳、成務《せいむ》天皇陵に比較すれば、その二倍。応神天皇陵は長径四二五メートル、仁徳天皇陵は四八六メートルです。エジプトのピラミッドや秦の始皇帝陵に比べても遜色のない大きさです。

祭祀者だった天皇が軍人であると同時に灌漑、土木工事の指導者に変身。鉄製の農具や工具を大量に所有し、農地開拓のパイオニアになったのです。応神天皇に続く仁徳天皇はその最たる例と言えるでしょう。

新しい技術導入の担い手となり、開拓者となった天皇の活躍を支えたのが弓月氏（秦《はた》氏）、和邇《わに》、阿知使主《あちのおみ》らの渡来人でした。

権力を象徴する巨大な前方後円墳

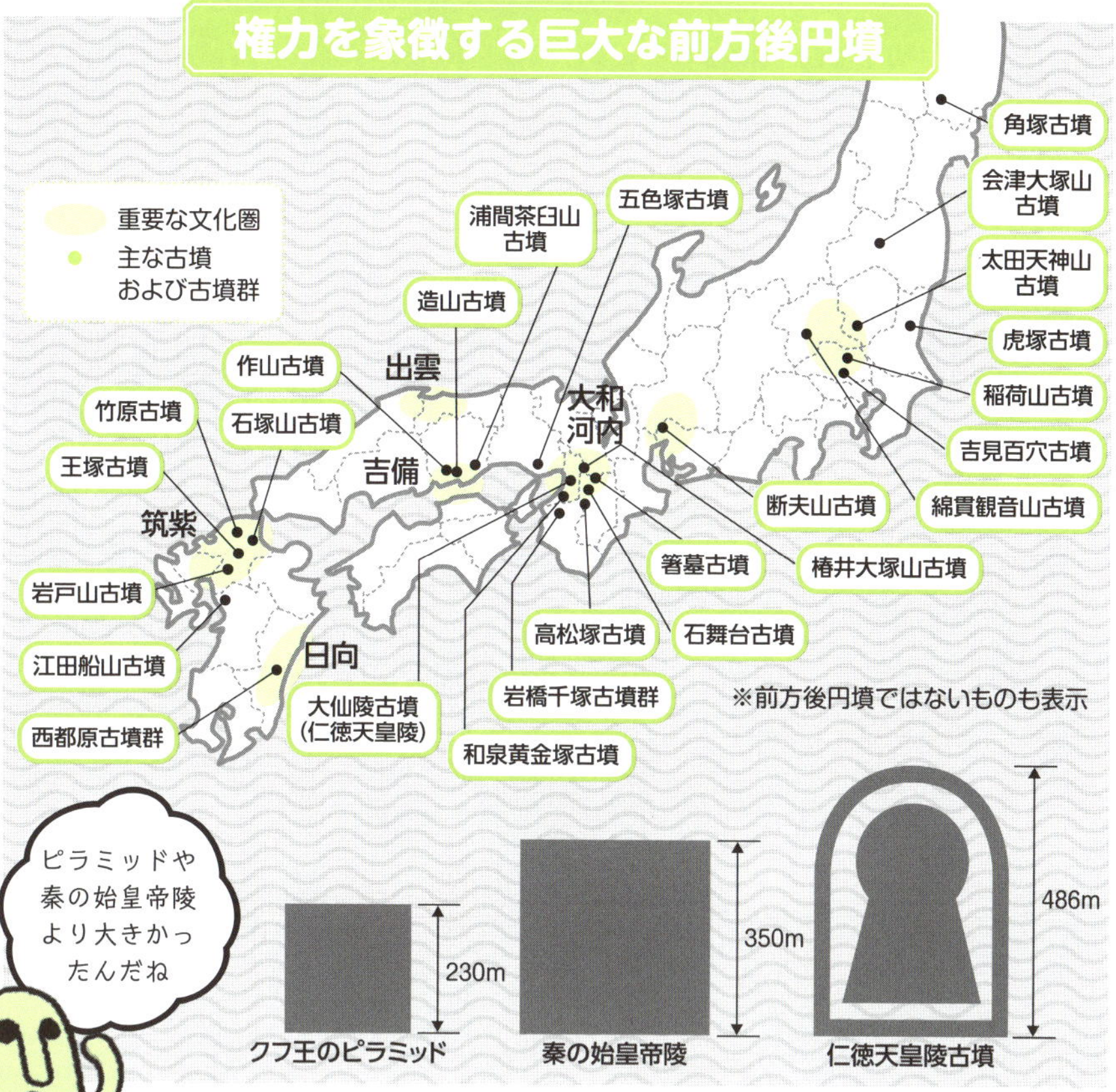

Column

大和朝廷を支えた渡来人

『古事記』応神天皇紀に「百済《くだら》国に賢人があったら奉れ」と命じたら百済は和邇《わに》仏師に「論語」十巻と「千字文」一巻を持たせて奉ったとあり、『日本書紀』に「倭漢直の祖の阿知使主とその子の都加使主《つかのおみ》が党類一七県（の人々）を連れてきた」とある。もっとも有名なのは養蚕、機織りの技術者集団、秦一族だろう。後の『新撰姓氏録』（平安初期）によれば、貴族の出自、1059氏のうち、中国、朝鮮系渡来人は324氏、約30％を占めたという。

外野席

河内方面への進出　応神天皇代になり、大和から河内に本拠地を移したのは大陸との往来、半島との往来を意識したことも否定できない。山に囲まれた山和国を出て、瀬戸内海に面する河内国に進出することは大和朝廷にとって表玄関を確保することになっていくのである。

13 仏教伝来と聖徳太子の国造り

仏教対神道の対立

継体《けいたい》天皇の嫡男、第二十九代欽明《きんめい》天皇代のこと。百済《くだら》聖明王が釈迦仏一体、経論若干巻を献上し、仏像礼拝の功徳を称えました。

すると天皇は「これほど微妙な法を聞いたことがない」と歓喜して群臣に礼拝の可否を求めたので、蘇我稲目《そがのいなめ》は「西の諸国はみな仏像を礼拝しています。わが国だけが礼拝しないわけにはいかない」と答えました。

それに対し、物部尾輿《もののべのおこし》が「わが国の王たる人は常に天地の百八十神を祀ってきた。いま改めて蕃神（外来の神）を礼拝すれば国神の怒りを招く」と反対しました。そこで稲目だけに私的に仏像礼拝が許可されたのです。

ここから仏教対神道の構図で説明される対立抗争が始まったと説明されますが、そんな簡単なことではありません。渡来人の急増、新旧部族の交代があり、国家の体裁、基盤が揺さぶられたため、聖徳太子が天皇中心の国造りに起ち上がったのでした。

聖徳太子の改革

冠位十二階（603年）

仁　礼　信　義　智

氏姓制の旧弊にとらわれず、
人材登用の道を開いた

十七条憲法（604年）

●新旧豪族の融和を図る
●仏教中心の国づくり
●天皇の地位を絶対化

中央集権国家の確立

対等外交

遣隋使の派遣
隋の煬帝への国書

推古天皇

協力

聖徳太子　蘇我馬子

Column

聖徳太子の理想

最近、聖徳太子と尊称するのは止めて厩戸皇子《うまやどのおうじ》と呼ぶようにしようという声が上がっている。本名で呼ぶようにしようというわけである。なぜなら、推古天皇の摂政として理想国家建設のために働いた青年貴族というのは虚像であり、あまりに現実離れした話題が多いという声が上がってきたためだ。しかし、当時の国際情勢から見て納得できる筋もあり、逆に評価する声も上がっている。冷静に見ていきたい。

聖徳太子

外野席

聖徳太子の最期　平安中期の作『聖徳太子伝暦』に太子の晩年を伝える記事がある。歴史家の間では無視されている書であるが、自分の死ばかり考え、子孫までも死に絶えるとため息を洩らし、推古 29 年 2 月、「私は本日の夕方に死ぬ。お前も一緒に行こう」と妃に言ったという。自然死ではなかったらしい。

14 女帝時代の権力抗争

6人の女性天皇

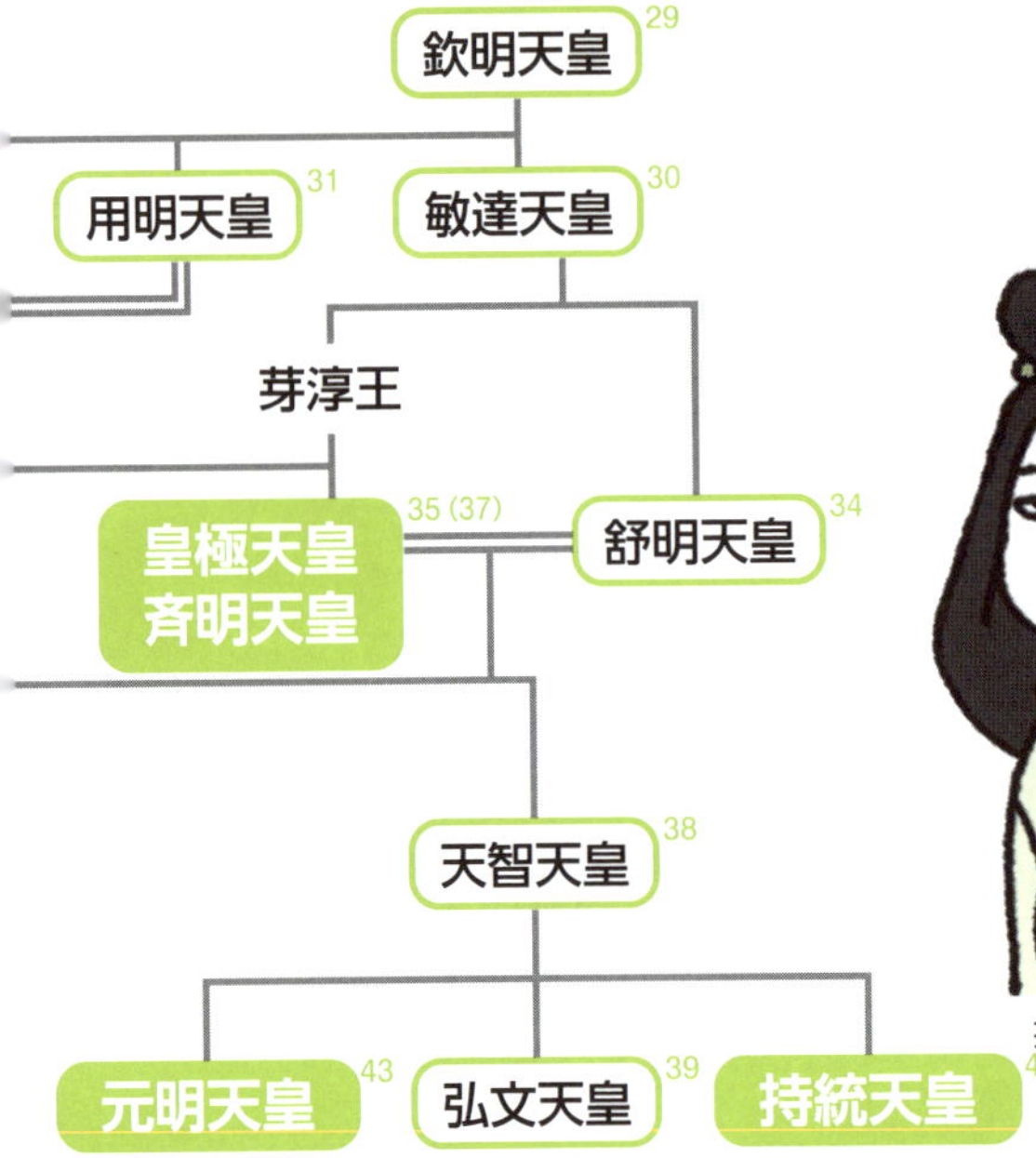

欽明天皇 29
用明天皇 31
敏達天皇 30
芽淳王
皇極天皇
斉明天皇
35 (37)
舒明天皇 34
天智天皇 38
元明天皇 43
弘文天皇 39
持統天皇 41

持統天皇

は女帝

欽明天皇の死後、敏達《びだつ》、用明《ようめい》、崇峻《すしゅん》各天皇が皇位を継承しますが、崇峻天皇が蘇我馬子に暗殺されると順当な皇位継承者があったにも関わらず、敏達天皇の皇后炊屋姫《かしきやひめ》が第三十三代推古《すいこ》天皇として即位します。

しかも、推古天皇は在位三十六年に及び、以後も第三十五代皇極《こうぎょく》（第三十七代斉明《さいめい》）、第四十一代持統《じとう》、第四十三代元明《げんめい》、第四十四代元正《げんしょう》、第四十六代孝謙《こうけん》（第四十八代称徳《しょうとく》）と五人七代の女帝が出現します。

確かに後半の二人以外は皇后か、皇太子妃の経験者であり、皇位継承者が幼い場合、ピンチヒッターになることはあり得ることですが、それにしても、この時期に女帝が集中する理由がはっきりしません。

多分、渡来人を基盤とする新しい勢力が台頭しつつあり、新旧貴族層の交代、入れ替えがあり、朝廷内でも社会でも収拾がつかない混乱が発生していたのではないでしょうか。

Column

「日本」国号の始まり

倭国とか、邪馬台国と呼ばれていたわが国が「日本国」となったのは、推古朝から大化改新の間、「大化」年号と共に制定されたと伝えられている。『旧唐書』日本伝に「貞観22年（西暦648年＝大化4年）に日本から使いがきた」と記した後、「日本国は倭国の別種なり。その国日辺にあるをもって、故に日本をもって名と為す」という。『新唐書』日本伝にも「倭の名を悪み、更めて日本と号す」とある。中国の公的史書の記録である。なぜ、日本の歴史研究者は、この事実を無視？

外野席

用途不明の明日香の石造物　明日香には酒船石とか、益田岩船とか、用途不明、意味不明の謎の石造物が多い。ところが、『日本書紀』に「（女帝斉明天皇＝皇極天皇の重祚）がたわむれで、無駄な工事ばかりする」と書かれている通り、マッシブ彫刻を刻む渡来人の信仰、文化を伝える一団の伝える石造物であった。

15

大化改新の真偽

入鹿・蝦夷親子を滅ぼす乙巳の変

第三十五代皇極天皇四年、天皇家と度々衝突を繰り返す蘇我蝦夷《そがのえみし》・入鹿《いるか》父子に対し、天皇中心の律令国家建設を目指す中大兄皇子《なかのおおえのおうじ》と中臣鎌足《なかとみのかまたり》が反発。宮中、天皇の目前で公然と入鹿を殺害しました。

また、父蝦夷は屋敷にこもり、聖徳太子と共に編纂した『天皇記』『国記』等、幾多の珍品に火を放ち、自害して果てたため、三代に渡って朝廷を牛耳ってきた蘇我氏は滅亡。律令国家建設を目指す「大化改新」が始まったと言われています。

実際、朝鮮半島を巡る唐＝新羅《しらぎ》連合軍との戦いに敗退したため、朝廷では緊急かつ速やかに国体改革と制度の変更を断行しなければならない事情がありました。しかし、天皇中心の律令国家建設を目指す改革が、一体どこまで実現されたのか、疑わしいのも事実。

天武天皇代に実現された改革が、大化改新に取り込まれていないとは言えません。

蘇我一族と中大兄皇子の対立

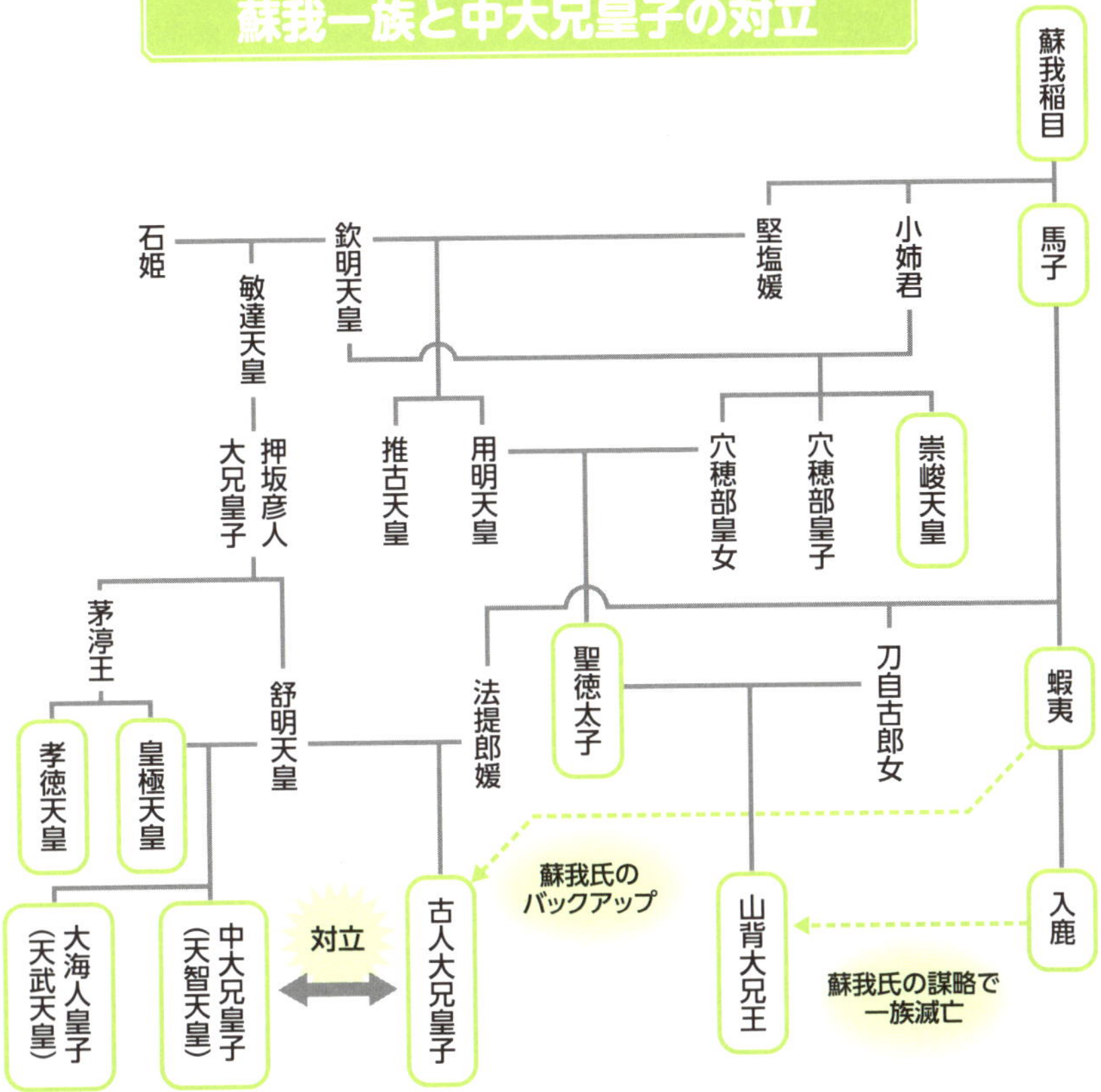

Column

中大兄皇子と愛人関係にあった間人皇后

孝徳天皇の皇后間人《はしひと》は中大兄皇子の同母妹であるが、兄と妹が結婚したり、愛人関係になるのは古代社会ではめずらしくない。どうやら中大兄と間人皇后も例外ではなかったようだ。中大兄が天皇の反対を無視して大和へ都を移した時、皇后も夫である天皇を捨てて愛人関係にある中大兄と行動を共にしている。天皇は「金木つけわが駒は引き出せずわが飼ふ駒を人見つらむか」と恨みの歌を詠んだ。

外野席

『天皇紀』が消えた？　歴史は常に勝者の側で書かれるものである。大化改新のクーデタまで圧倒的な勢力を保持していた蘇我氏が聖徳太子と共に『天皇紀』『国紀』を編纂していたが、蘇我一族滅亡の時、全部焼却されたという。勿体ないことをした。古代史の記録は失われたのである。

16 壬申の乱と天武天皇

叔父と甥の争いは叔父が勝利

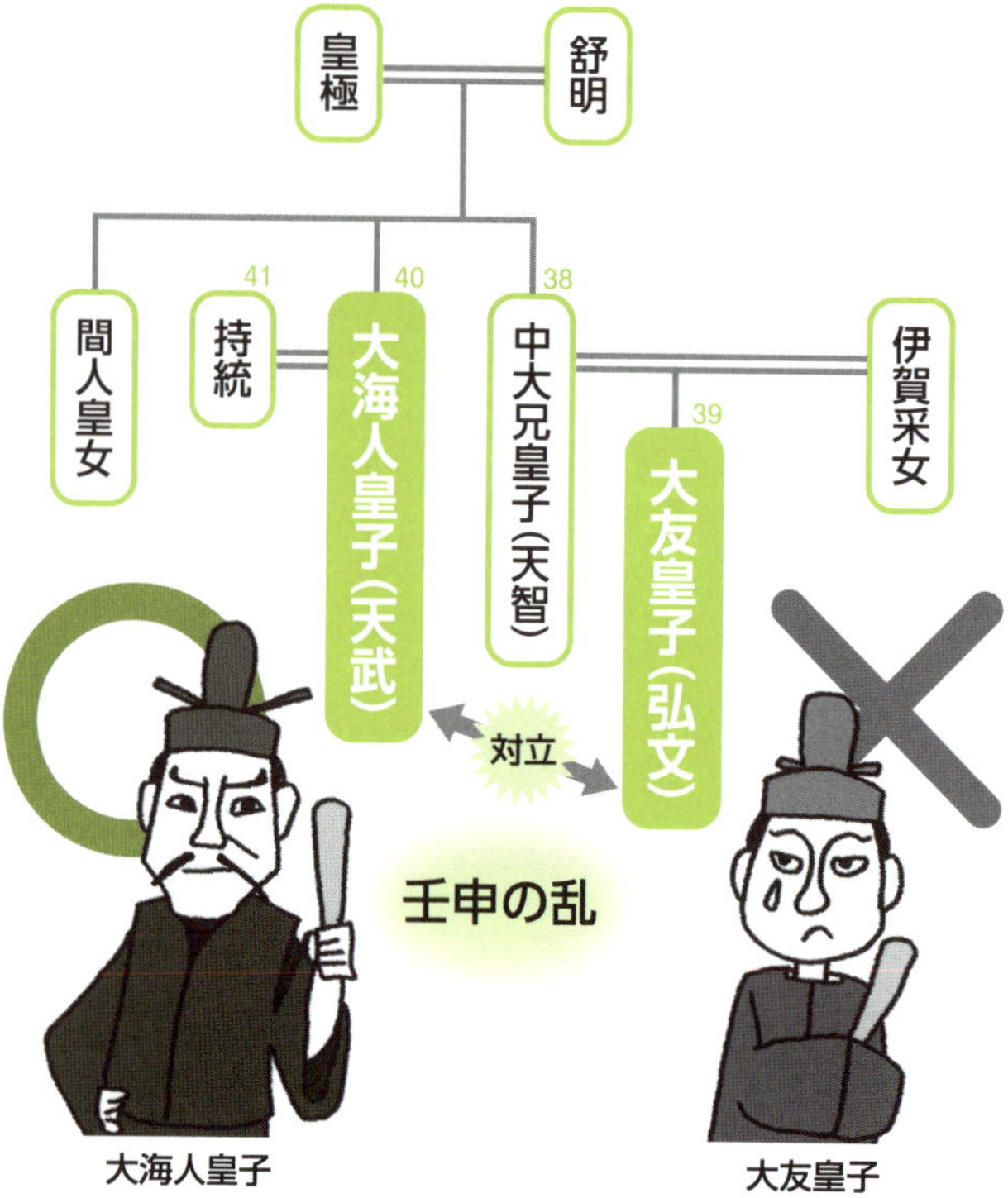

大化改新以来、三十年近く帝位に在った天智天皇（中大兄皇子）が病に倒れた時、大海人皇子《おおあまのおうじ》は「皇位は倭姫《やまとひめ》皇后に譲り、政治は大友皇子に任せればよい。私は出家する」と言い、吉野の山に向かいました。

だが、天皇の死に接するや、直ちに吉野を出て伊勢、美濃で兵を集めると東海、東山両道も配下に加えて軍備を整えますが、対する大友皇子側は何の動きも見せなかったので、一方的な勝利に終わります。

壬申《じんしん》の年（六七二）、大海人皇子は飛鳥の古京に飛鳥浄御原宮《あすかきよみはらのみや》を建設。翌年、即位して天武天皇となりました。朝廷には太政大臣は無論、左右大臣もなく、皇后と皇子で首脳部を構成。その外側に皇族が配置され、さらに外側、一段下に旧豪族が置かれていました。

一昔前には想像もできない形でした。あからさまな天皇親政時代が始まり、天武天皇は「大君《おおきみ》」と呼ばれるようになるのです。

壬申の乱の戦場と進軍ルート

息長横河
野上行宮
三尾城
安河
桑名郡家
大津宮
勢多
山崎
莵道
積殖山口
鈴鹿郡家
難波
乃楽山
箸墓古墳
飛鳥古京
吉野宮
スタート
大海人軍のルート
大友軍のルート
合戦場所

大海人皇子は
吉野から
出発したぞ

Column

天皇の神格化

天武天皇は神になった。『万葉集』に大伴《おおともの》御《み》行《ゆき》が壬申の乱後に作った歌がある。「大君は神にし坐せば赤駒の　はらばふ田井を京師となしつ」「大君は神にし坐せば水鳥の多集く水沼を京師となしつ」二首共、浄御原宮造営を賛美した歌で、立派な皇都ができ上った様子を思い浮かべることができる。しかし、大君イコール神という表現は大袈裟である。しかし、これには理由があり、天皇みずから「明神として大八洲を御する日本根子天皇」と名乗ったためである。

外野席

大宰府設営　有名な唐＝新羅連合軍と戦った白村江合戦に敗れたため、中大兄皇子は九州に防人・烽火を配し、水城を設け、その拠点として大宰府を設けた。水城の高さ 14 m、基底部は幅 80 m、長さが 1 キロもあった。古代の土木工事としては異例の規模であった。

17 独自の和唐折衷文化

天武天皇、天皇中心の国造り

天皇独裁の律令国家

天武天皇

1 土地・農民に対する支配の強化

部曲《かきべ》の廃止、八色《やくさ》の姓《かばね》を定めて身分秩序を編成する。

2 伊勢神宮を天皇家の祖先神に

伊勢神宮を東国経営の拠点とし、天皇家の祖先神を祀る社とした。

3 国史の編纂

「帝紀」「旧辞」などの古い資料を整理し、『古事記』『日本書紀』の編纂に着手。

4 飛鳥浄御原令の制定

律令国家の思想を全面開示する。施行は持統天皇の代(689年)。

天武天皇は巨星天智天皇が病に倒れた時、自ら野に下り、挙兵して勝利した実力者であり、思う存分に辣腕《らつわん》を振るいました。

その際、国威発揚のため、新しい国づくりに着手する一方、大唐国には恭順の姿勢を示す必要上、似たような体制にする必要がありました。もちろん、形は似せても中身は違う、独自の国造りを目指したのです。

第一は公地公民制を実施。天皇・皇后と皇子以外の皇族と豪族、寺社が統制下に置かれました。第二は伊勢神宮を天皇家の祖先神を祀る社とし、同時に東国経営の拠点にしました。第三は日本独自の国史編纂に取り組み、『古事記』『日本書紀』を纏《まと》めました。

こうして「飛鳥浄御原令」を制定。日本に適合する律令国家の整備事業が始まったのですが、天皇を中心とする日本国の国体と制度、体制と内容のほとんどが、この時に手掛けられたと言っても過言ではありません。

『日本書紀』と『古事記』

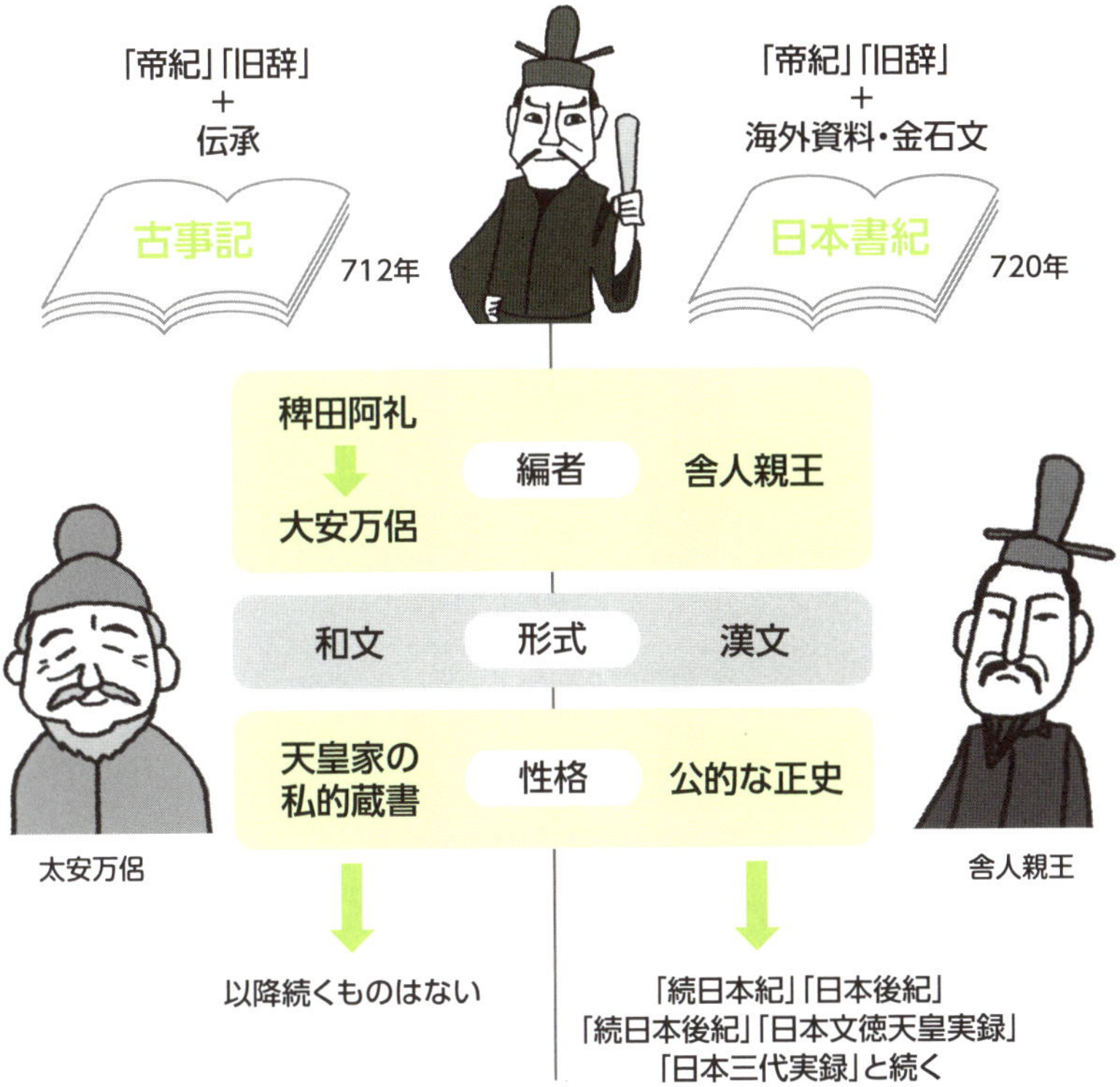

Column

伊勢神宮のポジショニング

天武天皇（大海人皇子）が壬申の乱に決起した際、伊勢神宮は反乱軍の集結基地となった。また、乱の終結後も東方経営の出撃基地とされ、朝廷には欠かすことのできない重要な軍事拠点となった。元々、伊雑宮《いざわのみや》を本拠地とする海人族のベースキャンプであったが、以来、斎王（神宮に奉仕する未婚の内親王）に大伯皇《おおくのひめ》女《みこ》を任じたのをはじめ、天皇家の氏神を祀る社として手厚い保護を受けるようになる。

外野席

『古事記・日本書紀』のネタ本　『古事記』も『日本書紀』も同じ本をネタ本にして二通りに書き分けられたらしい。天皇家の系譜を記録した『帝紀』と神話を記録した『旧辞』である。稗田阿礼に丸暗記させ、太安万侶が筆録したのが『古事記』。中国や朝鮮の記録を参考に作ったのが『日本書紀』だった。

18 本格的な都の建設＝平城遷都

平城京遷都後も次々に遷都

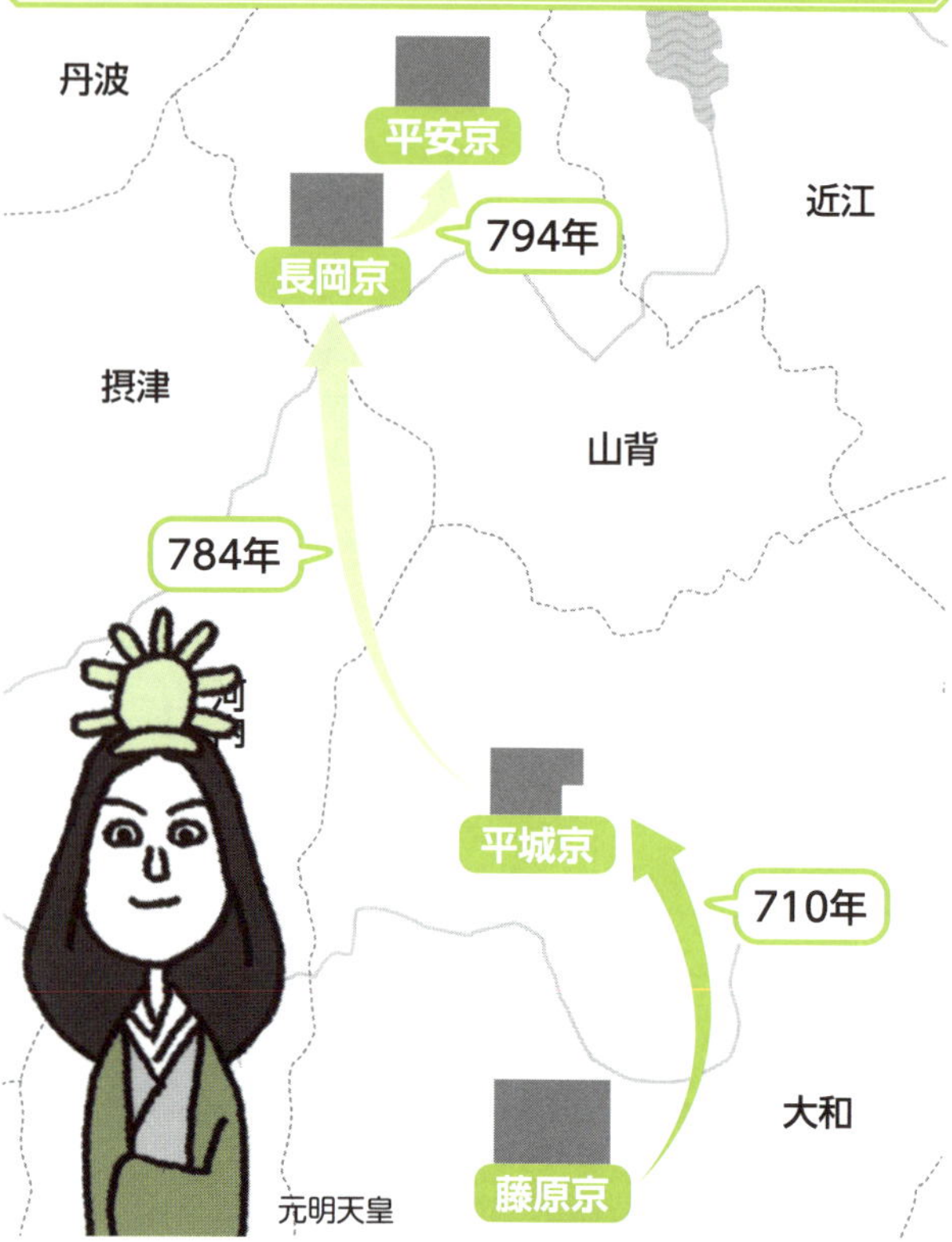
丹波
平安京
近江
長岡京
794年
摂津
山背
784年
河内
平城京
710年
大和
藤原京
元明天皇

和銅元年（七〇八）正月のこと。

武蔵国から献上された和銅を記念して年号を改めた元明天皇は、住み慣れた藤原京を離れ、大和盆地北端に移転する決定を下します。いわゆる平城遷都です。

理由は色々挙げられますが、本当の理由は一つ。二十年ぶりに帰国した遣唐執節使粟田《あわたの》真人《まひと》が唐の文化、国力、首都長安の威容をつぶさに報告し、朝廷を刺激したからです。

その結果、出現したのが「あをによし　奈良の都は咲く花の　にほふがごとく　いま盛りなり」（万葉集）と詠まれた通り、碁盤目に区画された街並みに白い築地塀、朱色の柱、緑色の屋根が建ち並ぶ都市空間でした。

注目されるのは、掘立柱に板敷の高床、檜皮葺《ひわだぶき》の屋根という和風建築も混在する和唐折衷主義の都になっていたことです。律令国家建設も同じく和唐折衷になることを予告していたのです。

唐の首都・長安を真似た平城京

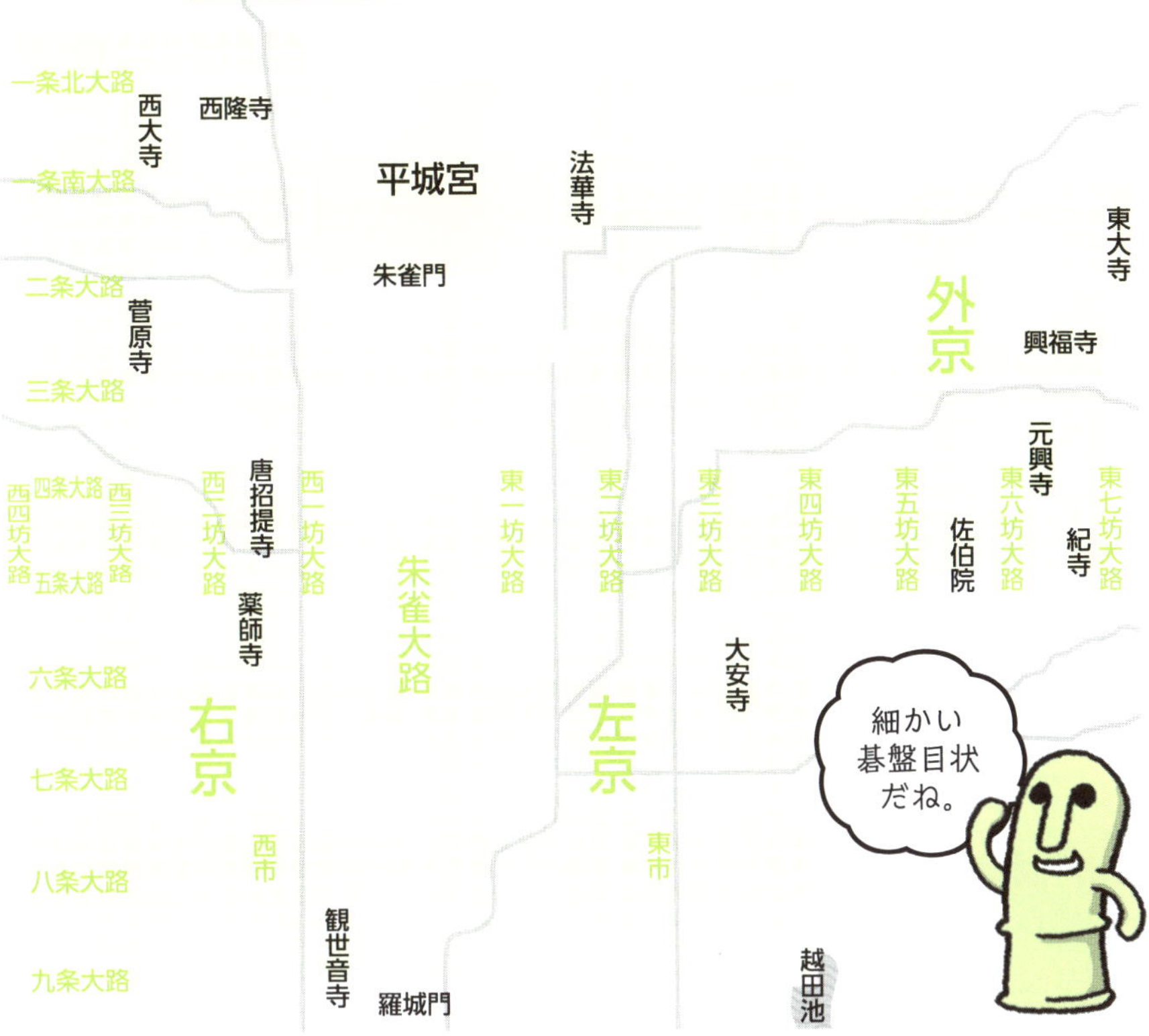

Column

四通八達、都へ至る古代道

平城京を国家の中心にして交通網を整備することは、律令施工による中央集権型の国家建設を図るためには不可欠の事業だった。西国からは山陽道、山陰道があり、瀬戸内海の海路を取れば難波に上陸し、生駒越え、竜田越えの道を選ぶ。物資輸送には淀川から木津川を利用したり、大和川から佐保川に入る手もあった。北陸からは北陸道、東国からは東山道から南山背を抜けて奈良坂越えに都入りした。平城京は国家の中心になった。

外野席

風土記の成立　和銅六年（714）、律令制度の徹底を図るため、「郡郷の名は今後、好もしい漢字二字で表記するようにせよ。また所管の国内に産する有用な鉱物・動物・植物や土地が肥えているかいないか、山川原野の名の由来…書物として献上せよ」という命令を発した。それが風土記となる。

19 悲願の大仏建立

大仏にすがった聖武天皇

どーか
どーか
お願い
します
聖武天皇

聖武《しょうむ》天皇代、天平十五年（七四三）のこと。天皇悲願の詔《みことのり》を発します。前代未聞の大プロジェクトである大仏造立を国家事業として取り組むことを呼び掛ける宣言です。

しかし、誰も聞き入れませんでした。聖武天皇は平城京を出て各地を転々と巡り、その度に離宮造営を命じたり、都を移転すると言い、「用度の費やすところ挙げて計うべからず」（続日本紀）という有様だったからです。

誰が見ても異常な行動ですが、理由がありました。荘園制が広がり律令制度が空洞化すると、天皇は名ばかりで、荘園を集めて大領主になりつつある藤原一族に抑え込まれてしまったからです。

聖武天皇は逃げ回り、悩み、苦しみました。そして、最後に辿り着いたのが大仏建立でした。自分を救い、国を立て直す方策は大仏造立以外にない、と。悲願だったのです。

260万人を動員した盧舎那仏建立

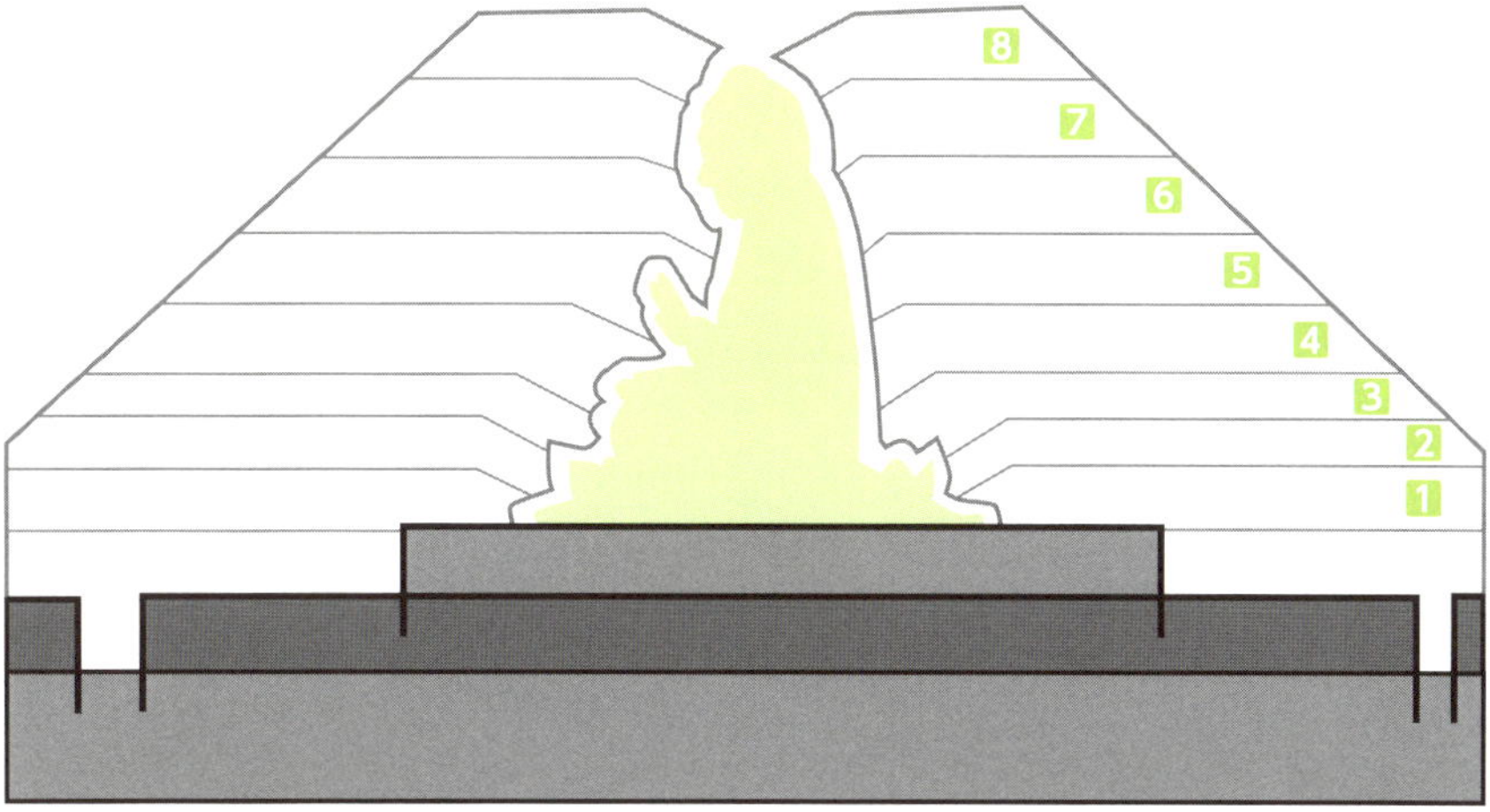

外型と中型の隙間に溶かした銅を流し込む。8段階に分けて製作されたという。

大仏鋳造に要した資材（「東大寺要録」などによる）

熟銅（純度の高い銅）… 739,560斤
白鑞（錫と鉛の合金）……12,618斤
錬金（精錬した黄金）……10,446両
水銀 …56,620両
炭 ……18,156石

※斤＝670g、16両＝1斤

Column

小僧から大徳になった僧行基

僧《そう》尼《に》令《りょう》の定めを犯し、村里に出て説法するようになった行《ぎょう》基《き》を貴族らは「百姓を妖惑している」と非難していたが、朝廷は態度を一変。養老6年（717）、「行基法師に随行する修行者の中で法を守る者に限り、男は61以上、女は年59以上の者全員に僧尼になることを許す」となる。天平17年（745）には大僧正になり、封戸百戸賜る。行基の説法とは橋を作り、堤を築くことで、言葉だけではなかったため、皆協力した。

外野席

大仏鋳造に要した資材　『東大寺要録』によれば、全国から集めた資材は膨大な量に上った。純度の高い塾銅739,560斤。水銀56,620両。白鑞（銀と鉛の合金）12,618斤。炭18,156石。錬金（製錬した黄金）10,446両。斤＝670ｇ、16両＝1斤。

20 平安京建設と蝦夷平定

四神相応の地を選んだ平安京

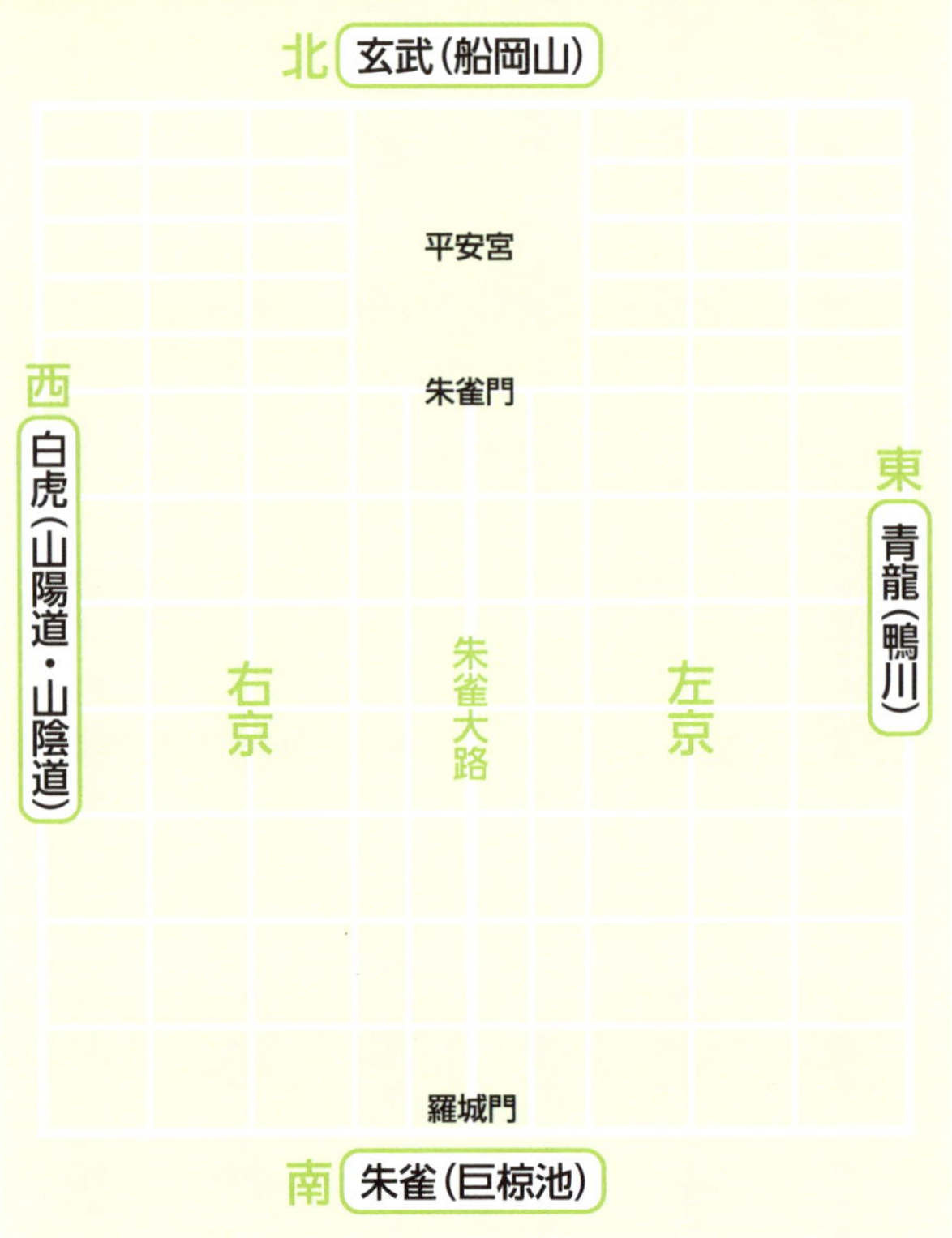
北
玄武（船岡山）
平安宮
朱雀門
西
白虎（山陽道・山陰道）
東
青龍（鴨川）
右京
朱雀大路
左京
羅城門
南
朱雀（巨椋池）

桓武天皇は遅咲きの花でした。長い間、父光仁天皇の皇太子として施政に深く関与し、天応元年（七八一）四月、齢四十五歳にして第五十代天皇として即位しました。

施政方針も地味で、「簡易《かんい》の化《げ》」（安上りの政府）実現と戸籍田籍整備による律令制度の再建という消極的なものでしたが、相次ぐ兵乱で荒れた陸奥、出羽両郡の平定のため、旧都に蔓延する惰気を一掃する必要に迫られ、政策の大転換を迫られました。

新都建設・遷都が計画され、長岡京遷都を経て、徹底した唐風仕上げの大都城建設が構想されました。すなわち、平安京建設です。そして、陸奥、出羽平定作戦も一変！　坂上田村麻呂は、右手に剣を、左手に仏教を掲げ、農業の普及促進、移民政策を進めました。

武力一辺倒ではなく、先進文化である仏教と農業の普及促進によって、荒れた陸奥、出羽両国の鎮撫、再建が成ったのです。

坂上田村麻呂による蝦夷征伐

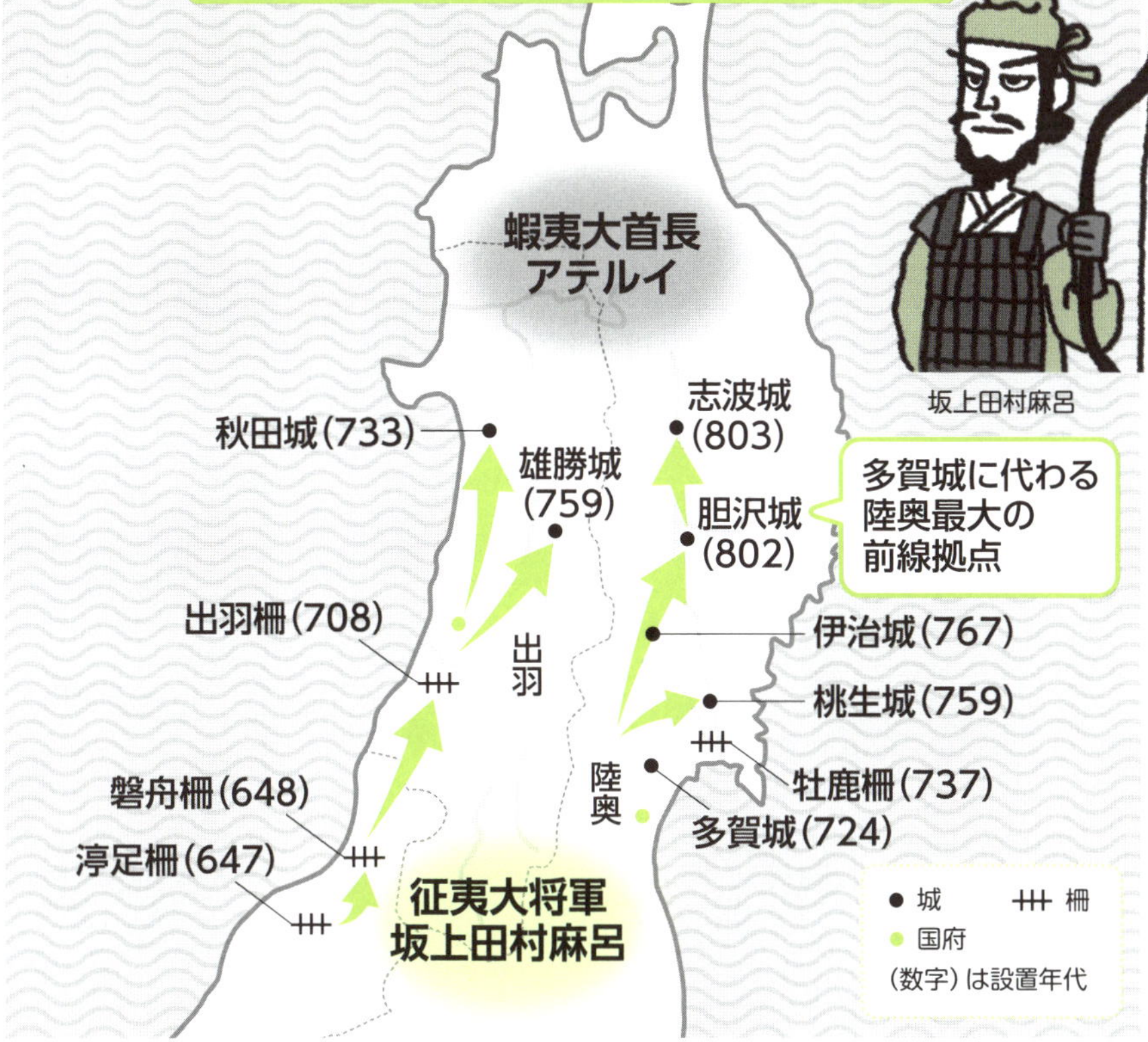

Column

平安京の設計思想

不吉な事件と呪いが続く長岡京を離れ、新しい土地に移りたい、と思った時、新京となる葛野《かどの》の地を提案したのは和気清麻呂らしい。お気に入りの右大臣藤原嗣縄《ふじわらのつぐただ》の別荘があったのも幸いした。北の玄武に船岡山、東の青龍に鴨川が南に流れ下り、南の朱雀に海（巨椋池《おぐらいけ》）があり、西の白虎に山陽道と山陰道がある。四神相応の理想の土地として選択された。

外野席

渡来人坂上田村麻呂の家系　田村麻呂の家系を辿ると東漢（やまとのあや）という渡来人に辿り着く。四代前の老（おきな）は壬申の乱で大海人皇子方に加わって大手柄を立てた。以後、武人として仕える家柄となった。こうした中で、父苅田麻呂の薫陶を受けて武人のエキスパートとなっていく。

21 平安仏教の二大巨人、空海と最澄

平安仏教の開祖　最澄と空海

朝廷派遣の**最澄**　無名の留学生**空海**

財力を誇示する道具と化した学問中心の南都仏教に疑問を抱き、修行によって仏教の真理に到達しようと模索

↓

同じ遣唐使節団として唐に渡る

↓

天台法華宗　本拠地：比叡山　／　**日本真言宗**　本拠地：高野山

↓

平安仏教の誕生

山中で厳しい修行をつみ、国家や社会の安泰を祈るものであった密教も、加持祈禱により現世利益をもたらす仏教として貴族の熱狂的な支持を得る。

延暦《えんりゃく》二十三年（八〇四）、桓武《かんむ》天皇は遣唐使一行に最澄と空海を加えました。唐風化を急ぐ天皇と貴族たちにとって、これが予想以上の成果を挙げることになります。

最澄はわずか八カ月しか唐に滞在しなかったのですが、天台法華《てんだいほっけ》の法門を受けました。天台以外の宗派でも幅広く学び、帰国早々、出足が早く、比叡山《ひえいざん》において天台法華宗を開立します。

空海は足掛け三年、各地の諸寺を歴訪し、特に青龍寺住職恵果《けいか》から真言正統の灌頂《かんじょう》（受戒の儀式）を受けたのはよく知られています。また梵語《ぼんご》や詩文等、広範で多様な学才を身に付け、書の技を磨きました。

注目されるのは二人共、密教芸術を代表する仏像や曼荼羅、法具、経典を熱心に集めたこと。これが意外に新しい宗教として天台、真言両宗を宣伝する有力な手段となりました。また、唐風化を急ぐ歴代天皇にとっても期待通りの成果が収められたのです。

遣唐使の派遣ルート

Column

遣唐使派遣は命懸け

命懸けの遣唐使派遣は計19回、計画され、実際に派遣されたのは15回とされる。季節風に頼る帆船の操作は難しく、外洋航海には不慣れな面があり、造船技術も未熟で遭難が多く、危険が伴った。鑑《がん》真《じん》の日本渡来は6度目の渡海でようやく実現されたことが雄弁に物語っている。

外野席

修験道の源流　元来、山中で修業し、国家安康を祈るものが加持祈祷で現世利益を追求するものになった時、反対に日本古来の山岳信仰と結び付き、神佛習合して修験道という一流派を生み出す。仏教でもなく、神道でもなく…。

22 藤原一族の黄金時代

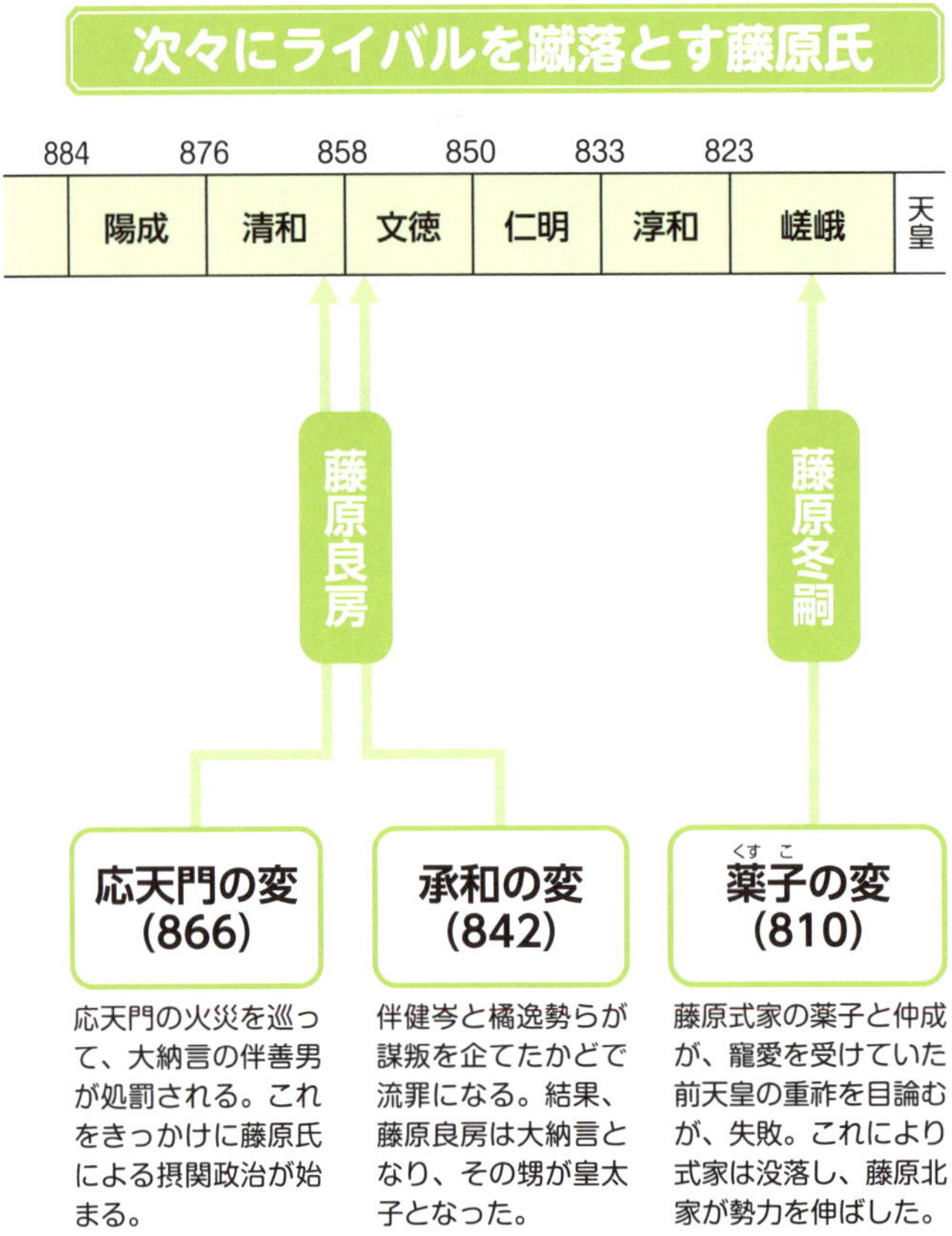
次々にライバルを蹴落とす藤原氏
天皇
823 嵯峨
833 淳和
850 仁明
858 文徳
876 清和
884 陽成
藤原冬嗣
藤原良房
薬子《くすこ》の変（810）
藤原式家の薬子と仲成が、寵愛を受けていた前天皇の重祚を目論むが、失敗。これにより式家は没落し、藤原北家が勢力を伸ばした。
承和の変（842）
伴健岑と橘逸勢らが謀叛を企てたかどで流罪になる。結果、藤原良房は大納言となり、その甥が皇太子となった。
応天門の変（866）
応天門の火災を巡って、大納言の伴善男が処罰される。これをきっかけに藤原氏による摂関政治が始まる。

律令制度は唐の律令と同じではありません。難しすぎて現実には適用されず、現場の判断と裁量に任されました。

すると受領《ずりょう》として地方に下った下級貴族や土着の土豪、有力農民らが私的な利益追求を図るようになります。なかには武装して強大な勢力を築くと律令政府の命令に従わず、反乱に決起したり、地方権力として振舞うようになった者もいました。

そして、私領化した土地を中央の有力貴族や社寺に寄進し、それを隠れ蓑にして急速に力を蓄えていきます。何故なら、寄進された私領は荘園という名の租税免除地（不輸不入地）となるからです。

律令制度は空洞化しますが、荘園を集積して最大勢力にのし上がったのが藤原一族でした。藤原一族は代々、朝廷の要職を務め、最高位に就くや、天皇の外戚となり、摂関政治を始めます。

	969	967	946	930	897	887
円融	冷泉	村上	朱雀	醍醐	宇多	光孝

藤原実頼　藤原忠平　藤原時平　藤原基経

安和《あんな》の変（969）

左大臣・源高明の左遷で藤原氏の勢力は不動のものとなる。

道真の左遷（901）

宇多天皇のブレーンとしてめざましい出世をして右大臣にまでなった菅原道真を藤原氏は警戒。宇多天皇の出家を機に、醍醐天皇をそそのかし、太宰府へと左遷。

阿衡《あこう》の紛議（887）

藤原基経がその権力を宇多天皇に認めさせた事件。天皇より受け取った詔に憤慨した基経が、約半年職務を放棄。天皇が譲歩し、詔を書き直すことで決着する。

Column

菅原道真の不運

公地公民を原則とするのが律令制度の基本であるが、それを崩す私有地＝荘園が急増し、富裕な郡司、百姓らが諸国の受領（官人）と衝突する。この荘園勢力に乗っかったのが藤原一族で、受領防衛に回ったのが宇多天皇、菅原道真だった。否応なしに反荘園派に回らざるを得なかったのである。時流に逆らい、乗れなかった不運の人と言わざるを得ない。

菅原道真

外野席　**宮廷の歌遊び**　平安朝きってのドン・ファンたる在原業平が「頼まれぬうき世の中を嘆きつつ日かげにおふる身をいかにせむ」と物憂げに唄えば、小野小町は「人にあはん月のなきには思ひおきて胸はし火に心やけおり」と情熱の炎を燃え上がらせた。男の気だるさとは対照的である。

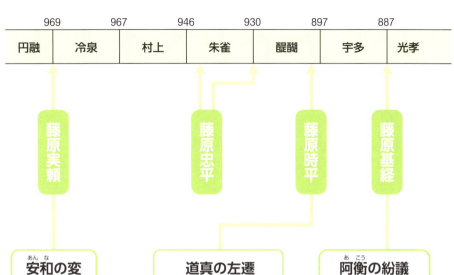

23 早すぎた武家政権、平将門と藤原純友

律令国家の崩壊
私領の拡大
領地を守りたい
任期切れの居座り国司
直属軍をもつ
開発領主の出現
武装する者が増える
武士の誕生
藤原純友
平将門

受領として地方に下った下級官人たちは、畿内はもちろん、日本各地に拡散して土着し、それぞれ武装勢力に成長します。律令政府の命令に従わず、独自の地方権力として振舞うようになります。

その最たる者が「承平《じょうへい》・天慶《てんぎょう》の乱」を引き起こした関東の平将門《たいらのまさかど》と、瀬戸内海の海賊衆を束ねた藤原純友《すみとも》でした。将門などは関東の大半を制し、自ら「新皇《しんのう》」と称して天皇に代わる存在であるとアピールした程です。

結局、どちらの反乱も鎮圧されましたが、息の根を止められたのではなく、逆に土地に深く根を下ろし、中央の貴族と社寺に私領を寄進し、荘園管理官となるのです。呼び名は種々ありますが、この荘園管理者が武士のルーツとなるのです。

この中から武士団として勇名を馳せたのが清和源氏と桓武平氏でした。

平将門の乱と藤原純友の乱

藤原純友の乱（939-941）
伊予の日振島を根拠地として、伊予・讃岐の国府・太宰府などを襲う。追捕使小野好古、源経基らに鎮圧される。
下総
伊予
平将門の乱（935-940）
下総を根拠地にして一族の私闘から反乱。さらに国府を攻撃し、関東の大半を征服して新皇を名乗るに至ったが、平貞盛・藤原秀郷らに鎮圧される。

Column

清和源氏と桓武平家

平安末期になると地方領主となった荘官や開発領主、有力農民らは土着化した貴族と共に徒党を組み、武士団を編成する。なかでも有力なのが清和源氏と桓武平家であった。源氏は摂津に土着。鉱山開発と製鉄で財を成し、摂関家の保護を得て急速に勢威を高めた後、奥州王安倍一族の討伐（前九年・後三年の役）で名を挙げると、海上交易で稼いだ平家は武装する貴族として中央政界に進出し、たちまち朝廷を支配する（保元の乱・平治の乱）。

外野席

将門の怨霊　将門は処刑され、首は京の町に晒されたのだが、ウオーンと唸り声を挙げてどこかへ飛んで行ったという。そして、見つかり、埋められたと伝えられるのが、東京・大手町のオフィス街にある将門の首塚である。何度も移動しようとしたが、その都度、関係者が怪我や病気になり、計画は中止になった。

24 人材輩出の藤原道長時代

藤原黄金時代

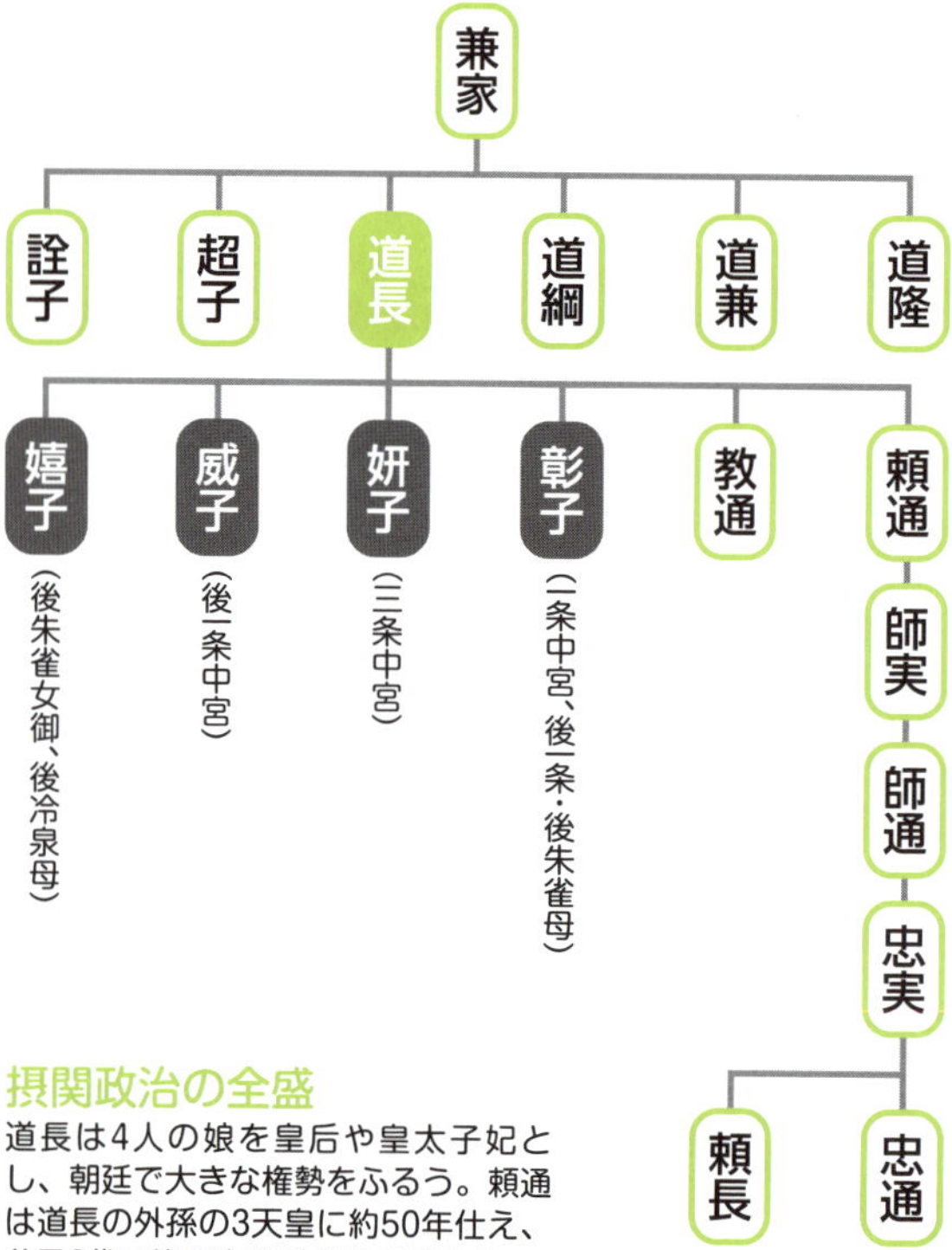

摂関政治の全盛

道長は4人の娘を皇后や皇太子妃とし、朝廷で大きな権勢をふるう。頼通は道長の外孫の3天皇に約50年仕え、父子2代で約70年間政界に君臨した。

長徳二年（九九六）七月、右大臣藤原道長は正二位左大臣に昇進。臣下最高位に就いたことで、摂関家、藤原一族の勢力争いは終わり、道長の一人天下となります。

そこで道長は娘彰子《しょうし》を入内《じゅだい》させ、一条天皇の中宮《ちゅうぐう》に立てるのに成功。思惑通り、外戚として力を振るうことになります。権力の頂点に立って、心満ちたる心境を謳い上げたと伝えられるのが次の歌です。

「此の世をば　我世とぞ思ふ　望月の　欠けたることもなしと思へば」

ところが、意外にも道長は独裁者にありがちなワンマン振りはなく、多くの人材を見出し、育て上げる名人だった。

『続本朝往生伝《ぞくほんちょうおうじょうでん》』に「時の人を得たるや、ここに盛んなりと為す」と記され、和泉式部《いずみしきぶ》、安倍晴明、源信、源満仲など八十六名の名が見えます。他にも紫式部や小野道風などがおり、王朝文化の春爛漫たる様が見えてきます。

共に藤原氏の娘に仕えた２人

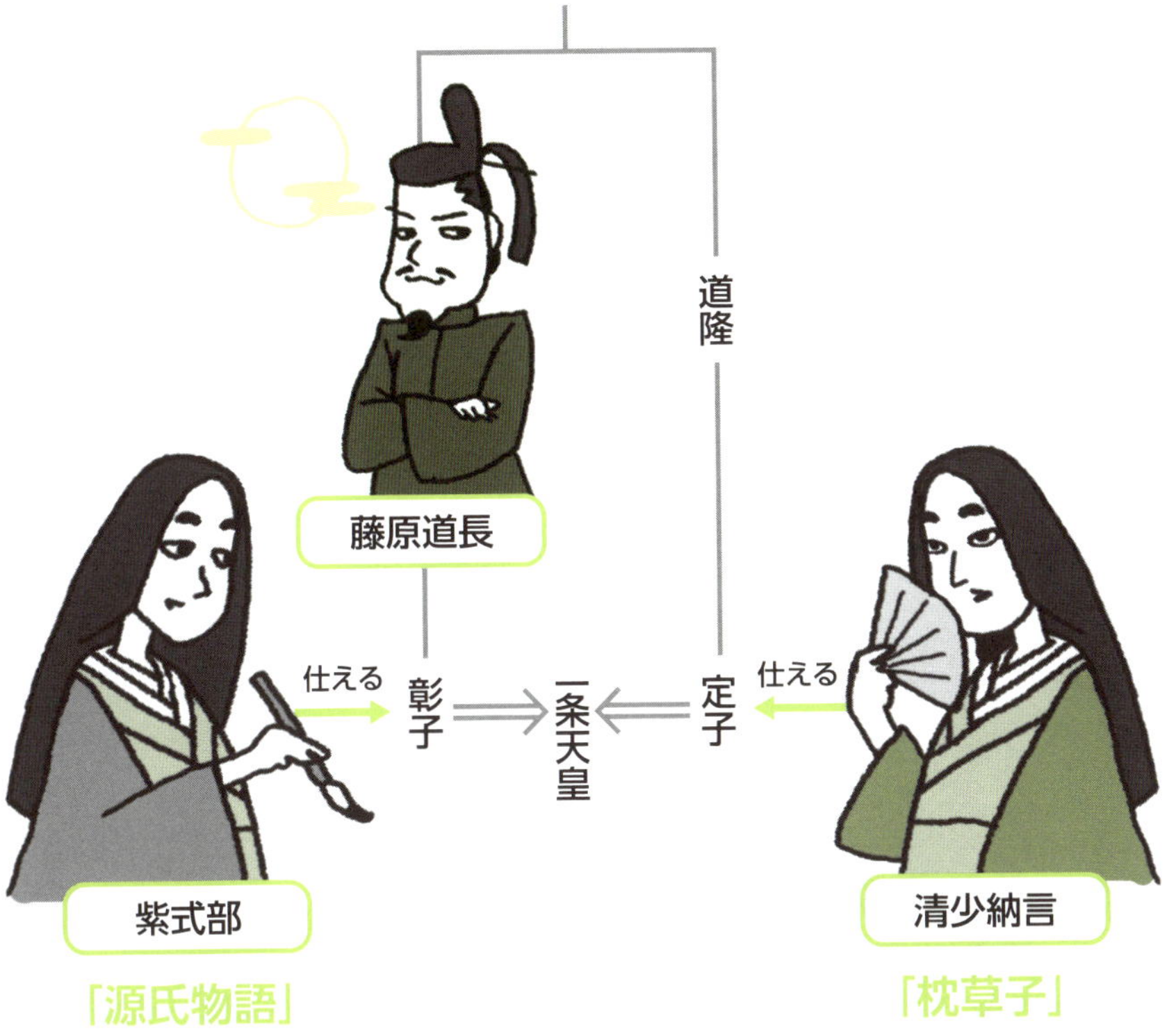

Column

紫式部と清少納言の鉢合わせ

一条天皇の宮廷において、双璧をなしたのが紫式部《むらさきしきぶ》と清《せい》少納言《しょうなごん》。清少納言は落ち目の皇后定子《ていし》に仕えた。鋭い感性や機知に富んだ対応で男たちを手玉に取った。一方、紫式部は夫を失った寡婦。中宮彰《しょう》子《し》に仕えた。野垂れ死にした清少納言と違い、最後まで中宮彰子に仕え、穏やかな生涯を全うしている。その二人が宮廷で遭遇したという記録はない。おそらく、清少納言が宮廷から下がった後、紫式部が上がっているはずである。

外野席　**平安のゴーストバスター**　小説『源氏物語』でも怨霊に取り付かれた宮廷の話題が書き綴られているが、都人は想像以上に怨霊とか、祟りを恐れていた。そのために大忙しだったのが陰陽師安倍清明だった。自由自在に式神を使いこなし、魔術師のように働いたと伝えられる。

25 源頼義、義家の悲哀

中央貴族の血統・三大武士団

藤原氏
藤
都を下った元貴族
源氏
源
清和天皇を祖とする元貴族
平氏
平
桓武天皇を祖とする元貴族

平安末期、成長した武士団は「源・平・藤」の三大ブランドに集約されます。中でも一頭抜きん出たのが清和源氏。摂関家の「侍」になり、上総国で発生した「平忠常の乱」を平定したのが関東進出の始まり。

次いで「前九年・後三年の役」が勃発します。陸奥の安倍一族を討伐するため、朝廷は源頼義を陸奥守に任命。頼義は子の義家と共に東国武士団を率いて陸奥に乗り込み、安倍一族を攻め滅ぼします。

ところが、出羽の豪族清原一族の援軍が大きな力になったという功で、清原武則が鎮守府将軍となります。肝心の頼義は伊予守に転出、義家は出羽守として武則の配下になる始末。義家は止むなく陸奥を離れます。

その後、清原一族の内紛が始まり、再び義家が巻き込まれ、力を振るいますが、朝廷は喜ばず、義家は再び陸奥を離れ、一人（藤原）清衡《きよひら》が残されます。そして、平泉政権の祖となります。

源氏の台頭

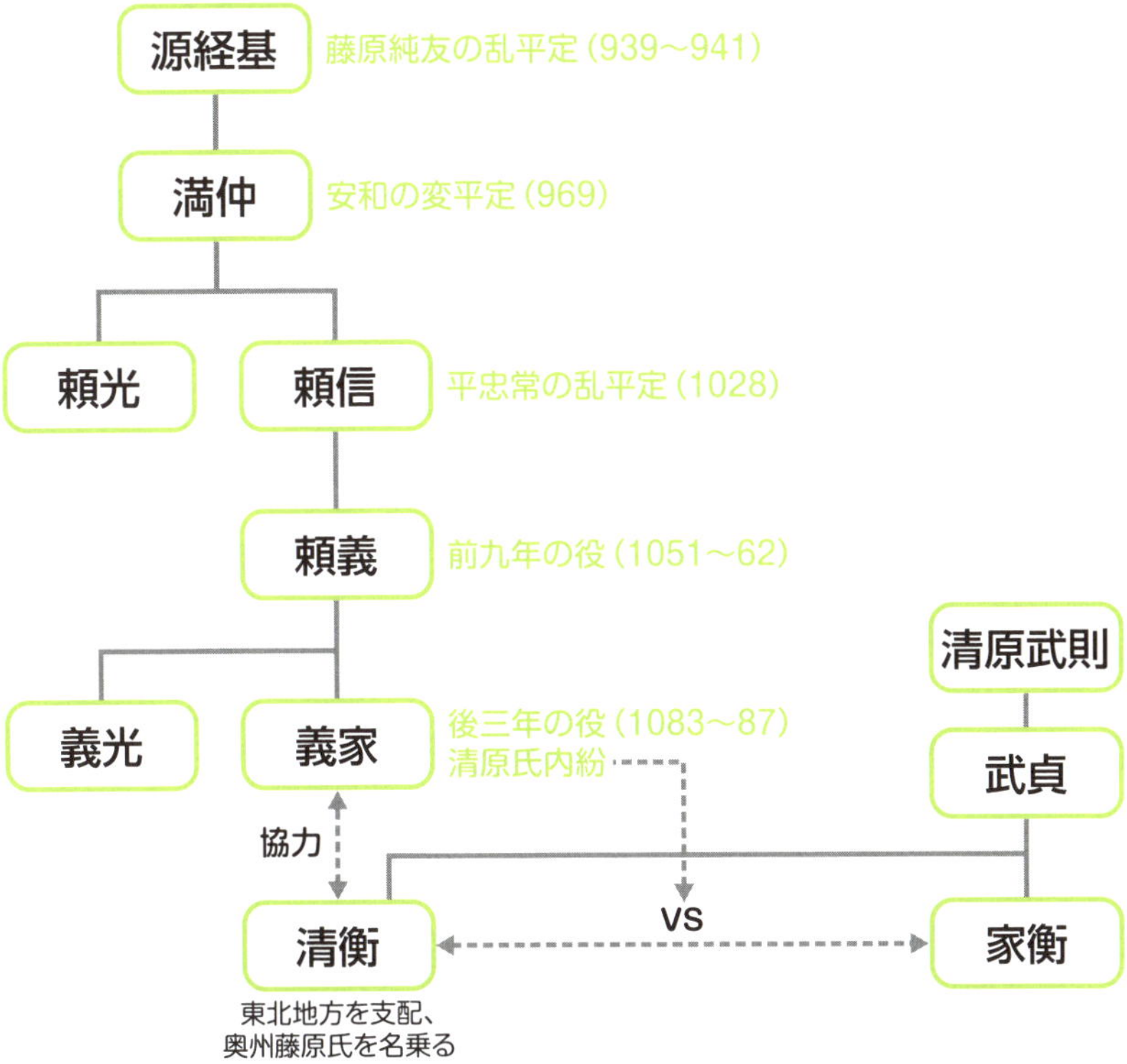

Column

開発領主の実像

国司の裁量権が強くなると各地の有力農民＝田堵《たと》に経営を請け負わせるようなった。中でも有力な大名田堵になると自ら開発し、開発した土地を領地として支配するようになった。彼らを開発領主という。このタイプの有力農民は関東平野に続々と誕生し、急成長を遂げる。そして、後に鎌倉幕府を構成する有力御家人集団となっていく。彼らは源頼義による前九年後三年の役で活躍する武士団の主力部隊になる。

外野席

都と同じ陸奥　安倍氏支配下の陸奥は蝦夷と呼ばれる未開の土地ではなかった。北上川流域には田畑が開かれ、磐井一郡だけでも刈り入れ時は3,000人の人手を要した。また南は白河から外ケ浜に至る街道には関や宿が設けられ、衣川を通過した西行法師も「都と変わらない」と驚嘆している。

26

奥州藤原氏の黄金文化

奥州平泉と中尊寺

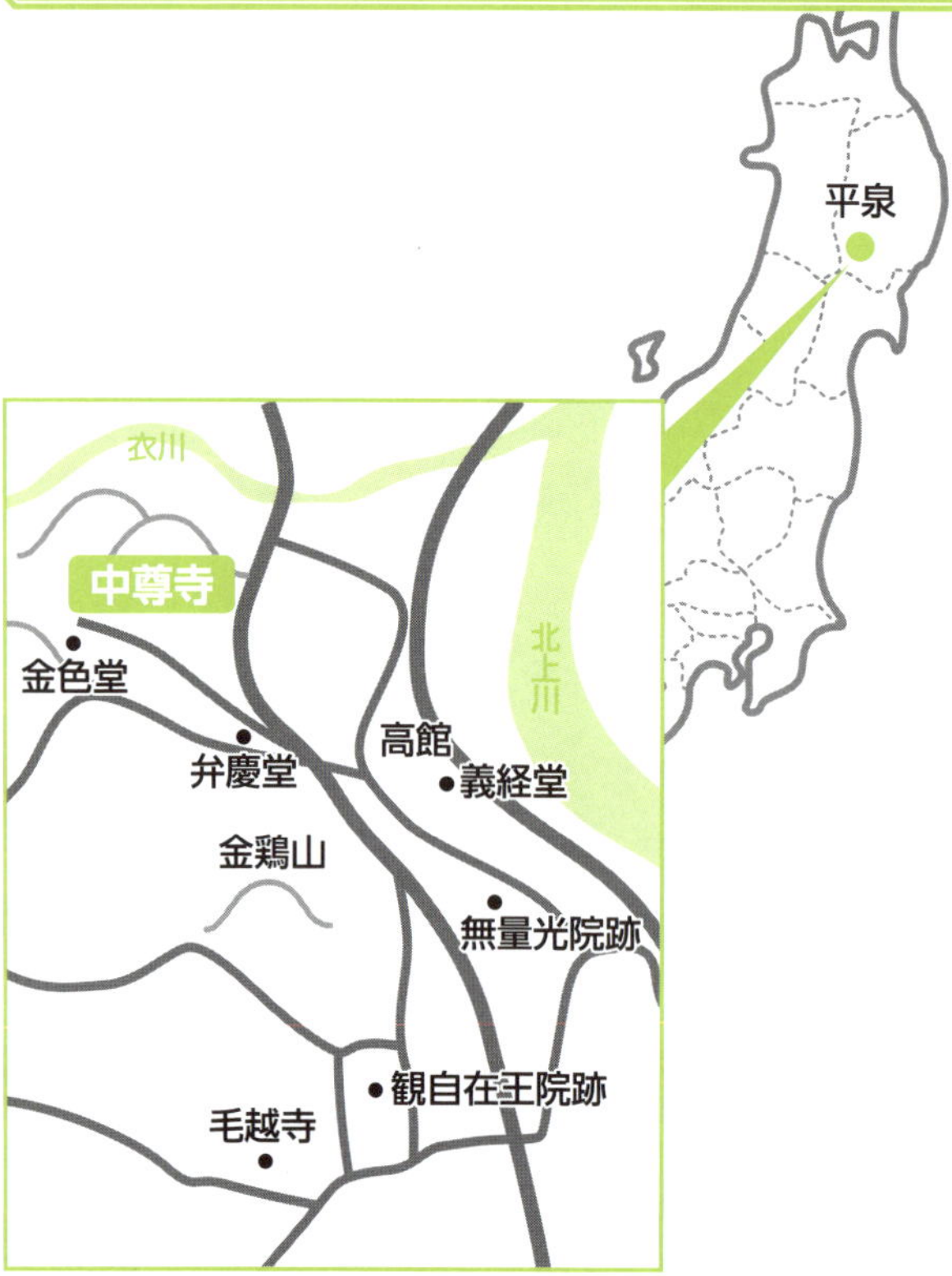

後三年の役で勝ち残った藤原清衡《きよひら》は、陸奥国と出羽国、奥羽二カ国を統合する主権者となりました。早速、安倍時代、衣川《ころもがわ》関があった土地に大伽藍《だいがらん》を建立。仏教都市を建設します。内紛で荒れた地に仏の教えに導かれた独立王国を建設せんとしたのです。

いま、その大伽藍群を見ることはできませんが、唯一残る中尊寺金色堂《こんじきどう》は、上下四壁を金色に塗り、螺鈿《らでん》を散りばめた中檀を構え、阿弥陀三尊・二天・六地蔵を安置する豪華な造りであったことが、平泉文化が黄金文化であったことを偲ばせてくれます。

度重なる戦乱で無念の死を遂げた人々の霊を弔うだけでなく、「俘囚《ふしゅう》の国」とされてきた過去を払拭する意味もありました。磐城白河関から津軽外ヶ浜まで二十日余りの行程の中心に中尊寺を建て、一町毎に笠塔婆を立てたと言われています。

約百年に渡って、燦然《さんぜん》と輝きました。

奥州藤原氏の誕生

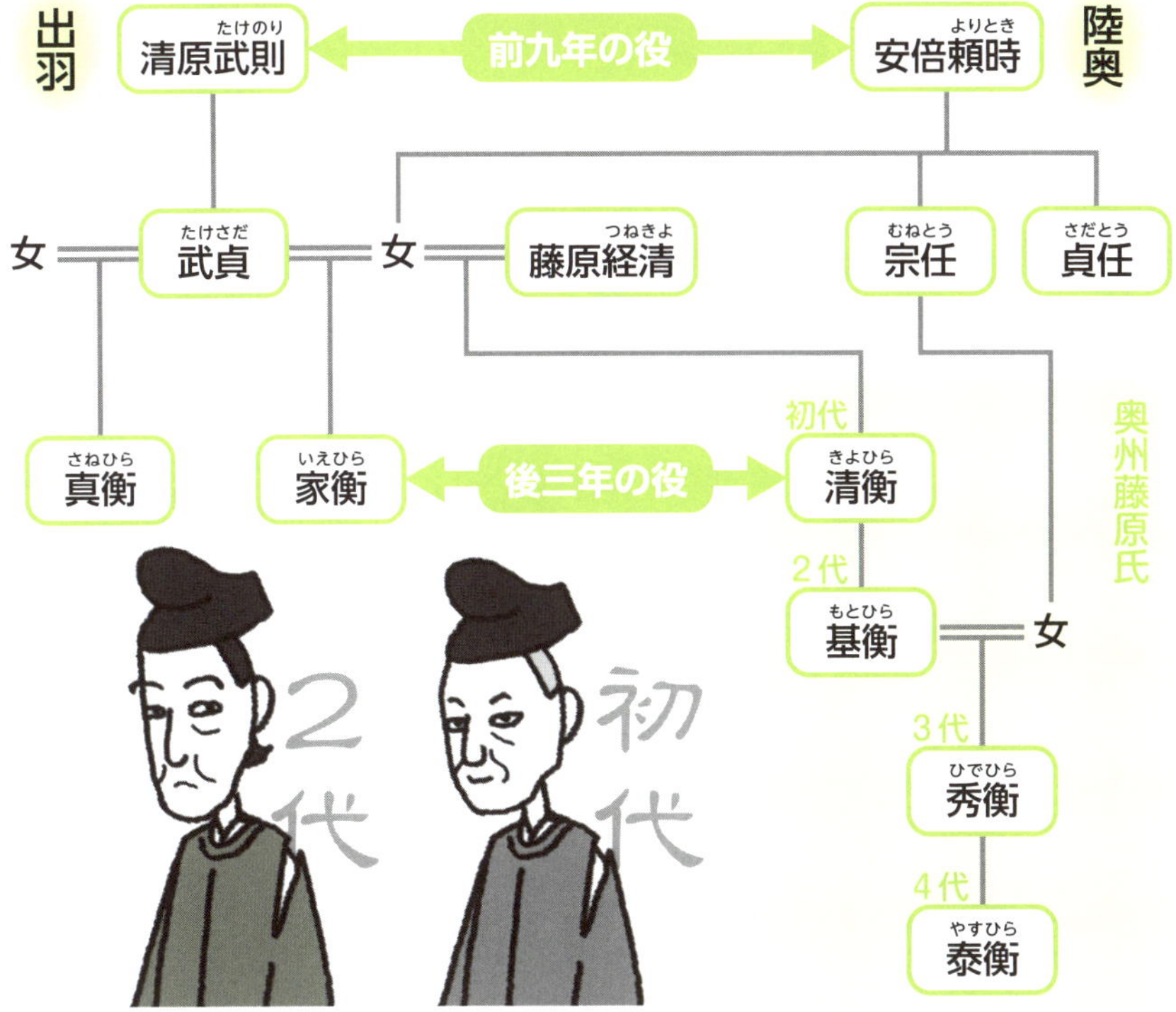

藤原基衡　藤原清衡

Column

美術工芸の結集、金色堂

金箔を貼るだけで荘厳されたわけではない。建築と工芸、美術の粋を結集して実現されている。4本の内陣の巻柱、格天井、かえる股、須弥壇《しゅみだん》の各部に施された金蒔絵《まきえ》と螺鈿《らでん》細工、透かし彫り金具、瑠璃《るり》を散りばめた蝶や孔雀の文様が埋め尽くされたのである。それにしても象牙はアフリカ産であり、螺鈿は琉球以南でなければ採れないはずで、どういう入手ルートで手に入れたのであろうか。それだけでも謎に包まれている。

外野席

藤原四代のミイラ　中尊寺金色堂には清衡・基衡・秀衡のミイラが納められている。義経を討ち、頼朝に討ち取られた四代目泰衡のミイラも祟りを恐れた頼朝が金色堂に埋葬したものと伝えられている。それは首のないミイラであろうか。いずれにしろ、骨格の特徴からアイヌ系ではなかったらしい。

27 上皇・法皇の陰謀

摂関政治から院政への移行

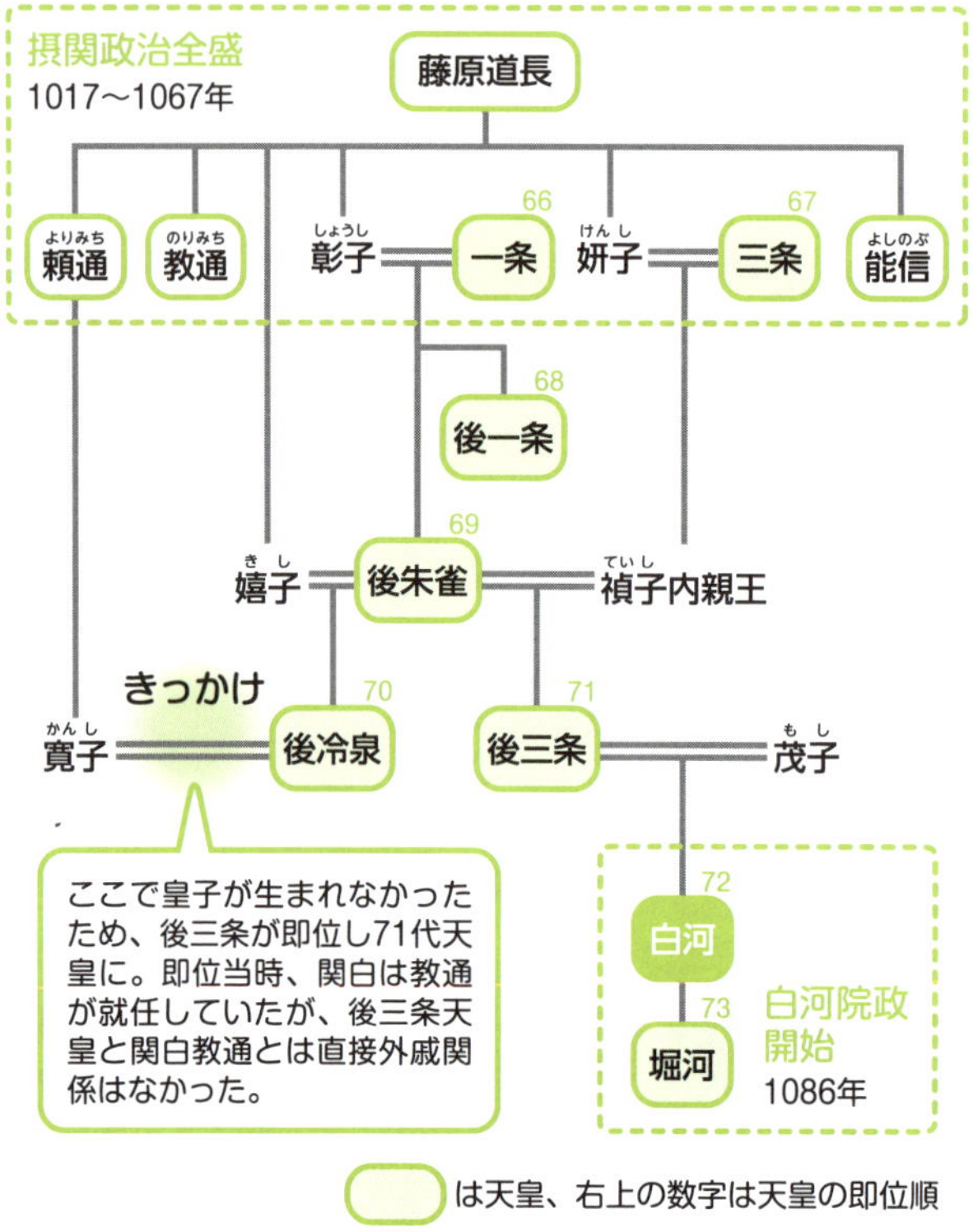

藤原道長の子、頼通《よりみち》の時代に移り、初めて摂政・関白を外戚としない天皇が出現します。後三条天皇です。藤原氏を外戚としない天皇は宇多天皇以来、実に百七十年振り。即位年齢が三十五歳というのも異例でした。

後三条天皇は「宣旨枡《せんじます》」という枡の大きさを決めた他、記録荘園券契所を設置。荘園所有者から証拠書類を提出させ、厳しく審査しました。しかし、荘園を削って公領を回復し律令制再建に向かうのではなく、自分の支配する荘園を確保するだけでした。

続く白河天皇も荘園獲得に熱心で、突然、堀河天皇に譲位するや、上皇となり、天皇でもなく、摂政関白でもなく、第三の権力となります。そして「北面の武士」を設置する等、武士団の組織化にも熱心だったので、安定した財源確保＝荘園支配ができたのです。

この後、鳥羽上皇、後白河上皇と百年余も院政が継続し、大きな力を振るいます。

院政で力を振るう上皇・法皇

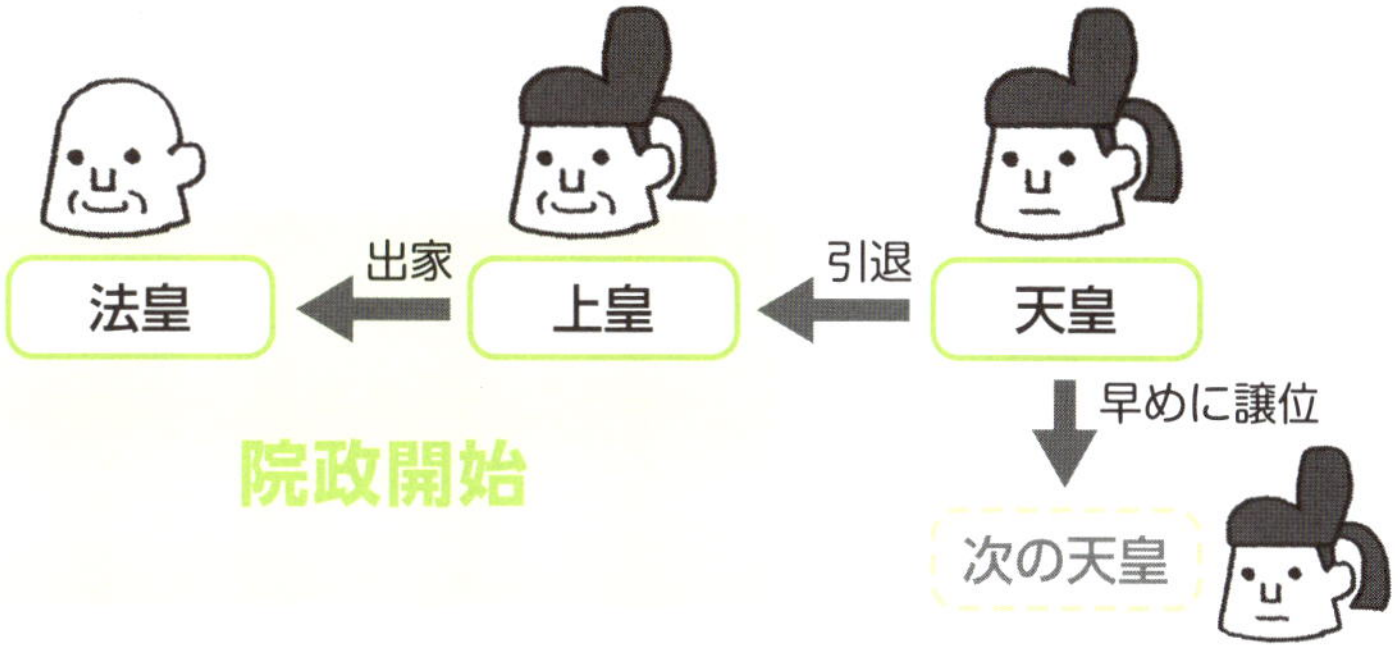

Column

法皇、上皇の権力の源泉

突然、第三の権力として浮上した上皇と法皇。浮上するには浮上させるエネルギーがあったからだ。新興荘園領主として実力を蓄えつつあった「受領《ずりょう》」という開発領主がエネルギー源であった。律令制が乱れ、国庫が欠乏すると宮殿造営や宮廷行事などの費用を負担し、見返りに官位をもらって権力を行使した。その上昇気流に乗ったのが上皇・法皇であった。在位の天皇はお飾りにすぎない名分的地位になってしまう。

外野席

僧兵の強訴　荘園領主と言えば、貴族の他に寺や神社がある。ということで、奈良の興福寺や比叡山の延暦寺などは誰憚ることなく勢威を振るった。大挙して京都に乱入しては暴れ回り、国家鎮護を司る寺院が国家の治安を乱していた。その主力が僧兵という武装集団だった。

28

源平を操る白河法皇

アメとムチを駆使する白河法皇

貴族が荘園に依存するようになって一世紀を過ぎると、荘園の本所領家になるのは貴族の家格《かかく》になってきました。地方の領主らも中央の貴族寺社に保護を求めながら、領主が弱体化すればさっさと乗り換えました。

そこで衆望を集めるニュースターとして浮上したのが、前九年・後三年の役以来、関東武士団を郎党として組織し、源氏の棟梁《とうりょう》となった源義家《よしいえ》でした。しかし、これを快く思わなかったのが白河上皇でした。

ただちに諸国百姓に対し義家に寄進するのを禁止する一方、義家には昇殿を許すというアメとムチの懐柔策を採用。さらに関東から伊勢、伊賀に転出し、勢力を蓄えつつあった伊勢平氏を利用するのです。

無名の平正盛《まさもり》を登用。官物横領などで罪に問われていた源義親《よしちか》（義家の子）を討ち取るよう、命じたのです。まさに一石二鳥。源平を操る上皇一流の政治が始まったのです。

院政が招いた武士（平氏）の台頭

院（上皇・法皇）

朝廷

天皇
摂政・関白
公卿会議

院庁

院政の中央機関

北面の武士
大寺院の僧兵による強訴に当たらせる

地方の国司を通じて武士を統率
軍事力をバックに政治を行なう

武士
とくに平氏の進出の契機

Column

院政の正体

後鳥羽上皇の時代のことだが、最も荘園が集中したのは荘園整理を進めたはずの院だった。貴族や社寺から奪った荘園を院に集めたところへ地方領主が我先に寄進したためだ。上皇は膨大な荘園を近親や社寺に与え、勢力基盤を強化した。皇女は八条女院に約100カ所、後白河法皇が長講堂に約90カ所、それぞれ寄進している。荘園の整理を進めた上皇が最大の荘園領主になったという、皮肉な話。それが院政の正体だった。

外野席

残酷な試練、保元の乱　貴族の争いも武家の力を借りなければならない時代になったという、典型的な事件。しかし、武家も残酷な試練を課せられる。一族郎党が敵味方に分かれ、甥の平清盛が叔父忠正ら一族郎党の首をはね、子の源義朝が父為義らを斬ることになる。

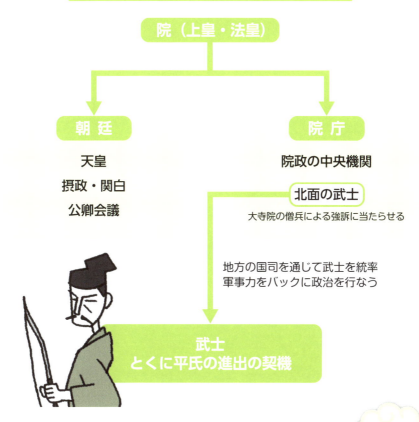

29 海賊将軍＝平清盛

親子・兄弟分かれて争う保元の乱

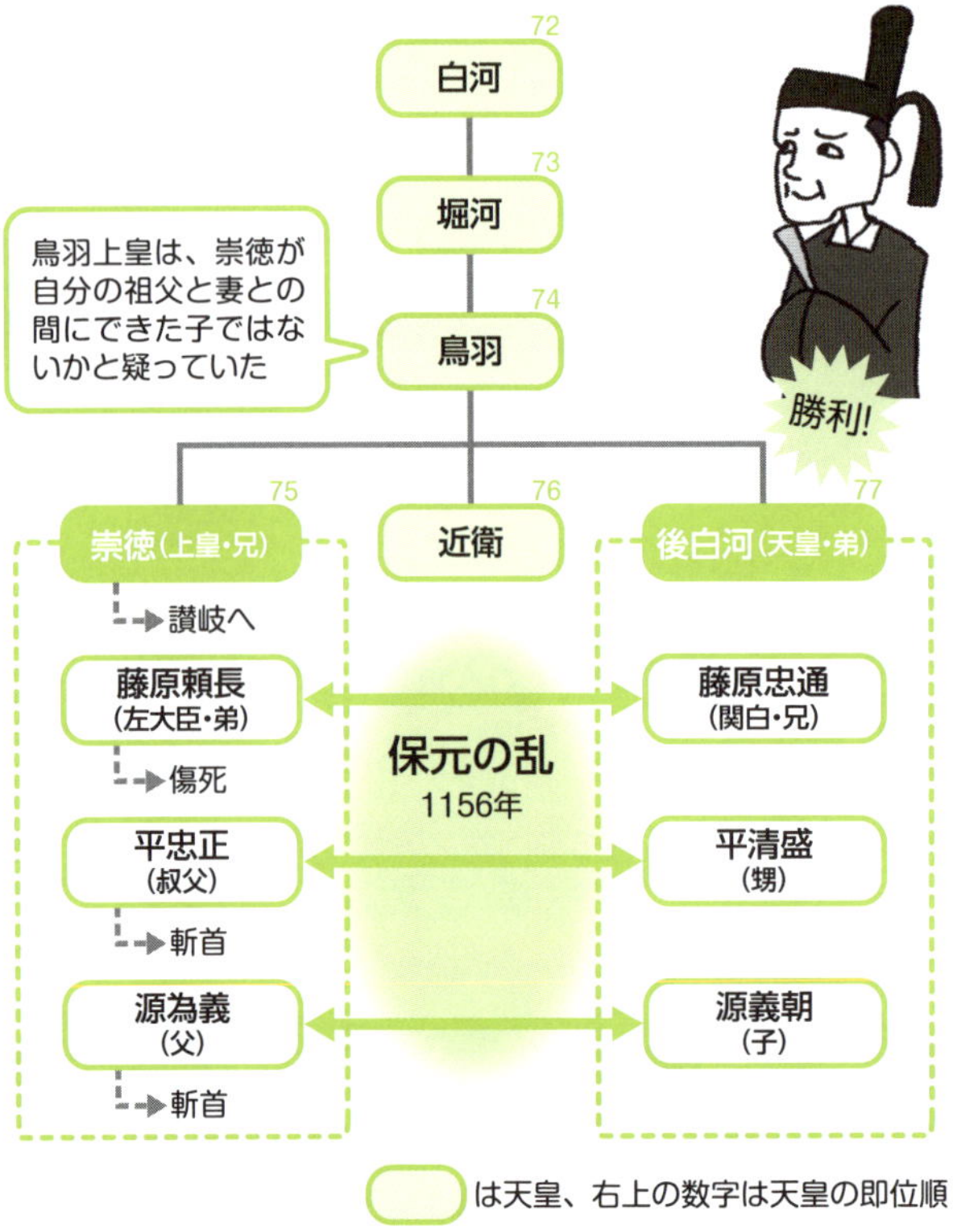

保元・平治の乱で武士団の対立勢力は姿を消し、後に残されたのは平清盛を棟梁とする平氏のみでした。その結果、当然のことながら貴族たちも武士団を頼みにして争うことはできなくなりました。

そこで後白河上皇は清盛を公卿《くぎょう》社会に引き上げ、武力を持った公卿として利用する道を開きます。前例のないことですが、永暦元年（一一六〇）、清盛は武士身分のまま、参議になりました。白河法皇のご落胤伝説が幸いしたと言い伝えられています。

その後、後ろ盾を得てトントン拍子の出世コースに乗り、仁安二年（一一六七）、左・右大臣を飛び越して一気に太政大臣に就任。頂点に立った時、平氏の知行国は日本六十六州の内、三十余国。半数を超えていました。

だが、武家独自の統治機構を築かず、貴族社会に埋没したため、海賊将軍としての夢も果たせず、滅んでしまうことになります。

平治の乱で平氏の時代が到来

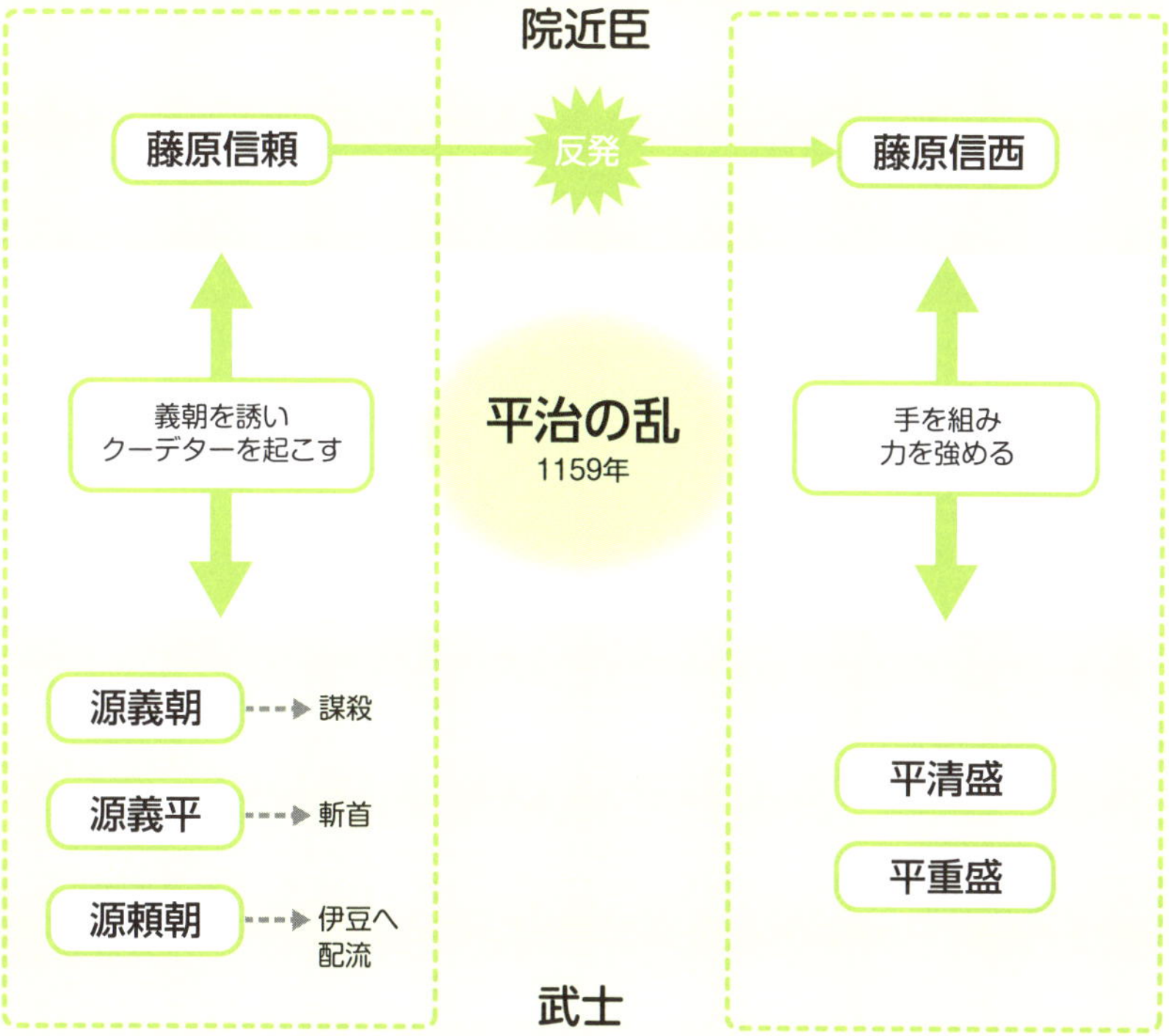

Column

清盛、痛恨の判断ミス

貴族と武家が大混線して戦われた第2ラウンド=平治の乱は、平清盛の一人勝ちに終わった。源氏はほとんど壊滅状態となり、根絶やし寸前だった。だが、清盛は養母池禅尼の懇願を聞き入れて源義家の嫡男頼朝の一刑を減じ、流刑処分とした。これが痛恨の判断ミスとなる。

外野席

清盛は白河院のご落胤？　胡宮神社（滋賀県）文書の一通の系図がある。文暦2年（1235）の日付がある。この系図によれば、白河院が祇園女御のもとに通っているうち、その妹にも手を付けてしまい、懐妊したので忠盛に与えたように見受けられる。すると、やはり、清盛は白河院のご落胤か？

30 木曽の暴れん坊、義仲

源氏の挙兵

1180年5月 源頼政の挙兵
6月 福原遷都
8月 頼朝挙兵、石橋山の戦い
11月 頼朝、侍所設置
1183年5月 倶利伽羅峠の戦い
倶利伽羅峠の戦い
源義仲はこの戦いに勝利したあと、京に乱入する
福原遷都
平氏が京を捨てたあと、後白河法皇が入京する
石橋山の戦い
頼朝が挙兵したあとの初めての戦い。平氏方の大庭景親らに大敗

驕《おご》れる者は久しからず。治承四年（一一八〇）、平清盛が後白河法皇を幽閉し、孫の安徳天皇を即位させると地方武士団や京の公卿、寺社の間で不満が爆発します。

まず、源頼政が諸国武士団の決起を呼び掛ける後白河法皇の次男以仁王《もちひとおう》の令旨《りょうじ》（命令）を奉じ、平氏打倒を宣言。真っ先に呼び掛けに応えたのが、伊豆に流されていた源頼朝《みなもとのよりとも》と木曽の暴れん坊、義仲でした。

特に義仲は倶利伽羅峠《くりからとうげ》で平氏の大軍を撃破して入京するのですが、折からの飢饉にあえぐ都で略奪暴行の限りを尽くすだけ。これを見て、巧みに泳ぎ回ったのが後白河法皇。義仲には平家追討を命じ、関東の源頼朝には「即時上洛」を命じたのです。

しかし頼朝もさる者。東海・東山・北陸三道の国衙領《こくがりょう》と荘園は元のように国司と本所に返還せよ、という勅令発布を要請。その執行代理人として力を振るう大義名分を獲得します。なかなか世慣れた人でした。

後白河法皇、頼朝に義仲を討たせる

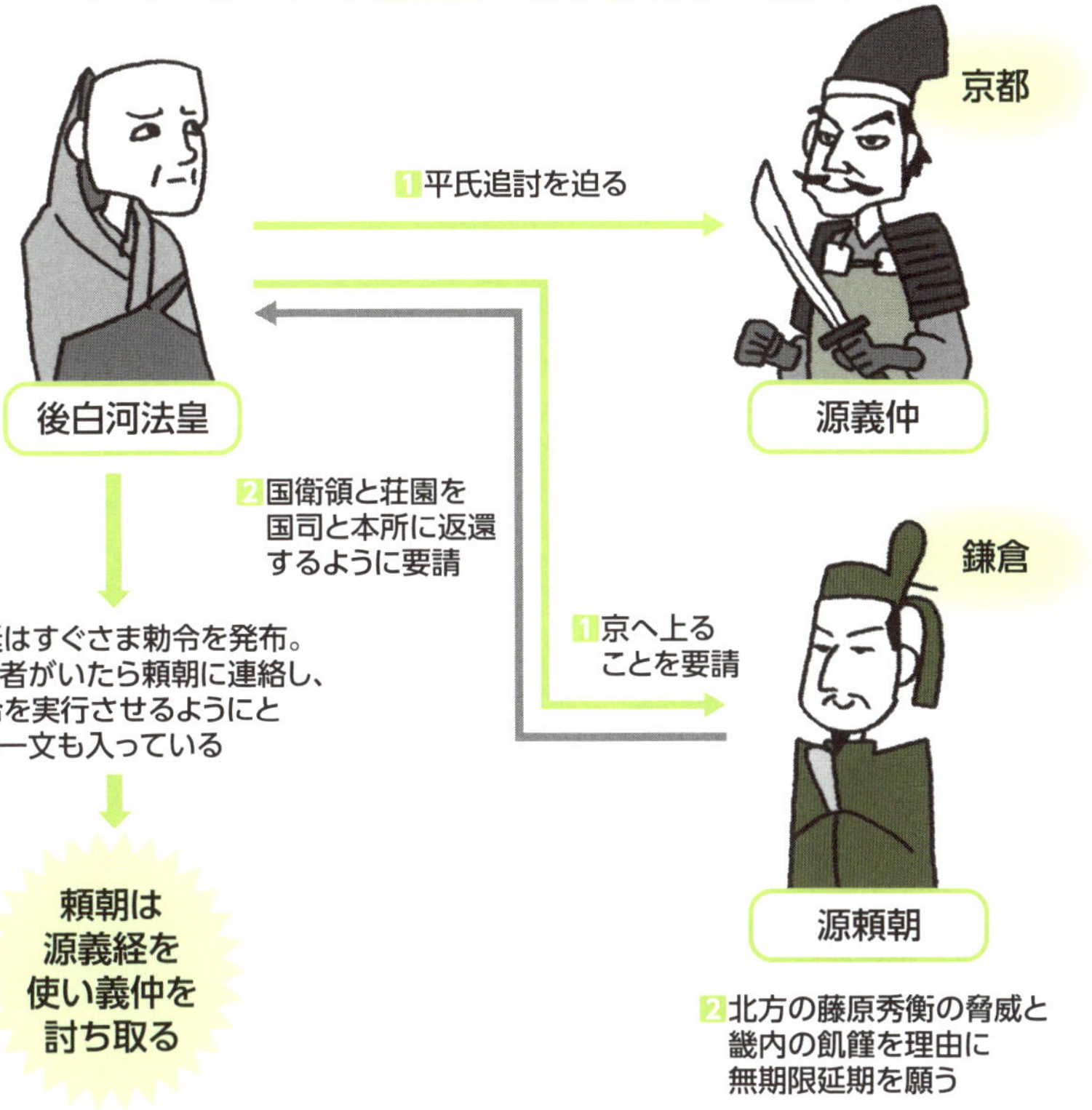
するように要請
ことを要請
3 朝廷はすぐさま勅令を発布。
背く者がいたら頼朝に連絡し、
命令を実行させるようにと
いう一文も入っている
使い義仲を

2 北方の藤原秀衡の脅威と
畿内の飢饉を理由に
無期限延期を願う

Column

天下三分を嘆く右大臣兼実

義仲軍勢が京都に乱入した時、右大臣兼実はぼやいた。「およそ最近の京都の状態では武士以外の者は一日たりとも生きてゆけない。多くの人々が職を求めて田舎に逃れ去ったという。四国、九州、山陽道の安芸以西は平氏。北陸、山陰両道は義仲。そして東山、東海両道は頼朝がそれぞえ横領してしまった。まったく八方ふさがりだ」。日本は三人の武家によって分割支配され、貴族は生きてゆけないと嘆いている。

外野席

2 国衙領と荘園を

駆け落ち同然の頼朝と政子　流刑地の伊豆で源頼朝が伊豆の豪族北条時政の長女政子と恋仲になる。時政は流人と結ばれることに強く反対するが、政子の激情甚だしく、ある夜、豪雨の中を走り抜け、頼朝のもとへ駆け付ける。頼朝 31 歳、政子 21 歳。鎌倉幕府は源氏のプリンスと激女政子の大恋愛から誕生した。

31 鞍馬の小天狗、義経の活躍

義経、平氏を滅ぼす

どんどん西国に追い込んで行ったぞ
一の谷の戦い
鵯越の急な断崖を馬で駆け降り、平氏を奇襲
壇ノ浦の戦い
源平最後の戦い。変化する潮の流れを利用した源義経の勝利で平氏は滅亡した
屋島の戦い
荒天のなか摂津渡辺から阿波勝浦に上陸。海上戦に備えた平氏を背後から急襲。那須の与一の「扇の的」で知られる

寿永三年（一一八四）二月以後、源頼朝はいよいよ平氏追討を開始します。その時、大活躍するのが弟義経。一《いち》の谷《たに》合戦、屋島の戦いでは大胆な奇襲戦法を採用。次々に平氏を打ち破り、壇ノ浦《だんのうら》まで追い詰めます。

騎馬戦に長けている源氏は、水上戦は苦手なはずですが、予想とは違いました。平氏は水上戦で連戦連敗。壇ノ浦では数時間で変化する潮の流れを利用した義経の巧みな戦法に翻弄《ほんろう》されて惨敗。滅亡します。

ところが、頼朝は平家討滅の立役者、義経の鎌倉凱旋《がいせん》を許しません。理由は、義経が武家の賞罰は鎌倉幕府に一元化されるべきだという頼朝の意向を無視し、後白河法皇の論功行賞を受けてしまったためです。

武家の独立を願う頼朝は、厳格にして冷酷かつ強《したた》かな源氏の棟梁として振る舞います。兄弟とて許さなかったのです。予想以上の統率力とカリスマ性を発揮したのです。

最大の功労者・義経を許さない頼朝

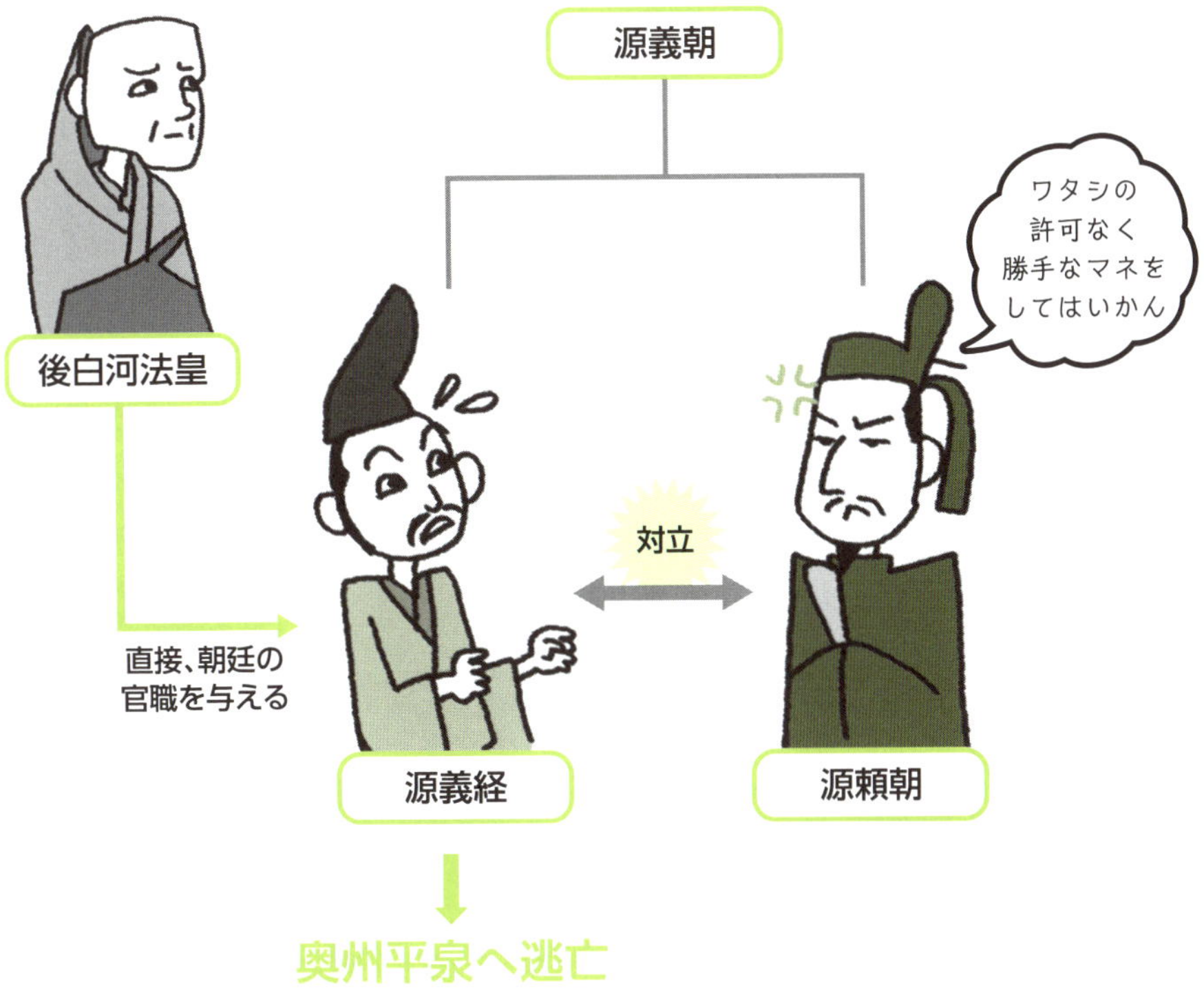

Column

常識破りの義経戦法

一の谷合戦では鵯越《ひよどりごえ》の急坂を馬で駆け下り、背後から急襲して追い散らし、屋島の戦いでは嵐の中、摂津渡辺から阿波勝浦に上陸し、海上戦に備えた平家を背後から急襲。そして、壇之浦では潮の流れを計算し、舟の漕ぎ手を襲うルール違反を犯して滅亡に追い込む。これは武家の作法から発想された戦法ではない。武家は農民の出だが、義経は山で育った。山賊と海賊と変わりない。自由な発想で動けたのである。

外野席　**征夷大将軍の権限**　征夷大将軍の権限と支配権の及ぶ範囲は、初期は東国の武士と農民だけであり、貴族や大寺院は対象外だった。その意味では朝廷と幕府の二元支配であり、朝廷に取って代わる政権ではなかった。朝廷に取って代わる意思もなかったのである。

32 源頼朝と鎌倉幕府

建久三年（一一九二）、源頼朝は征夷大将軍に任命されました。実際には、それ以前から事実上の武家政権として機能していたのですが、形式上、この時、鎌倉幕府が開設されたと言うのが公式見解でしょう。

長い間、地下人として貴族の支配下に置かれてきた武士団が、たとえ半独立状態であったとはいえ、独自の権力基盤となる幕府を開設することができたということは「独立宣言」を発したも同然のことでした。

征夷大将軍を頂点とし、その指揮下に公文《くもん》所《じょ》（政所）と問注所《もんちゅうじょ》を設置して訴訟ルールを定めた上、身分的にも守護地頭職を設定した意義は計り知れないほど大きいといえます。

将軍の支配権の及ぶ範囲は、さしあたり、関東から陸奥に限定されていましたが、順次機会を捉え、じわじわと拡大していきました。そして、全国政権となっていくのです。これは用意周到にして順当な作戦でした。

鎌倉幕府の機構

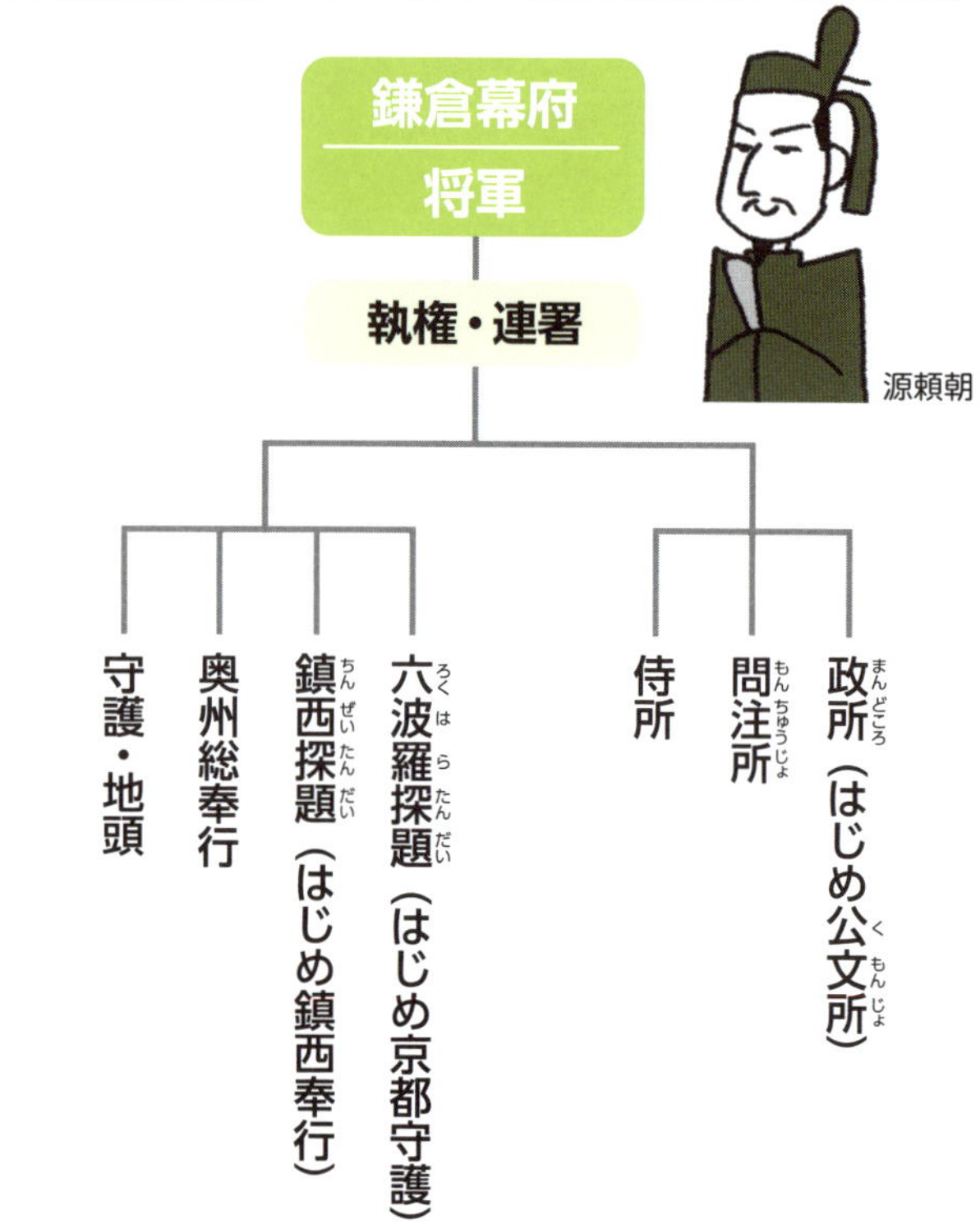

鎌倉幕府
将軍
執権・連署
政所《まんどころ》（はじめ公文所《くもんじょ》）
問注所《もんちゅうじょ》
侍所
六波羅探題《ろくはらたんだい》（はじめ京都守護）
鎮西探題《ちんぜいたんだい》（はじめ鎮西奉行）
奥州総奉行
守護・地頭
源頼朝

“いいくに”ではない鎌倉幕府

1 1180年説　源頼朝が鎌倉に**侍所**を設置し**南関東**を支配。

2 1183年説　頼朝、朝廷から**東国支配**を承認される。

3 1184年説　**公文所・問注所**が設置され、幕府の機構が整う。

4 1185年説　頼朝、**守護・地頭**の**任免権**を獲得する。

5 1190年説　頼朝、**右近衛大将**に任じられる。

6 1192年説　頼朝、**征夷大将軍**に任じられる。

幕府は
いつできた
のかな？

Column

幕府成立の正確な年代は？

一般には建久3年（1192）とされているが、それは頼朝が征夷大将軍に任命された年であり、それ以前に事実上の武家政権としての機能を果たしていた。元暦元年（1184）、政務・財政を司る公文所（後に政所）、続いて土地争いなどの訴訟を処理する問注所が設置されている。そして、文治元年（1185）には荘園を管理し、警察権を発動する守護・地頭が設置されている。段階的に整備されているので、頼朝が鎌倉に入り、侍所を設けた治承4年（1180）とする歴史家もある。

外野席

早すぎる頼朝の死　鎌倉幕府が開設されて７年。正治元年（1199）正月 13 日、源頼朝が死亡した。前年暮れ、相模川の橋供養に臨み、帰りに落馬したのが死因らしい。奇妙なのは鎌倉幕府の事蹟を記す『吾妻鏡』では頼朝の死に至る過去３年間を欠史としている点。何か、ある。

33

尼将軍政子の咆哮

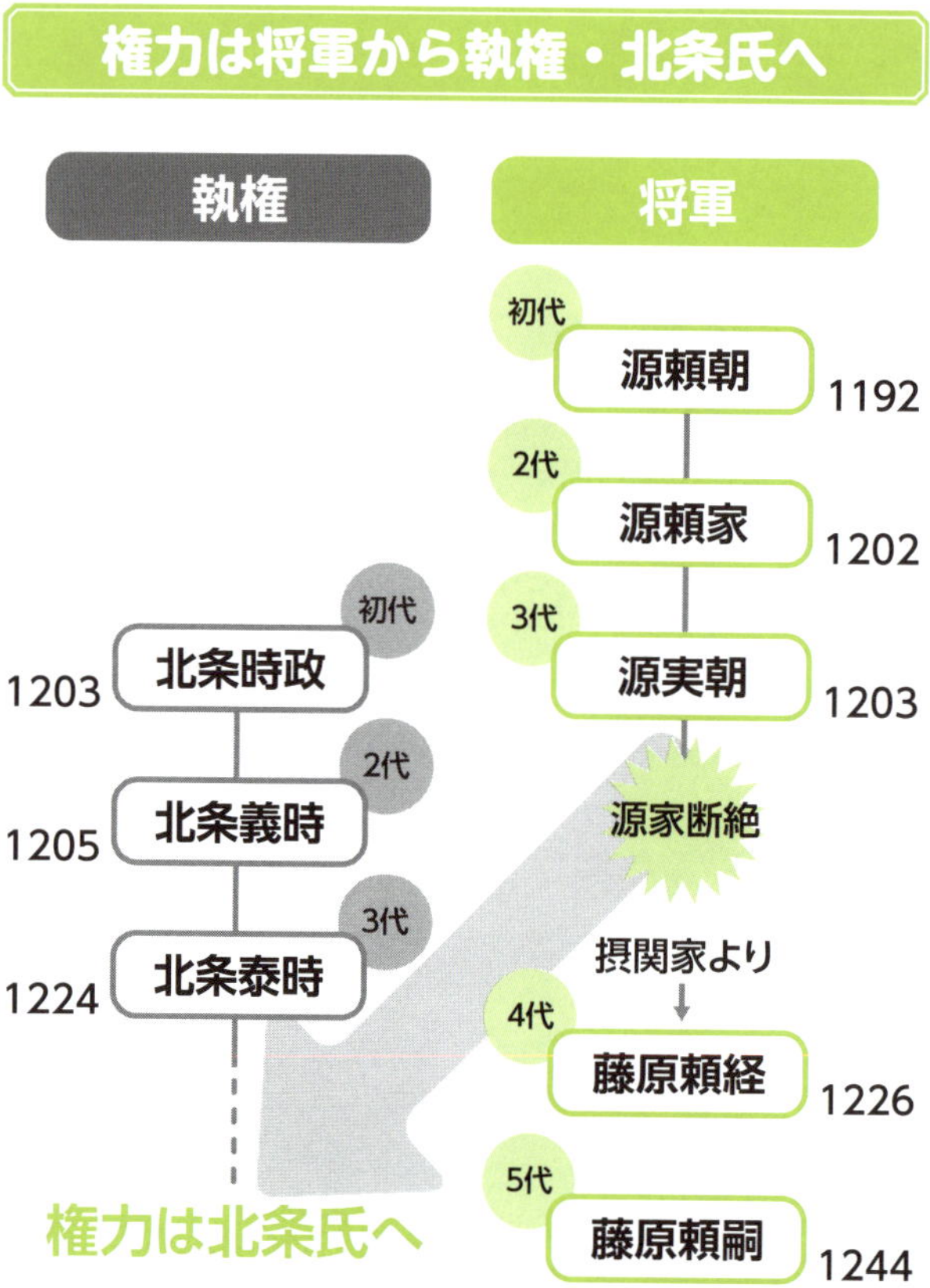

朝廷側は武家政権の勢力拡大を黙って見ていたわけではありませんでした。

後鳥羽上皇は身近に「北面の武士」「西面の武士」を集め、朝廷復権の機会をうかがっていました。しかし、将軍実朝《さねとも》が二代将軍頼家の遺児公暁《くぎょう》に暗殺された時、幕府に動揺が広がっていると誤解したのが間違いの元。

関東武士団は朝廷に弓を引くなどは考えたこともありませんので動揺しますが、意識を切り替えて「天皇、御謀反《ごむほん》！」と奮い立ちました。その裏には声涙ともに下る尼将軍政子のアジテーションがあったのです。

「亡き頼朝の恩を忘れたか。奴隷扱いされてきた昔に逆戻りするのか」

断固として武装上洛し、逆に京を監視する六波羅探題《ろくはらたんだい》を設置します。併せて同探題を西国方面を監視する拠点とすることで、朝廷との二元政治に終止符を打ち、幕府優位を決定付けることになったのです。

幕府を盤石にした承久の乱

鎌倉幕府
●朝廷友好派の実朝の死
●実権は北条義時へ
●幕府に動揺
●朝廷との関係悪化
朝廷
●義時の実権掌握に不満
●朝廷の政権奪回をねらう
1227年
承久の乱
北条政子
後鳥羽上皇
幕府の勝利
●幕府の西国支配強化
●六波羅探題の設置（朝廷の監視）

Column

「天皇、御謀反！」

鎌倉御家人たちは朝廷に弓を引くことなどは考えたこともなかったので、当初は驚いたが、尼将軍政子の演説を聞いて奮い立った。「みな亡き頼朝の恩を忘れたか。昔のみじめな暮らしを忘れたか。いまこそ頼朝の恩に報いる時ぞ。もし、従わない者がいるなら、まずこの老いた尼を斬り捨ててから京に与《くみ》するがよかろう」　政子の声涙下る演説を聞いた武士団は一同、鬨《とき》の声を上げて京に向かって進撃したのであった。

外野席

鎌倉仏教興隆の時　武家の時代が始まると精神生活においても大きな変化が起きる。新しい仏教が次々に誕生した。庶民対象の宗教だ。法然の念仏宗＝浄土宗、すると弟子親鸞は悪人こそ救われると真宗を開き、法華経を正しい教えとする日蓮宗。そして、何よりも武家の支持を受けたのが禅宗だった。

34 二度にわたる元軍撃退戦

文永十一年（一二七四）、元と高麗の連合軍三万が大挙大船を仕立てて九州に押し寄せました（文永の役）。幕府は九州方面の御家人を動員し迎撃しますが、元軍の集団戦法や「てつはう（火薬を使った飛び道具）」に悩まされながら苦戦。暴風雨に救われます。

その後、元軍は弘安四年（一二八一）、南宋を滅ぼした勢いで再び攻め寄せます。この時、幕府は異国警固番役を定め、博多湾に石造りの防塁を築くなど万全の体制で臨みますが、朝鮮半島から四万、中国南部から十万という、途方もない規模の大軍でした。

しかし、元軍の集団戦法に学んだ日本武士団は賢く、下船を許さず、波打ち際で集団戦法で迎撃します。船に閉じ込め、戦わせない戦法です。そこでまた暴風雨に見舞われた元軍は、船中でさんざんな目に遭って撤退します。

従って、「神風」が鎌倉武士団を助けたという伝説は事実と違っていたようです。

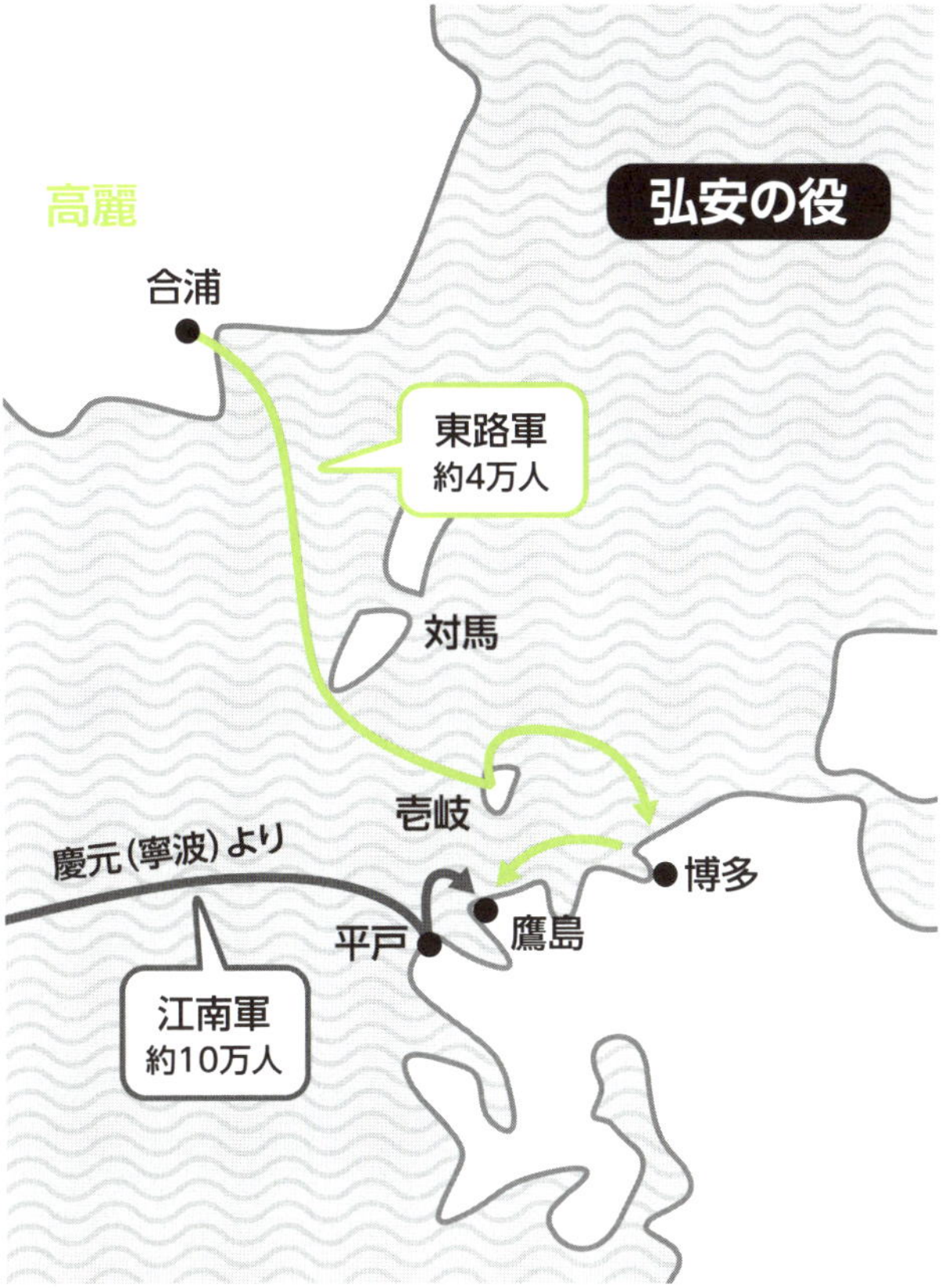

1268年

元の皇帝フビライ日本に朝貢を要求

↓ 幕府・要求を黙殺

元・高麗連合軍3万人襲来

1274年 **文永の役**

↓ 暴風雨により元軍撤退

元軍14万人襲来

1281年 **弘安の役**

暴風雨により元軍壊滅状態

Column

波打ち際の迎撃戦法

神風襲来によって元軍が退散したというのは事実と違うようだ。戦後、ＧＨＱが武士団の活躍を過小評価するために創作した作り話らしい。本当は波打ち際の迎撃戦法で元軍を撃退している。モンゴルの火薬と「てつはう」に驚いたとか、馬に蹴散らされたというのは些細なことだった。鎌倉武士団は、船を接岸し、上陸せんとする元軍を波打ち際で迎え撃ち、一歩も退かず、上陸をあきらめさせたのが事実らしい。よく見極める必要がある。

外野席

恩賞なしに不満噴出　モンゴル＝元軍との戦いで幕府の西国に対する支配が一挙に強化され、北条得宗家（北条家の嫡流）に権力集中が進むきっかけになるのであるが、与えるべき恩賞が少なく、行き渡らなかったため、幕府に対する根深い不満が生れることになる。

35 後醍醐天皇のアナクロニズム

北条得宗家が政治を独占

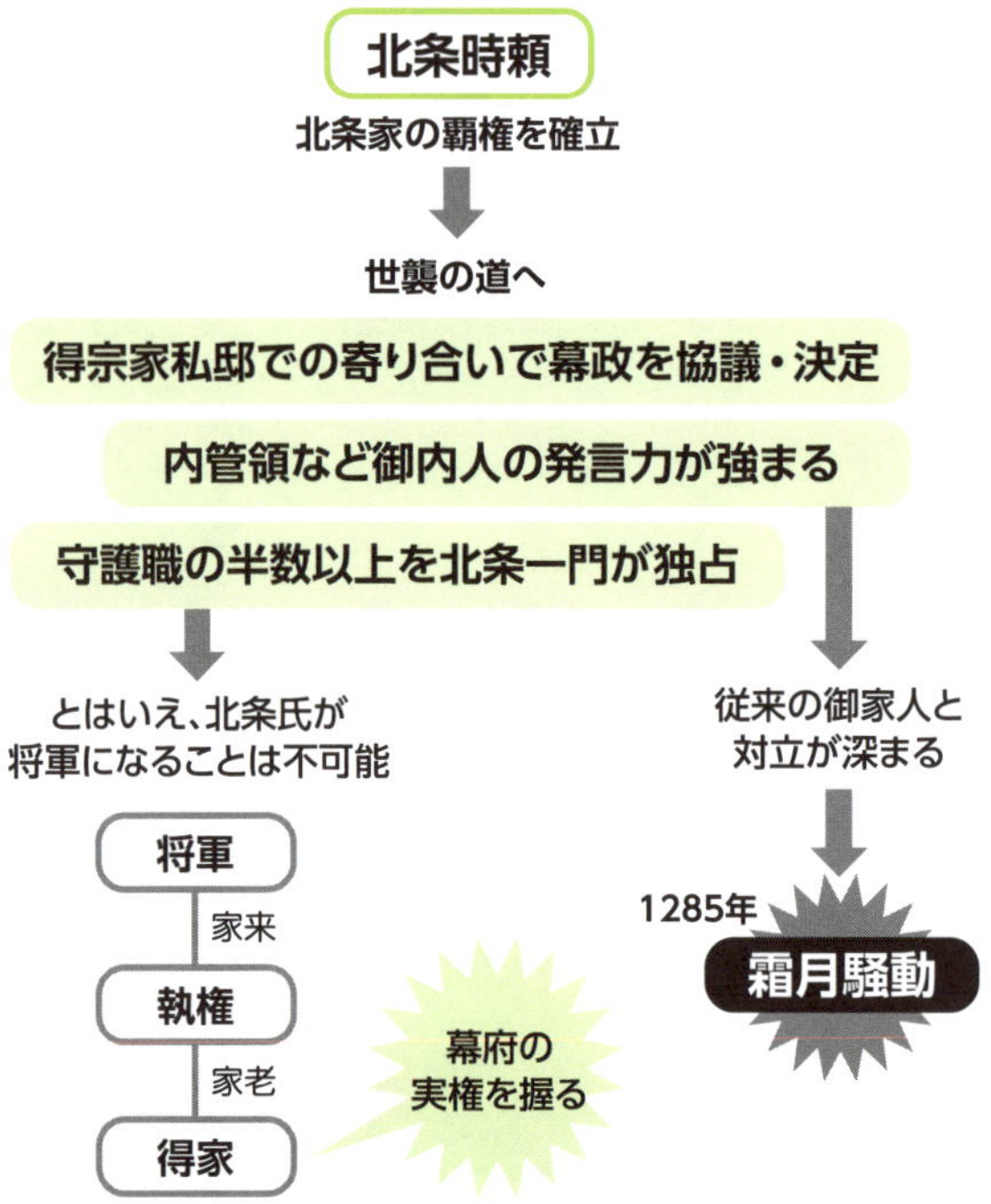
北条時頼
北条家の覇権を確立
世襲の道へ
得宗家私邸での寄り合いで幕政を協議・決定
内管領など御内人の発言力が強まる
守護職の半数以上を北条一門が独占
とはいえ、北条氏が
将軍になることは不可能
従来の御家人と
対立が深まる
1285年
霜月騒動
将軍
家来
執権
家老
得家
幕府の
実権を握る

鎌倉幕府の皮肉な構造

元々幕府は有力御家人らの合議によって運営される機関でしたが、執権職を継ぐ北条氏の勢力が強まり、中でも嫡流の当主、北条得《とく》宗《そう》家による世襲が制度化された時、他の御家人衆との対立が深まります。

まず、畿内の非御家人集団、特に「悪党」と呼ばれた河内の楠木正成《くすのきまさしげ》や護良《もりよし》親王らが伯《ほう》耆《き》の名和長年《なわながとし》らと共に決起。すると元々、得宗専制に不満を抱いていた関東の足利尊氏《あしかがたかうじ》も幕府命令に反し、六波羅探題を攻撃します。新田義貞《にったよしさだ》も蜂起し鎌倉を制圧します。

幕府が崩壊すると、後醍醐天皇は年号を建武と改め、自ら理想とする親政を開始。記録所、雑訴決断所、恩賞方を設け、意欲的に取り組みますが、武家の要求にまったく対応できません。大混乱を招きます。

後醍醐天皇は平安中期の醍醐、村上両天皇の時代に回帰するのを理想としており、新しい時代の流れが見えなかったのです。

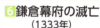

鎌倉幕府滅亡への道
後醍醐天皇
1 正中の変(1324年)
後醍醐天皇の倒幕計画失敗(日野資朝佐渡に配流)
2 元弘の変(1331年)
後醍醐天皇の再度の倒幕計画失敗(光厳天皇の即位、翌年後醍醐天皇は隠岐に配流)
3 楠木正成の挙兵
正成は赤坂城で挙兵したが幕府軍の攻撃で落城(1331年)。千早城で挙兵し幕府の大軍と戦う(1332〜1333年)
4 後醍醐天皇の隠岐脱出(1333年)
伯耆の名和長年、天皇を船上山に迎える
隠岐
5 六波羅探題を攻撃(1333年)
足利高氏(尊氏)は天皇側につき、六波羅探題を攻め落とす
6 鎌倉幕府の滅亡(1333年)
新田義貞、稲村ヶ崎から鎌倉に突入し、高時以下の北条氏一族を滅ぼす

Column

悪党楠木正成が忠臣になった理由

楠木正成は出自も明らかにされない土豪であるが、河内方面において流通運輸や金融活動を担う集団であり、商業活動の分野で活動する武装集団であった。天皇家と裏世界で古くから繋がっていた節がある。非農業的な商業的世界で活動している武士団は「悪党」と呼ばれた。

外野席

隠岐は流刑者の島　日本海の荒海に隔てられた島根県の隠岐の島は、古くは小野篁、承久の乱の後鳥羽上皇が流された。後鳥羽上皇は 22 年間もこの地で暮らし、この地で没したが、後醍醐天皇はわずか 1 年で脱出に成功。復位して、再び天皇として君臨している。一体、どんな手を使ったのか。

36
新時代の武家棟梁、足利尊氏

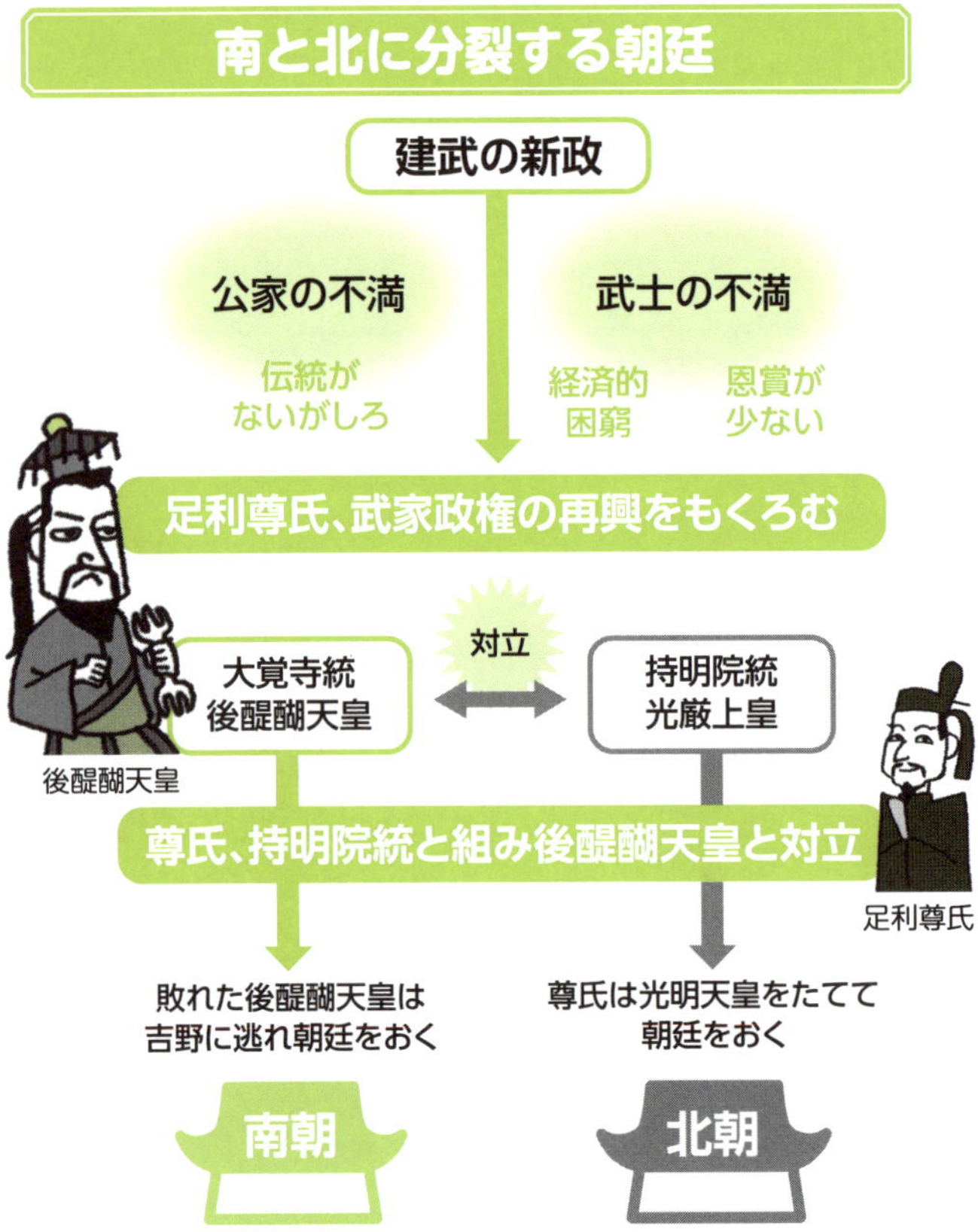

鎌倉幕府の権力機構から逸脱した「悪党」を巧みに活用した後醍醐天皇の建武《けんむ》の新政《しんせい》は、時代の流れを無視して平安の世に戻す政治だったので武家の猛反発を招きます。

そこで登場するのが足利尊氏です。北条残党の反乱を鎮圧しつつ、着々と勢力を固め、自ら幕府を興そうと画策。征夷大将軍の任命を要請すると後醍醐天皇は拒否。両者の協力関係は破綻し、対立関係になります。

しかし、尊氏が持明院《じみょういん》統から光明天皇を擁立し、北朝を立てて官軍の立場を確立するや一転、後醍醐天皇の南朝に対して北朝を立てる尊氏が優位に立ちます。南北朝並立時代を経て足利幕府の時代に移ります。

その後、尊氏の足利幕府は弟直義と執事高《こうの》師直《もろなお》の対立（観応擾乱）で不安定な時期もありましたが、三代義満の代で安定します。京都室町で政務を執ったので、足利幕府は室町幕府と呼ばれるようになります。

室町幕府の機構

足利尊氏

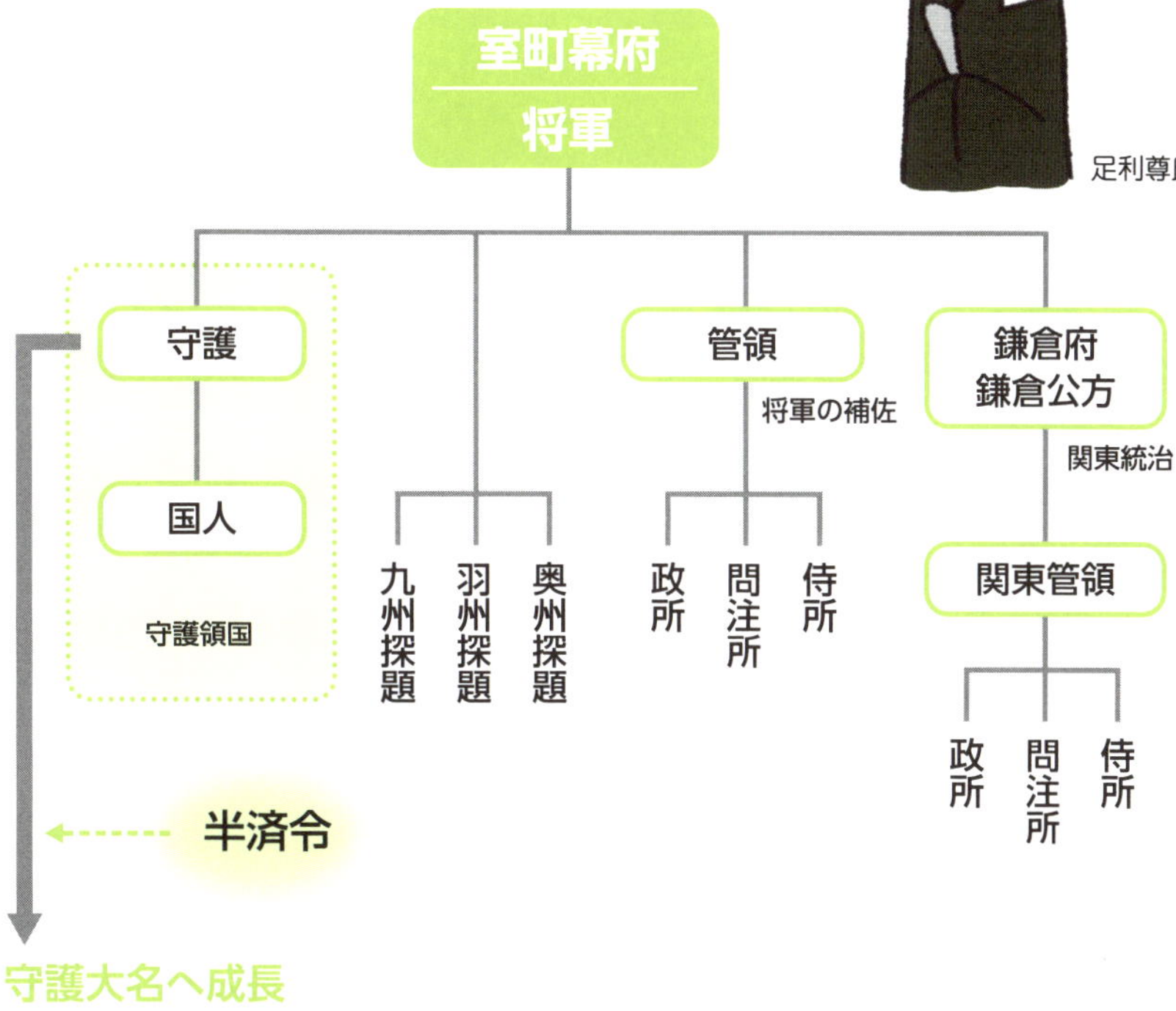
室町幕府
将軍
守護
国人
守護領国
九州探題
羽州探題
奥州探題
管領
将軍の補佐
政所
問注所
侍所
鎌倉府
鎌倉公方
関東統治
関東管領
政所
問注所
侍所
半済令
守護大名へ成長

Column

義満の財源は税金だった

通常、封建大名の財政の源は土地支配から上がる年貢である。しかし、足利義満の幕府は税金だった。御料所（直轄領）からの収入、守護の分担金、地頭や御家人に対する賦課金の他、土倉や酒屋に蔵役、酒屋役を課した。又交通網の要所要所には陸上ルートには関所を設けて関銭、海の港、川筋や湖などの内陸港でも津料を徴収した。どこに行ってもカネ、カネだったのである。

外野席

高師直は本物の悪党だった？　師直は幕府を牛耳り、欲しいものは何でも手に入れ、人の妻までも横取りしたという根っからの悪党だが、北畠顕家や楠木正成を打ち破った戦名人でもあり、いざという時には頼りになる北朝の実力者であった。だからこそ、足利尊氏は最も頼りにしていたのであった。

37 百花繚乱の新しい武家文化

北山文化

特徴	名前の由来
禅宗の影響を受けた武家文化と京都の公家文化が融合	足利義満の別邸北山殿にちなむ

室町時代に入り、貴族を圧倒した武家は、伝統的な貴族文化を吸収しつつ、商人団の自由都市や農民の惣村と交流。後世になり、日本文化の原点とも言われる独自の武家文化を創造し、熟成させていきます。

三代将軍義満が造った金閣寺を代表とする貴族と武家の折衷文化を「北山文化」と言い、これを土台にして観阿弥《かんあみ》、世阿弥《ぜあみ》父子の能楽《のうがく》が盛んになりました。また、応仁の乱後、八代将軍義政が造った銀閣寺を「東山文化」と言い、渋い味わいが評判になりました。

この時代、禅的な簡素さと伝統的な幽玄や詫びを基調とする書院造りが流行し、水墨画が盛んに描かれ、茶道、華道も基礎となる形式と内容が整えられました。庶民の間でも幸《こう》若舞《わかまい》や浄瑠璃《じょうるり》、小歌《こうた》が流行し、盆踊りなどが盛んに興行されました。

あらゆる階層、庶民の間で日頃の仕事や暮らしを楽しむ文化が生まれ、広がります。

東山文化

特　徴	名前の由来
より洗練された武家文化 簡素さ、侘びや幽玄などの奥深さを追求した	足利義政が引退後に 京都東山に山荘を建てた

Column

夫に頼らない将軍の妻、日野富子

歴史上、典型的な悪妻とされる日野富子。しかし、16歳で嫁いだ富子の夫（足利義政）は政治に無関心。風流の道に傾くばかり。お陰で銀閣寺などが残ったが、妻にして思えば頼りない男である。自立し、幕府を支えるためにおカネを貯め、子供を権力の座に付かせることに全力を傾注しなければ誰がやってくれるだろうか。気が強くて、カネを貯め込んでは高利で貸し付け、情け容赦なく利子を奪い取るのは当たり前なのだ。

外野席

花の御所　広大な敷地に鴨川の水を引き入れ、一町余の池を掘り、庭に四季の花木を植えたので「花亭」とか、「花の御所」と称せられた。永徳元年（1381）3月、後円融天皇を迎えて落慶供養を行ったが、それは将軍絶対の新時代が到来したことを天下に示す意味を持っていた。

38

惣村パワーの炸裂

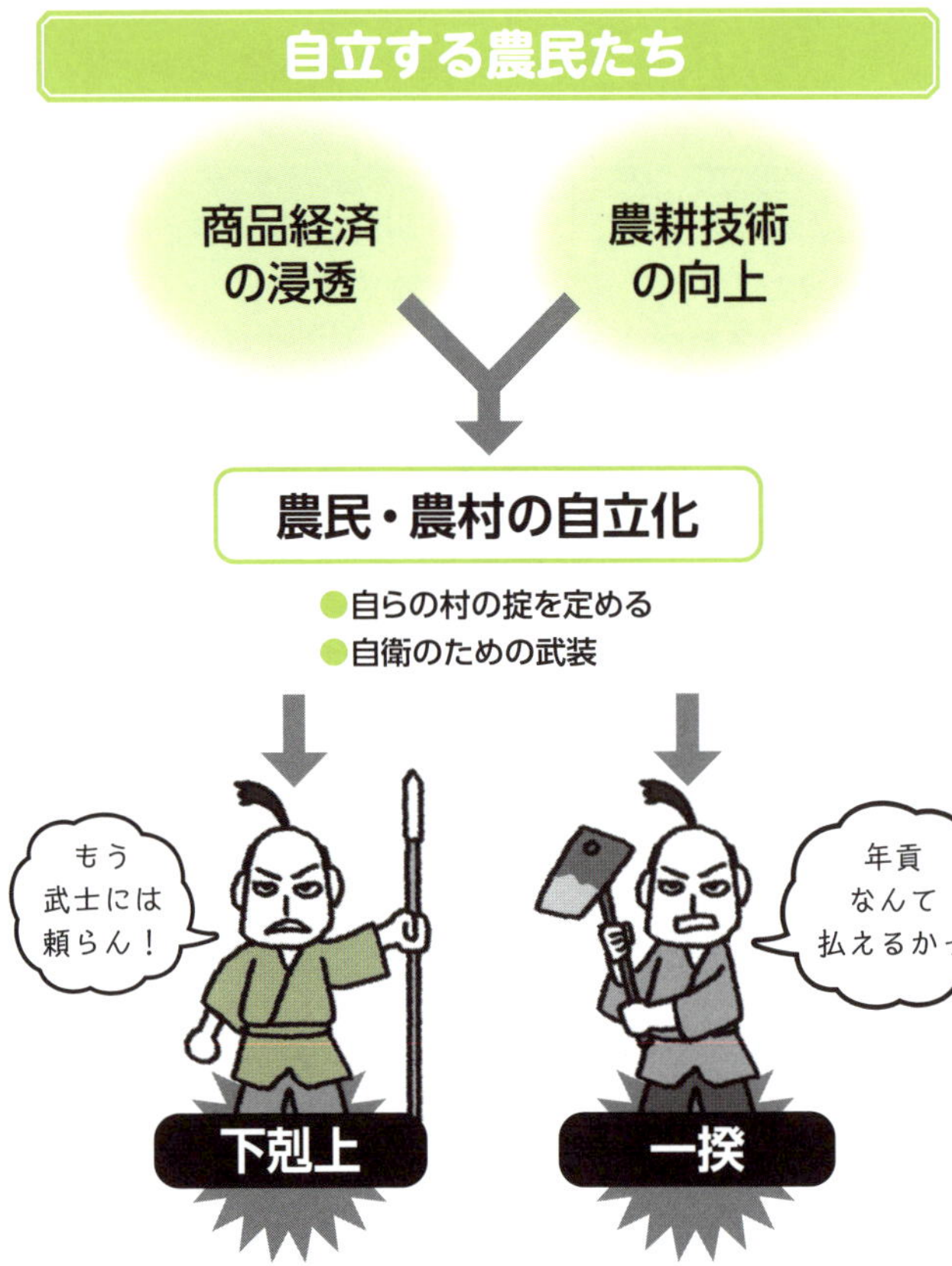

十五世紀、領主支配下の封建農村が大きく変わります。二毛作が始まり、鋤《すき》や鍬《くわ》などの鉄製農具が普及したため耕地面積が広がり、流通ルートの発達によって商品作物が作られるようになったからです。

近畿周辺の農村に商品経済が浸透すると、農民の自立化に基づく惣《そう》的結合が進み、脱封建、独立志向の村落が出現します。自ら寄合《よりあい》（集会）で掟を定め、長《おさ》を選出します。そして広く周辺農村と連合し、一揆《いっき》を組織します。山城国一揆、加賀一揆などです。

彼らは武家（上級大名）に頼らず、自主的に決裁する規則と組織を整備し、武力までも備えるようになります。そして、なかには自立化した農民を配下に治め、新興の在地領主として台頭し、上級領主を押し退けて上に立つ者も現れます。これを下剋上《げこくじょう》と言います。

この下剋上の上昇エネルギーが激烈な破壊と創造の戦国時代を招来せしめるのです。

幕府に衝撃！ 庶民たちの蜂起

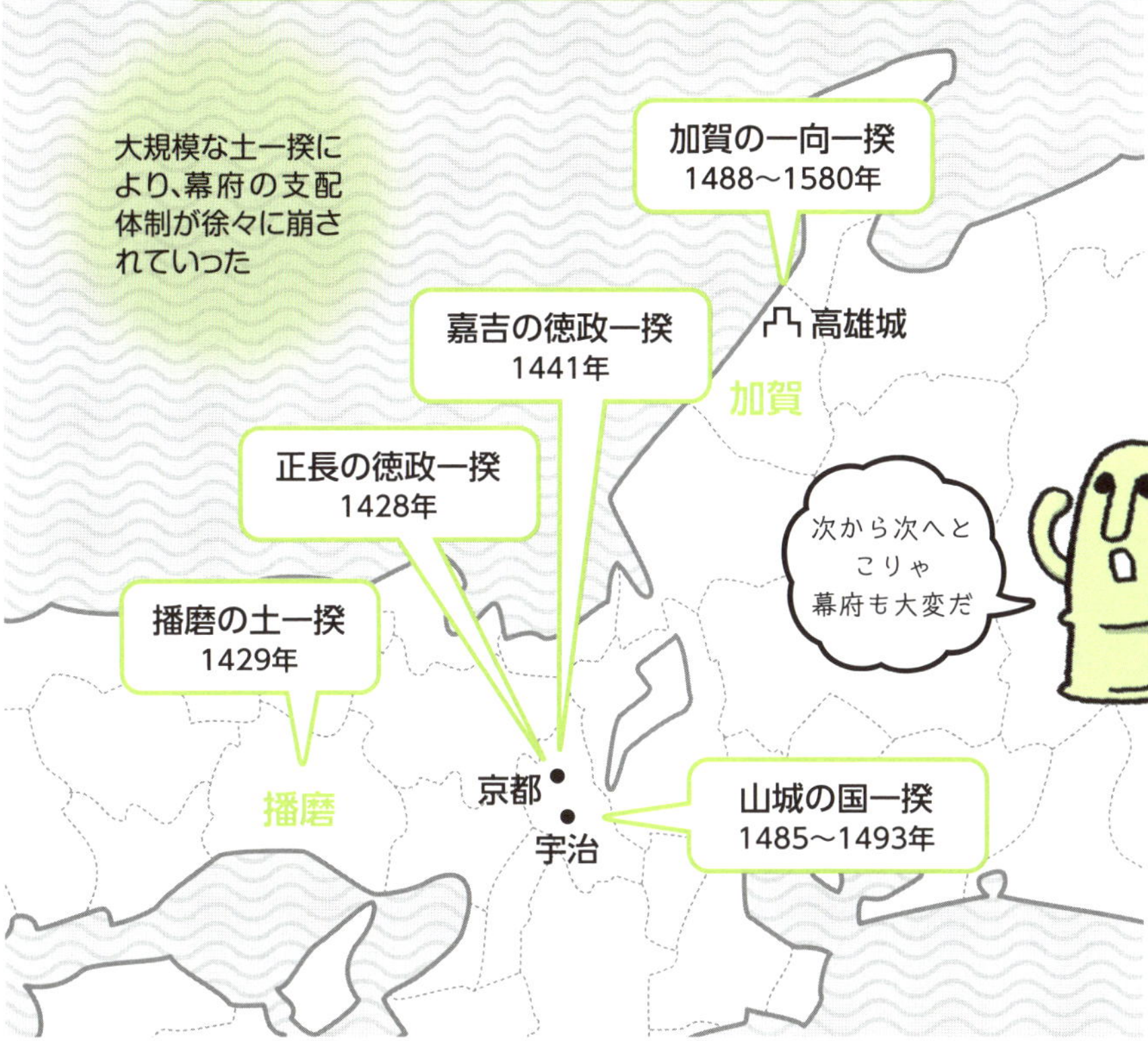
大規模な土一揆により、幕府の支配体制が徐々に崩されていった
加賀の一向一揆
1488～1580年
高雄城
加賀
嘉吉の徳政一揆
1441年
正長の徳政一揆
1428年
播磨の土一揆
1429年
播磨
京都
宇治
山城の国一揆
1485～1493年
次から次へと
こりゃ
幕府も大変だ

Column

浄土真宗中興の祖、蓮如上人

蓮如《れんにょ》が本願寺八世となった時、開祖親鸞《しんらん》のお墓（廟）を守る真宗本流の本願寺が寂れ、貧乏も極まった状態だった。そこで疑問に思った蓮如は、ご利益信仰を宣伝文句にして大繁盛の寺を見て大発奮。本願寺教団の大改革に乗り出す。わかりやすい教え（御文）の宣伝、親しみ深い道場建設（御本尊）によって次第に信者を集め、急激に飛躍、成長を遂げ、大教団になっていく。

大改革だ！
蓮如上人

外野席　**一休宗純禅師**　大徳寺住持となった禅僧であるが、「一休さんの頓智話」で有名。「いにしえは道心をおこす人は寺に入りしが、今はみな寺をいづるなり」と言い、日ごろ粗末な身なりで常に木剣を携えて街を歩いた。女房肉食を恐れず、常に森侍者という盲の女を近侍させ、溺愛して憚らなかった。

39 応仁の乱＝雑兵の活躍

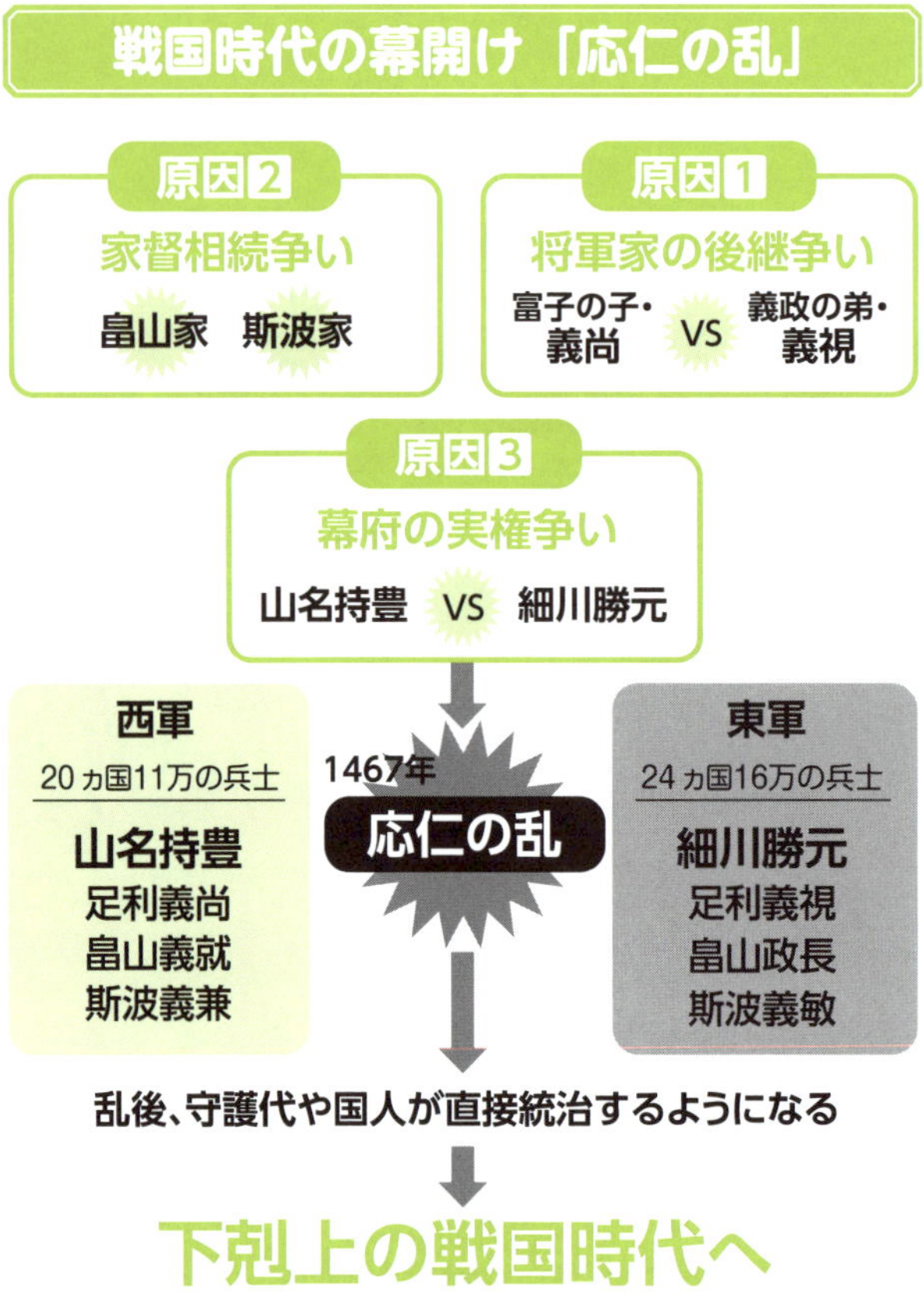
戦国時代の幕開け「応仁の乱」
原因1
将軍家の後継争い
富子の子・義尚
VS
義政の弟・義視
原因2
家督相続争い
畠山家　斯波家
原因3
幕府の実権争い
山名持豊 VS 細川勝元
西軍
20ヵ国11万の兵士
山名持豊
足利義尚
畠山義就
斯波義兼
1467年
応仁の乱
東軍
24ヵ国16万の兵士
細川勝元
足利義視
畠山政長
斯波義敏
乱後、守護代や国人が直接統治するようになる
下剋上の戦国時代へ

足利幕府を支配する実権が将軍から有力大名に移る中で、応仁《おうにん》元年（一四六七）、戦国時代の口火を切る応仁の乱が勃発します。

事の発端は守護大名の対立抗争ですが、全国的な大戦乱に発展。細川勝元《かつもと》率いる東軍には二十四カ国十六万人、山名持豊《やまなもちとよ》率いる西軍には二十カ国十一万人が集結。主戦場となった京都は戦火で荒廃し、戦乱は全国に広がりますが、勝敗は付きませんでした。

その中で浮かび上がってきたのが「雑兵《ぞうひょう》」集団の活躍であり、その集団を率いる守護代や国人衆など低い身分の武士とも富裕農民ともつかぬ指導者層の活躍でした。実力本位の彼らが直接統治する方式が定着し一般化しつつあったのです。

その結果、身分や出自よりも実力で領国支配する領主、新しいタイプの上級領主、すなわち、戦国大名が出現するのです。太田道灌《おおたどうかん》は、その先駆と言ってよいでしょう。

戦国大名「太田道灌」の登場

Column

異類異形の乱舞

文明元年（１４６９）７月17日、奈良興福寺の門前で異様な風体の群衆が狂ったように終日乱舞を続けていた。大乗院の前門跡経覚僧正は「前鬼形の者が先頭に立ち、次に桶取の風体の風流の一団が…またある者は打ち烏帽子で上下のうえに香直垂をつけ…」と記す。まるで幕末の「ええじゃないか」の乱舞を想起させる場面であるが、民衆は何を表現しようとしたのか。甚だ興味深いものがある。人々の間に湧き立つようなエネルギーが充満していたのである。

外野席
都の祭　京都の町衆が最も楽しみにしている八坂神社の祇園祭。元々、平安時代に始まり、６月４日、17日に疫病退散を願う行事であったが、南北朝時代から華美を競う祭になった。作山や鉾などは神霊の下るところを象ったものだが、次第に町衆の楽しみとして興行（イベント）になっていく。

40 勘合貿易を巡る対立

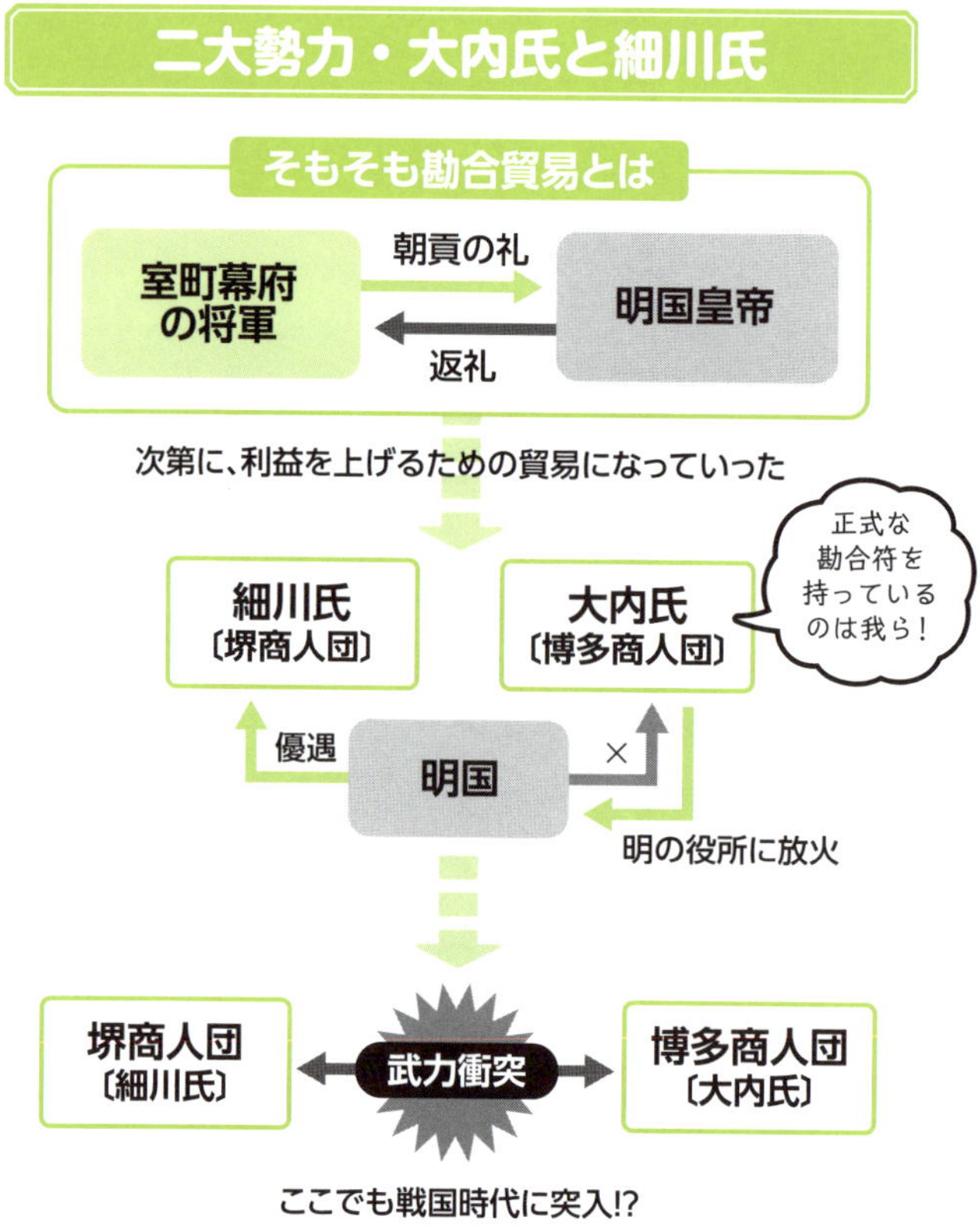
二大勢力・大内氏と細川氏
そもそも勘合貿易とは
室町幕府の将軍
朝貢の礼
明国皇帝
返礼
次第に、利益を上げるための貿易になっていった
細川氏〔堺商人団〕
大内氏〔博多商人団〕
正式な勘合符を持っているのは我ら！
優遇
明国
×
明の役所に放火
堺商人団〔細川氏〕
武力衝突
博多商人団〔大内氏〕
ここでも戦国時代に突入!?

大永三年（一五二三）、明国の寧波《ねいは》に入港した日本の勘合貿易船団が大内船と細川船に分かれて騒乱に及び、明国の役所に放火する事件を引き起こしました（寧波の乱）。

原因は正式な勘合符（割札）を持つ大内船よりも、古くて無効になった勘合符を持つ細川船が優遇されたため、大内方が憤激して明国役所に放火。細川方との武力衝突に及んだということ。ここでも実力本位の戦国時代が始まっていたのです。

外見は勘合貿易という古代の朝貢形式をとっていても、実際は商人団の取引行為、貿易になっていたので、大内氏の名義で取引する博多商人団と細川氏を奉ずる堺商人団が対抗意識を剥き出しにして衝突したのです。

この時、足利幕府の重鎮たる大内、細川両氏といえども博多、堺の商人団を制御することはできませんでした。商業中心、商人本位の時代に移り変わっていたのです。

対立の背後の大商人たち

Column

堺の惣構えと三十六人衆

堺は商人都市である。しかも、三十六人衆という町の有力者によって町政が運営されるという自治都市であった。予め選出された会合衆が3人1組で町政運営に当たり、1か月交代で勤務する仕組みであった。それが年間12カ月なので、3人の12倍、36人になる。また、調整運営と言っても混乱、衝突、外敵侵入もあり、町の周囲は掘割で囲って外敵侵入を防ぎ、いざという時のために傭兵隊も備えていた。

外野席　**博多商人宗金の実力**　応永から永享年間（15世紀半ば）のこと。博多商人で宗金という男がいた。対朝鮮交易で活躍した商人であるが、この男、立派な海賊大将であったことは知られていない。この時代、海賊衆と誼を通じておかなければ、安全無事の遠洋航海はできなかった。

41

下剋上の代表選手＝戦国大名

各地でしのぎを削る戦国大名
上杉謙信
武田信玄
今川義元
北条早雲

戦国時代は高校野球と同じ。負けたらお終《しま》い。実力次第の戦いに勝ち抜き、生き残った代表選手が頂点を目指します。相模小田原の北条早雲《ほうじょうそううん》や美濃の斎藤道三《さいとうどうさん》などが巧みに国人衆を懐柔して頂点に上り詰めました。

下からのし上がった大名だけではありません。吹き上げる下剋上の嵐を上から受け止め、旧支配体制を再編して生き残り、戦国大名に鞍替えした守護大名もいました。東海の太守、今川義元《いまがわよしもと》や甲斐の武田信玄《たけだしんげん》などです。

あるいは、下級領主から身を興し、ライバルを次々に蹴落としてトップの座に辿り着いた織田信長や毛利元就《もとなり》、伊達政宗などがいますが、典型的な下剋上のチャンピオンは豊臣秀吉を置いて他にありません。彼こそは下剋上の成功例、象徴でした。

そのエネルギー源となったのが、古い経済の仕組みを打破し、より広域的な流通経済を求める商品経済の発展でした。

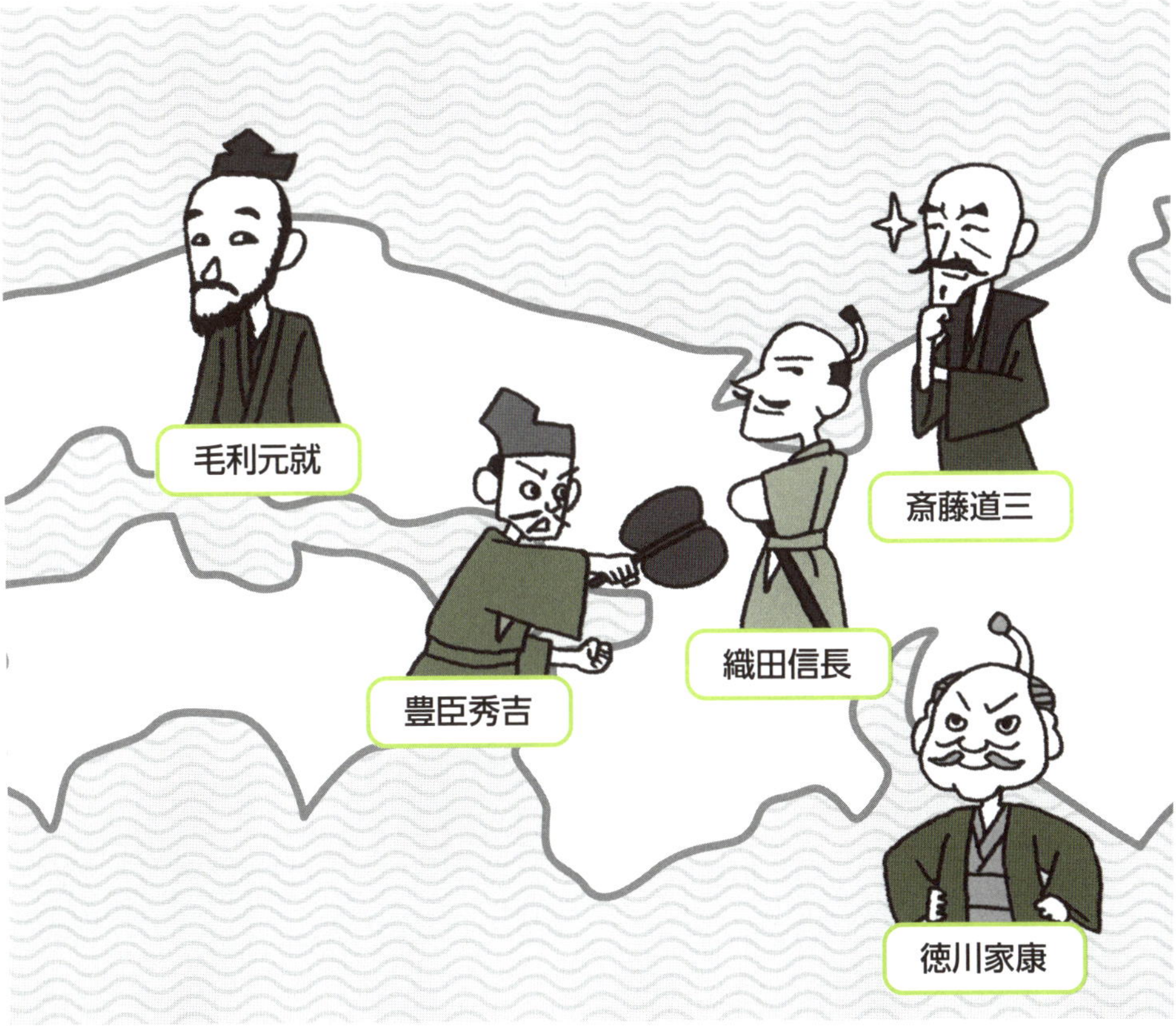

Column

北条早雲の霊夢

正月2日。早雲は初夢を見た。ある広い野原の中に2本の大杉が立っていた。ふと見ると1匹の鼠がちょろちょろと出て来て、その大木の根っこをこつこつと食い始めた。その内、鼠はみるみる大きな虎になったと思った途端に目がさめた、という。早雲は夢占いをして、2本の杉は山内と扇谷の両上杉氏のことであろう。私は子年生まれであるから、その2本杉を喰っていた鼠は私のことだ。やがて2つの上杉を食い倒すだろう、と言ったとか。

外野席

逆転守護大名　大永2年(1522)暮れ、奥州の伊達稙宗が12代将軍義晴の代始めを祝う使者を京都に送ったところ、稙宗に対して「陸奥国守護職を任命する」という将軍からの御内書が届けられた。陸奥国には陸奥大崎氏と出羽最上氏が生きており、空前の珍事となったが、伊達家は抜け目なく利用した。

42

法華の乱の真相

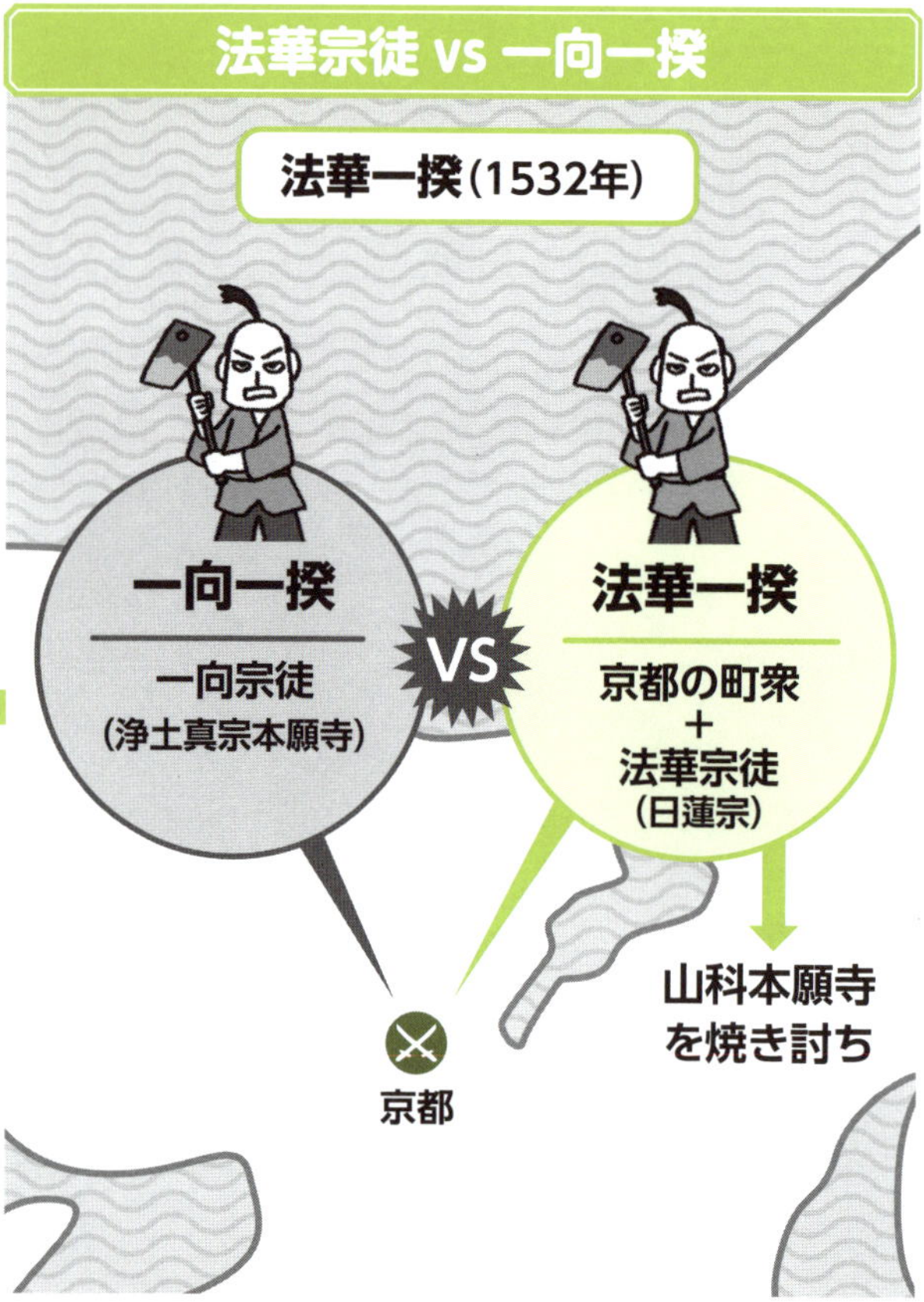

天文元年(一五三二)、法華宗徒と京都市中の商工業者から成る町衆は、京都を戦火から守るために「法華一揆《ほっけいっき》」を結んで一向一揆《いっこういっき》と対決。町政を自治的に運営する仕組みを作りました。一種の下剋上です。

勢い付いた法華一揆は町地子《ぢし》(税金)を納めず、領主から独立する動きを見せたため、細川氏ら領主側と旧寺院勢力を敵に回すことになり、連日、京都市内に要害を築いて小競り合いを続けるようになります。

しかし、多勢に無勢。細川晴元《はるもと》ら旧勢力の軍勢に圧倒されて完全に敗北します。町衆の力が伸び切れず、中途半端な下剋上にとどまったことが敗北の原因でした。この争いに石山本願寺＝一向一揆も加わり、複雑になります。

細川晴元ら旧勢力は山城、近江辺りに力を残し、一向一揆は石山本願寺、その周辺には小国人衆が蠢《うごめ》いていたためです。それを一掃したのが後の織田信長でした。

Column

戦国版宗教戦争？

法華の乱は法華宗徒（京都町衆）と一向一揆衆（農民門徒）の対決という様相を呈し、一見すると宗教戦争のように見えるが、細川晴元や比叡山などの旧勢力も加わり、誰が勝利し、敗北したのか、何が争点だったのか、ぼけて見えなくなってしまった妙な騒乱だった。しかし、整理すると町衆と旧支配者＝守護大名との対立であり、タテ割り行政に満足せず、統一市場開始を願う商人団の反乱であったことが見えてくる。

外野席　**キリシタン・バテレン**　法華の乱後、三好元長の子長慶が畿内の覇者となったのであるが、宗教戦争に懲りたのか、ガスパル・ビレラやロレンソなどのキリシタンバテレンと親しくなり、キリシタン保護、布教を許可する。長慶の家臣73人も一挙に信者になったと伝えられる。

43 まむしの道三＝国盗り物語

信長の未来を見抜いた道三

天文十一年（一五四二）五月、美濃の守護代斎藤道三《どうさん》（山城守秀龍）が、守護大名土岐《とき》頼芸《よりのり》に攻め掛かり、追放するという大事件が勃発します。堂々と下剋上が決行され、美濃一国が道三に奪われたわけです。

七年後、道三は隣国尾張の織田信秀と攻守同盟を締結。娘を信秀嫡男信長に嫁がせ、さらに数年後、婿の品定めをせんものと会見しますが、世間の風評とは逆の凛々《りり》しい姿に出会って仰天したのは有名な話。その時、道三は齢六十歳、信長は弱冠二十歳でした。

「無念だが、あの大たわけの門前にわが倅どもが馬を繋ぐ（臣従する）ことになろう」

晩年、道三が嫡男義龍と対立し、一戦に及んだ時、娘婿信長に「美濃一国を譲る」という遺言書を残すのですが、それは最初の会見の際、決めていたのかもしれません。道三は信長に何を託したのか？　それは商業立国による新しい国造りでした。

斎藤道三の歩み

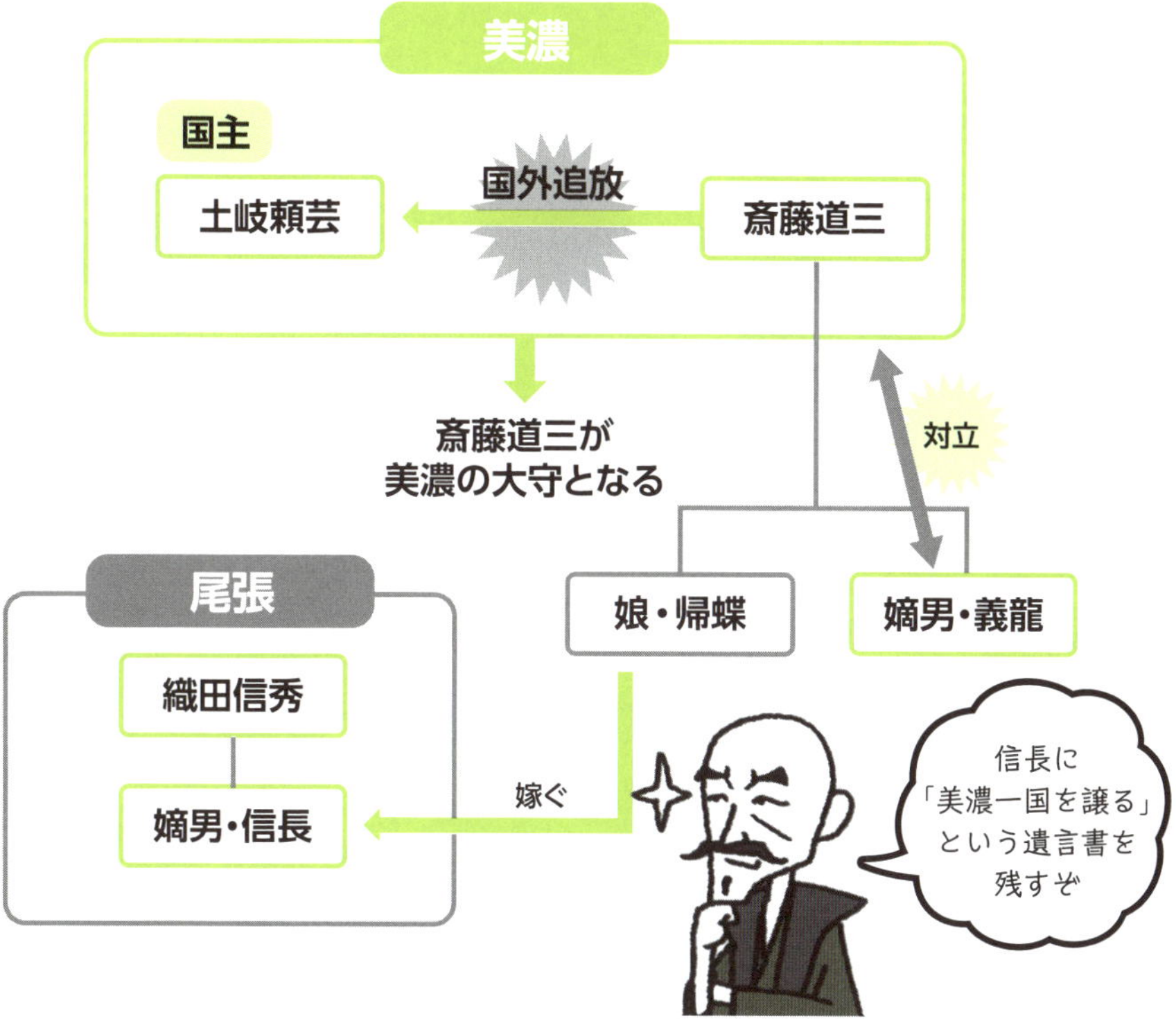

戦国

Column

道三の『国譲り状』

弘治元年（１５５６）４月、嫡男義龍と雌雄を決する最後に決戦に挑むとき、斎藤道三は遺言状を認《したた》め、末子勘九郎（11歳）に持たせて信長のもとへ送る。それには何と、「改めて申し送る。わが領国である美濃の処置はすべて信長にまかせ、譲り状を送った。そなたは約束通り、妙覚寺へ入って出家するように。自分はいさぎよく一戦して、死ぬる覚悟である。法華の妙諦を悟った自分は、たとえ五体裂けようと、成仏するから必ず案ずるな」と書いてあった。

外野席

斉藤道三の親子二代説　一介の油売りの行商人が一代にして大国美濃を治める大名になったというのは、あまりにもできすぎた成功物語であった。やはり、近江国南半分を支配する大名六角氏の書状に認められていた斉藤氏の氏素性に関する記述が雄弁に物語る通り、親子２代の成功物語だったのである。

44

信玄と謙信の死闘

5回に及ぶ川中島の戦い
川中島の戦い
計5回戦う
武田信玄
きつつき戦法
①背後から
けしかける
②出てきた
ところを
襲う
上杉謙信
車懸かりの戦法
次から次へと車輪の
ように隊を繰り出す

父信虎《のぶとら》を追放し、甲斐一国を手中に収めた武田信玄が続いて隣国信濃を制圧し、甲斐と信濃を統括する関東随一の戦国大名となったのが、天文二十二年（一五五三）春。

この時、甲斐の南には駿河・遠江・三河三国を従える今川義元がおり、東の小田原には相模・武蔵に勢力を張る北条氏康がいました。そして北の越後には「北天を司る毘沙門天」こと、上杉謙信がいました。まさに群雄割拠する戦国時代でした。

有名なのが「川中島合戦」。信玄が南信濃の小笠原長時を破り、北信濃の村上義清を追放した時に勃発。謙信には信玄と戦う理由はなかったのですが、義清に所領回復を頼まれたため、止むなく開戦に踏み切ったようです。

対戦すること前後五回。特に有名なのが永禄四年（一五六一）九月の第四回戦。信玄のきつつき戦法対謙信の車懸かりの陣が激突する決戦となりました。勝敗は？

上杉謙信の小田原出陣

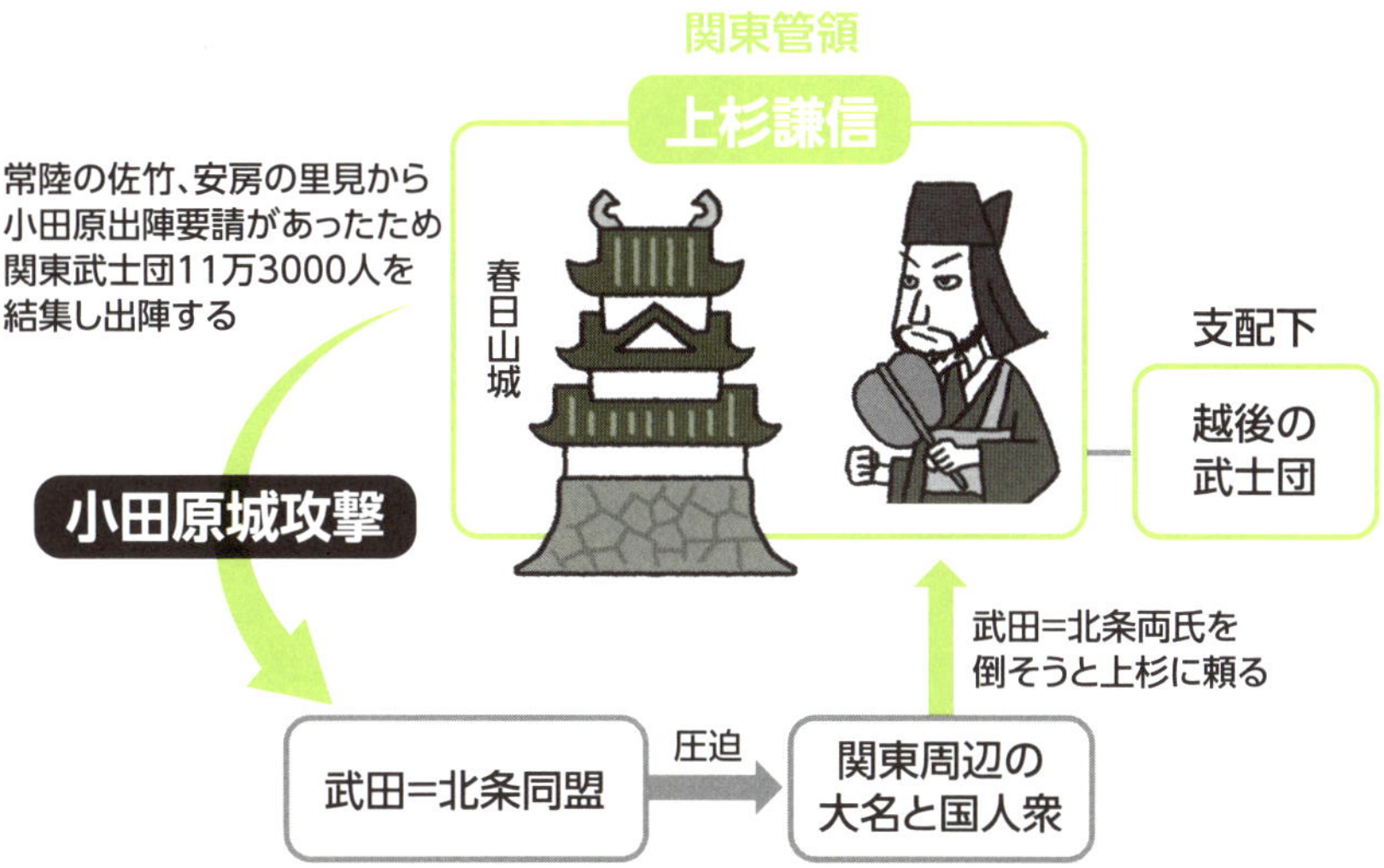
関東管領
上杉謙信
常陸の佐竹、安房の里見から
小田原出陣要請があったため
関東武士団11万3000人を
結集し出陣する
春日山城
支配下
越後の
武士団
小田原城攻撃
武田=北条両氏を
倒そうと上杉に頼る
武田=北条同盟
圧迫
関東周辺の
大名と国人衆

1ヵ月を費やしても落城しなかったため、
あえなく小田原城攻撃を中止する

上杉謙信はこれにより歴史の
檜舞台から遠ざかっていく

Column

信玄の水洗トイレ

信玄専用のトイレは水洗トイレだった。しかも、６畳の畳敷。浴場の隣に併設してあり、使い残した風呂のお湯を再利用するようになっていた。用便を洗い流す水洗式になっていたのである。節約の合理主義！　また広く、清潔なトイレにしたのは読書をしたり、書類に目を通すためであったとか。大忙しの信玄さん、一人になって考えられるのはトイレの中だったということか。ところで、流した汚物は池の鯉に食わせるようにして、決して外部には出ないようにしていたとか。

外野席

山本勘助は実在したか？　武田二十四将の一人、軍師であったか否か、それは不明であるが、山本勘助は確かに実在したことを確認した。郷土史家上野晴朗氏の案内をいただいて山本勘助の墓を実見し、いまも山本家に仏壇にお位牌が安置され、お祀りされているのを確認させていただいた。

45 信長の電撃的デビュー

攻めて来た今川義元を返り討ち
実際
ヤバかった
……
織田信長
尾張
三河
今川義元
駿河
遠江
桶狭間の戦い

父信秀の死によって、弱冠十八歳で家督を継いだ織田信長が苛烈な同族間抗争に勝ち抜いて尾張一国を平定したのは、永禄二年（一五五九）のことでした。

ところが、運命は容赦なく、翌年五月、駿河・遠江・三河三カ国の大軍を率いて、今川義元が攻め寄せました。その数は二万五千もの大軍。対する信長は全軍かき集めてもわずか二千。勝負になりません。

ところが、勝ってしまうのです。これを情報戦の勝利、奇襲攻撃戦の勝利と評価されてきたのですが、近年の研究では正面から戦いを挑み、今川本陣を急襲。義元の首取りに成功したという説が有力となっています。

ともあれ、父信秀亡き後の閉塞状態から脱出するための起死回生の一戦でした。しかも、慎重に練り上げられた間一髪の隙を狙った必殺技でした。「尾張の大うつけ」と言われた信長、会心のデビュー戦でした。

桶狭間の戦い

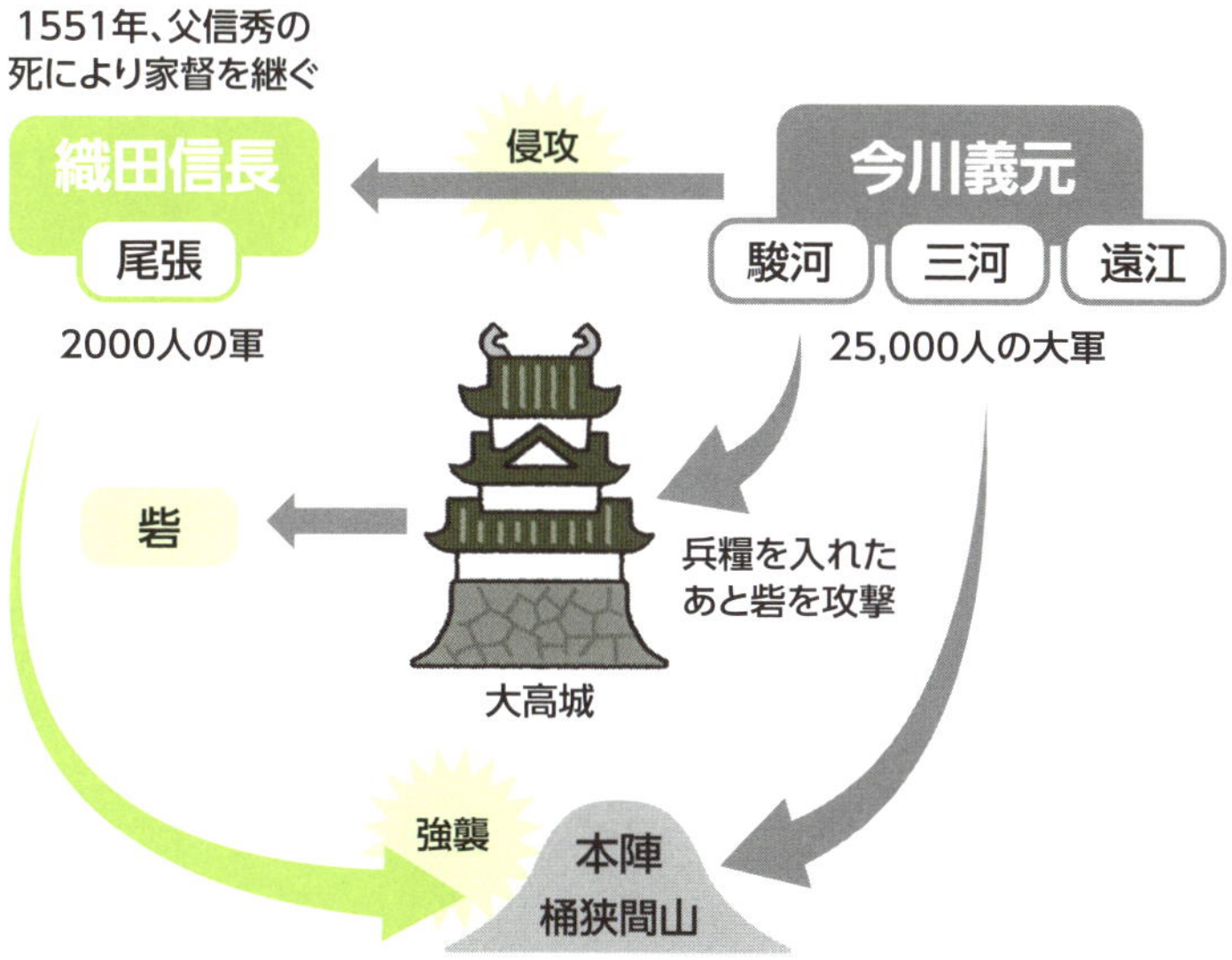

信長は少ない兵力を今川本隊に集中させ、義元の首を取ることに成功する

今川軍は総崩れ➡信長の奇跡的勝利

Column

津島国人衆

信長の強さは祖父信定以来、ずっと領土とし、ホームグラウンドとしてきた津島の国人衆を直臣団としてきたことにあった。津島国人衆とは木曽川流域に面する尾張随一の河港を持つ商工都市津島を本拠地とする武士団のことで、今川義元に一番槍を付けた服部小兵太などもその一人。農業を生業とする伝統的な旧来の武士団ではない。伊勢、美濃、三河に広がる流通圏で活躍し、始終諸国を往来している商人、手工業者であったため、経済、技術ばかりか、情報面でも機敏であった。

外野席

生駒屋敷の面々　史料として信憑性を疑われている『武功夜話』だが、なかなか面白い。生駒屋敷で面々が議論する場面。その中に蜂須賀小六、前野宗安がいた。曰く、「織田一門中、何方様が棟梁の器量あるや…信長公、行儀を知らず。野人と云ふも乱国に於ては、かくなる御仁こそ棟梁の器量なるか」と。

46 天下布武の大戦略

将軍足利義昭を奉じて京都に上る

私が
京都まで
お連れ
しますぞ
足利義昭
岐阜城
京都
織田信長

永禄十年（一五六七）夏、織田信長は斎藤龍興の稲葉山城を攻略。十年来の美濃攻略を成就するや、背後の伊勢攻略にも着手し、いよいよ本領を発揮します。

まず、稲葉山城下町の井ノ口を大改造し、地名を岐阜《ぎふ》に改めます。そして楽市《らくいち》・楽座《らくざ》を行い、「天下布武」の印判を使用する等、公然と天下取りを表明します。強い意志力と未来に対する率直な展望を示す衝撃的な旗印だったので、織田軍団は沸き立ちます。

この時、懐に転がり込んだのが流浪の将軍足利義昭でした。早速、信長は幕府再興を唱えて上洛。労せずして南北近江の他、山城、摂津、河内、大和を戦列に加え、陣容を整えた信長は義昭を十五代将軍にします。

信長は褒美《ほうび》には副将軍などの名誉職は固く辞退し、実入りの多い堺、大津、草津の直轄支配を願い出ただけでした。花より団子、物流拠点を掌握するのがお目当てでした。

副将軍就任を辞退した信長の狙い

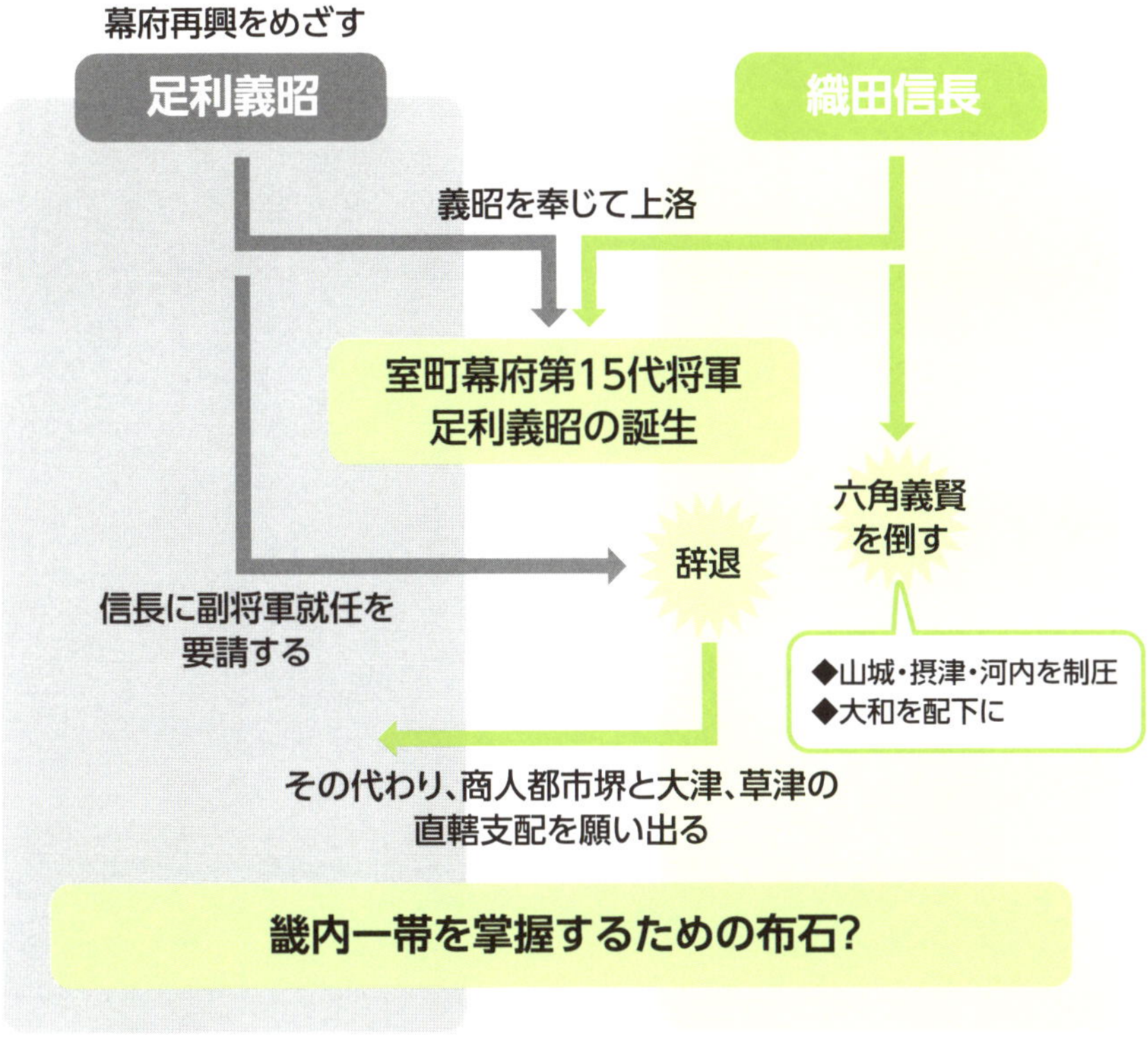

Column

墨俣一夜城のカラクリ

敵地に城を築くという無謀な計画である。織田家の重鎮、柴田勝家、佐久間信盛が失敗していたが、見事にやり遂げたのが木下藤吉郎と蜂須賀小六のコンビ。なかには武士もいたが、他は船頭と馬借、木こり、大工の集まりで総勢2150名。いわば、黒鍬者《くろくわもの》の集団。敵と戦いながら前後5日間で砦を築く。秘密は山で木を切り出し、船で運びながら加工し、墨俣に到着した時には組み立てるだけになっていたこと、すなわち、プレハブ工法だったのである。

外野席

岐阜命名の由来　美濃の稲葉山城を奪い取った信長は、この城を天下取りの出撃基地にすると決心。周の文王が「岐山に興る」嘉例に拠って岐阜城と命名したと伝えられているが、すでに僧万里集九集『梅花無尽蔵』に「岐阜陽」の句が見え、他にも「岐陽」は見られたという。

47 本願寺王国（一向一揆）との戦い

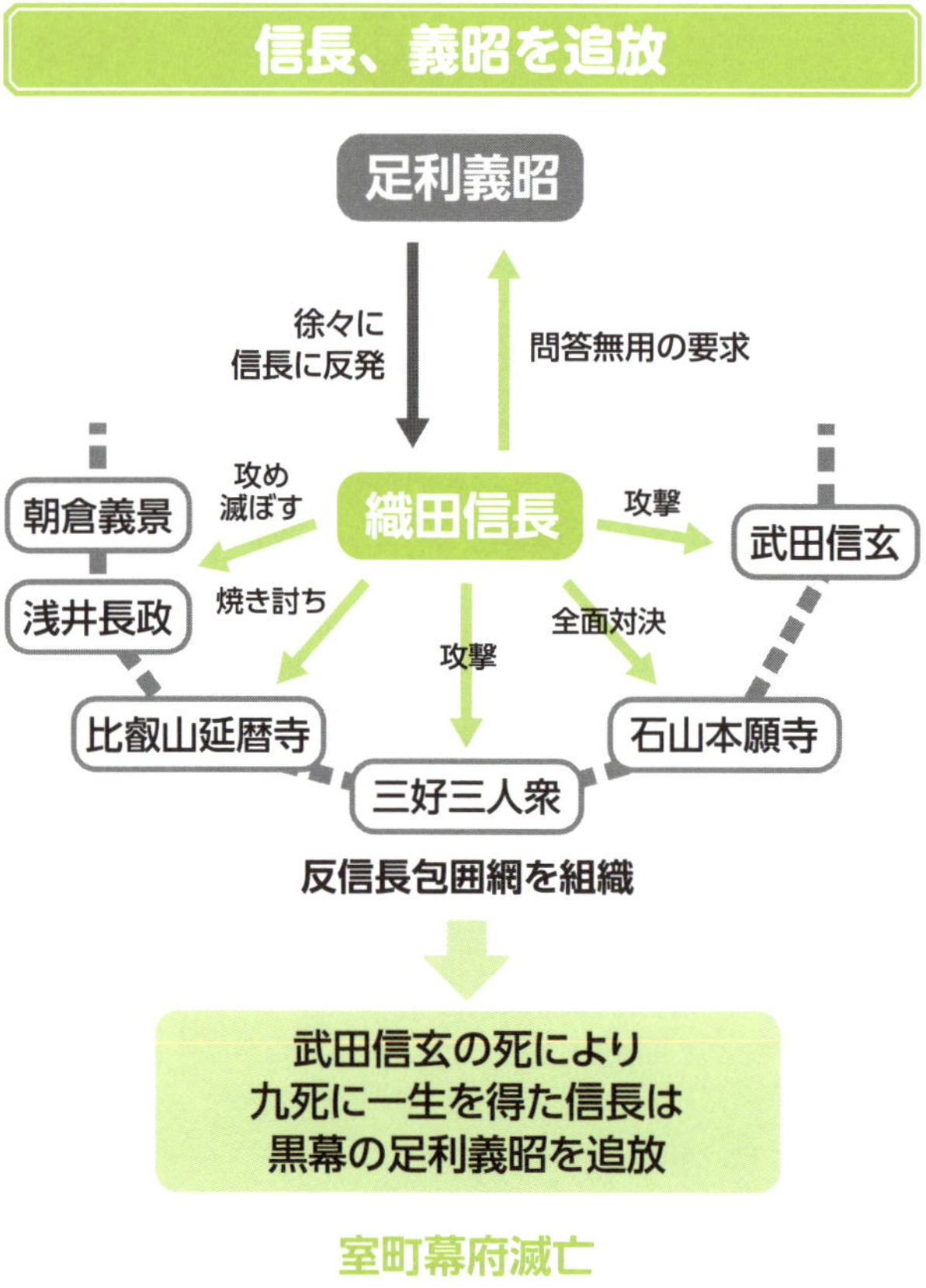

元亀元年（一五七〇）正月、信長は将軍義昭に五カ条の条々を示します。諸国へ御内書を遣わす際、信長の書状を添えること、天下のことは信長に任せた上は上意を受けるに及ばないなどというものです。

当然、将軍義昭は反発します。越前の朝倉義景や北近江の浅井長政、比叡山延暦寺、大坂の石山本願寺、そして甲斐の武田信玄と手を結び、反信長包囲網を形成するのですが、信玄の急死で足並みが乱れ、包囲網は決壊。信長は命拾いをしたのです。

それでも、しぶとく抵抗したのが伊勢の長島一揆、近江の金ケ森一揆などを拠点とする石山本願寺でした。聖俗両方に跨る王国建設を目指していたので、「天下布武」を目指す信長には甚だ厄介な敵でした。採用した信長の作戦は「なで斬り」、皆殺しでした。

「坊主は政事《まつりごと》に口を出すな」

宗教と政治は分離されたのです。

信長の天下統一事業

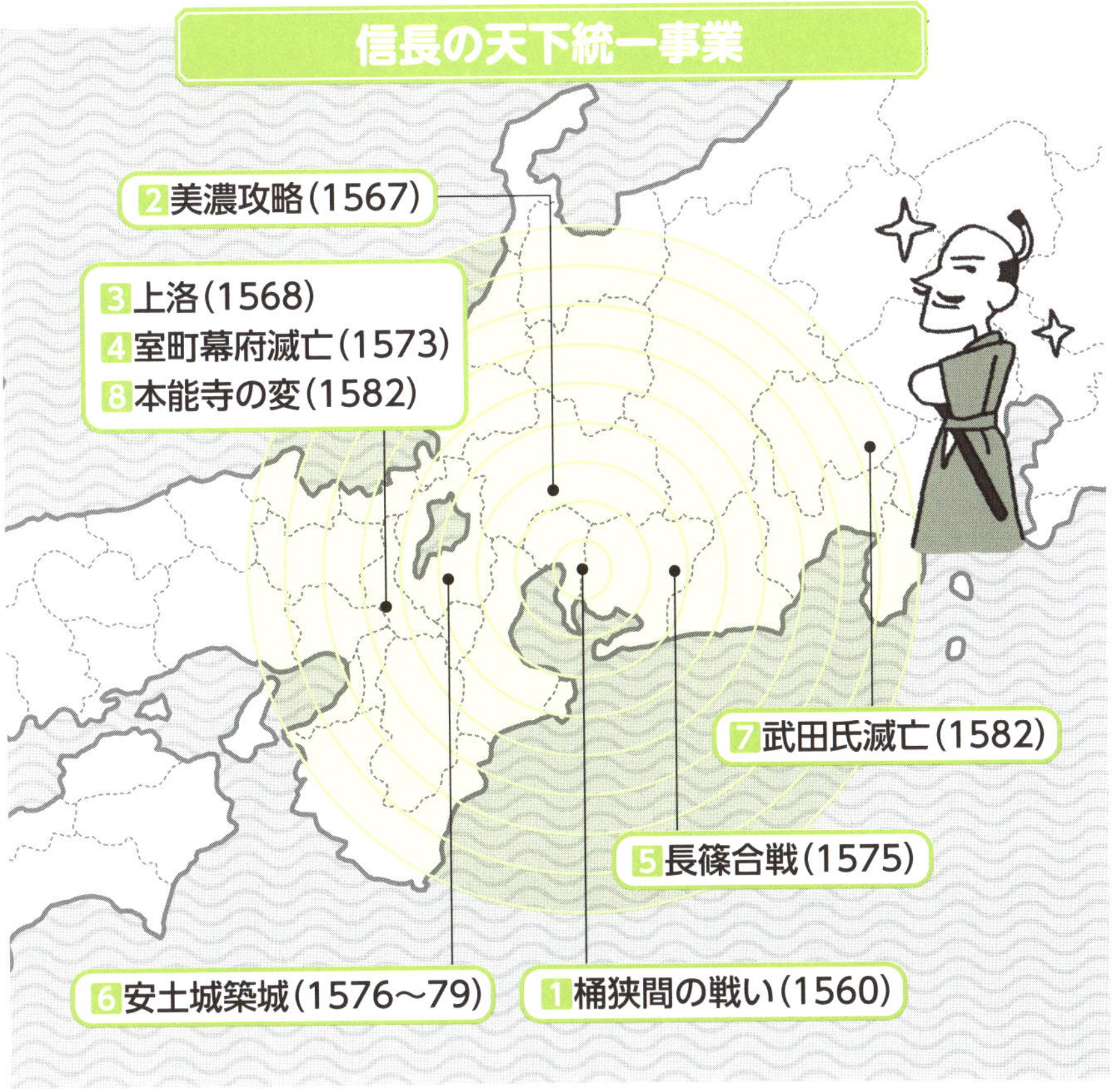
2 美濃攻略（1567）
3 上洛（1568）
4 室町幕府滅亡（1573）
8 本能寺の変（1582）
7 武田氏滅亡（1582）
5 長篠合戦（1575）
6 安土城築城（1576～79）
1 桶狭間の戦い（1560）

Column

鉄張り装甲艦隊

石山本願寺に救援物資を搬入する毛利水軍との戦い（木津川会戦）において、信長は誰も見たことがない鉄張り装甲艦隊を出動させ、毛利水軍を完膚なきまでに撃破する。けた外れに大きな船で、横12・6メートル、縦22メートルもあった。しかも、船首から船尾まで総矢倉に造作されており、高々と天守を構えた「海に浮かぶ城」になっていた。見る者を仰天させたのは船体が厚さ2～3ミリの鉄板で装甲された戦艦になっていたこと。同行したバテレン、オルガンチノも腰を抜かした。

外野席

柴田勝家の刀狩り　越前平定に続く加賀平定を進めながら、北ノ庄に定住。城を築いて、城下町建設に専念していた柴田勝家は、民政家としても有能な武将だった。坊主衆や農民を武装解除し、没収した武器を鋤や鍬に鋳潰して還元する刀狩り。農業振興政策を進めたことは意外に知られていない。

48

天下を継承する秀吉

信長の後継者となる秀吉

3 賤ヶ岳の戦い（1583年）
柴田勝家を破る
1 山崎の合戦（1582年）
明智光秀を滅ぼす
2 清洲会議（1582年）
織田家後継者が嫡男信忠の
嫡子三法師に決まる

秀吉が天下を取った3つの要因

❶主君信長の弔い合戦に挑む潔さ
❷清洲会議を思惑どおりに操作した政治力
❸山崎茶会へ一流の財界人を呼んだこと

琵琶湖に面する安土山に壮大華麗な大城郭を築き、天下布武の形を鮮明に映し出した織田信長でしたが、呆気なく本能寺の変に消えた時、一瞬の空白が生じました。その時、迷うことなく、空白を埋める、次の天下取りに動いたのが羽柴《はしば》筑前守《ちくぜんのかみ》秀吉《ひでよし》でした。

動きは果断にして速攻。中国大返し作戦も鮮やかでしたが、姫路城における不退転の決断、山崎合戦、清洲会議の政治的判断、山崎茶会で千利休を呼び、当代一流の数寄者《すきもの》（財界人）を味方に付けた作戦など、いずれも的確で、時流を読んでいました。

一か八か、やってみなければわからない博打的行動の連続に見えますが、読みと判断は的確でした。流れに乗って天下を取る、徳川家康も籠絡されたほどで、単なる政治や謀略ではありません。運と不運でもない。ほとんど神業に近い天下取りでした。

天下が秀吉に下ったのです。

光秀も驚いた中国大返し作戦

Column

人も知る「中国大返し」

本能寺の変後、秀吉はなぜ、中国路をトップスピードで駆け抜けることができたのか？理由は簡単。信長の中国出陣のため、道々に準備万端、あらゆることを想定して待ち構えていた秀吉であった。ところが、想定外の大異変！さっさと信長のために整えていた補給の水、食料、武具、松明等々、ことごとく自分の大返しのために用いることになってしまった。あたかも予想して予定していたような大返しになってしまった。運が良い。

外野席　**黒田官兵衛の悪魔の囁き**　官兵衛が信長の死を知った時、茫然自失の秀吉に「天下取りの好機だ」と囁いたというのは有名な話。実際は「一刻も早く毛利と和睦し明智と一戦なさるべし」と言ったのが本当らしい。しかし、世の常である。いつの間にか、尾ひれが付いてしまった。ご用心、ご用心。

49

前代未聞の仰天戦法、小田原攻め

秀吉の天下統一事業

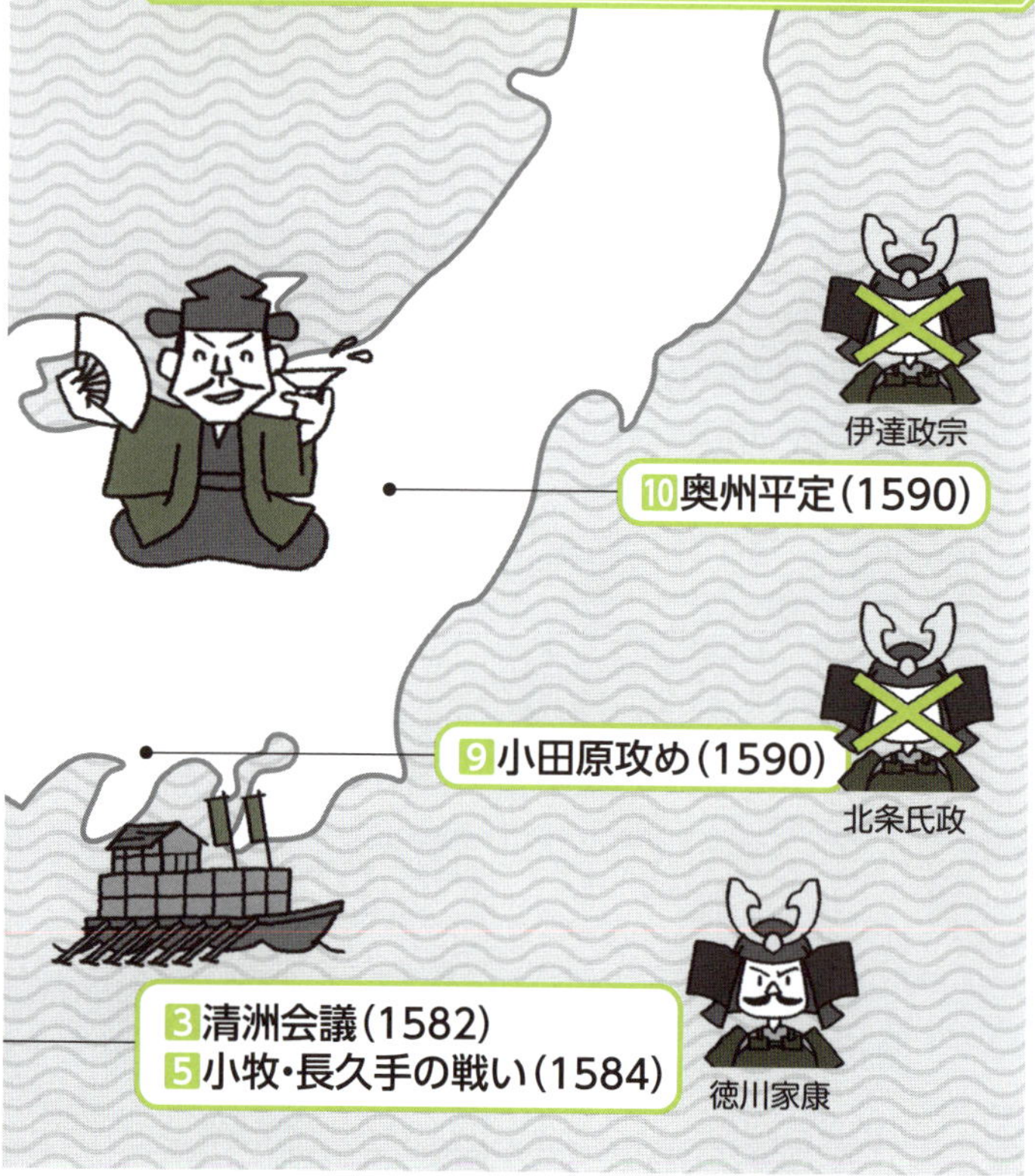

小牧・長久手の戦い以後、羽柴秀吉と徳川家康は和睦し、家康が秀吉に臣従する形をとったため、戦国時代の終焉を歓迎するムードが生まれます。そこで秀吉が長宗我部元親《ちょうそかべもとちか》を下して四国を平定すると朝廷も動きます。

秀吉を関白・太政大臣に任じ、源・平・藤・橘に次ぐ姓として「豊臣」を与えます。これを機に、秀吉は小競り合いを続ける全国諸大名に『惣無事（諸国平和）令』を触れ回り、九州の島津義久・義弘の勢威を抑えるや、返す刀で小田原の北条氏政を滅ぼし、関東、奥州の総仕置きに着手します。

特に小田原攻めには三十五カ国から兵二十五万を動員。陣中に市をなし、酒宴も自由。女房同伴という遊興気分の仰天戦法でした。格の違い、位押しで北条方を圧倒し、関東、奥羽の仕置きを徹底したつもりでしたが、まだまだ中途半端なものでした。

戦国の火種はまだ燻《くすぶ》っていました。

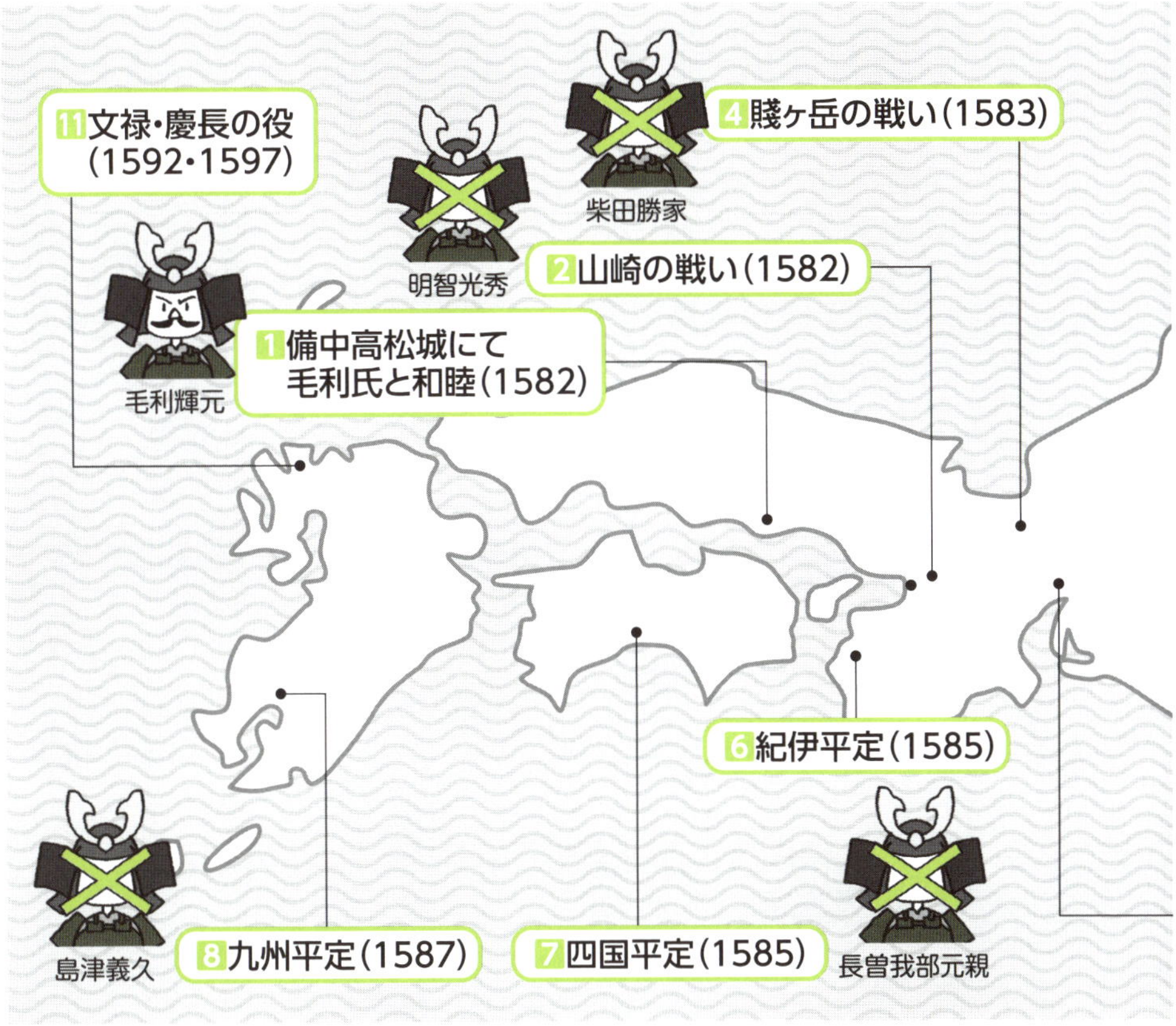

11 文禄・慶長の役（1592・1597）
4 賤ヶ岳の戦い（1583）
柴田勝家
明智光秀
2 山崎の戦い（1582）
毛利輝元
1 備中高松城にて毛利氏と和睦（1582）
6 紀伊平定（1585）
島津義久
8 九州平定（1587）
7 四国平定（1585）
長曽我部元親

Column

遅れて参陣した伊達政宗の処遇

「七種を一葉によせて摘む根芹」と得意絶頂の伊達政宗が、秀吉の小田原攻めを見くびって、遅れて参陣。白麻の陣羽織で参陣したが、片倉小十郎以下、わずか100騎。謁見を許された4日後、少しも臆せず、秀吉の攻城の方略に対して意見を述べ立て、並みいる諸侯を唸らせた。秀吉も政宗の尋常ならざるを認め、直ちに奥羽の処分を一任した。おまけ。謁見までの間、底倉で蟄居していたが、その間、千利休に茶を習っていたとか。太々しい若者であった。

伊達政宗

外野席

人も知る天下の連れション　本当かどうか。小田原城を見下ろしながら、秀吉が家康を誘って連れ小便をしたらしい。その時、さり気なく「関東国替え」を相談したというが、秀吉ならば、やりかねない場面だが、旧武田家臣団を手なずけたばかりの家康には、さぞかし、気重なことだっただろう。

50 信長亜流の限界、文禄・慶長の役

秀吉の取り組んだ事業

太閤検地（1582〜98）

土地を測量し、米の生産高を石高として表わす。農民は田畑の所有権を認められ、年貢米を納める義務を負う。

↓

バテレン追放令（1587）

島津氏を服従させた九州平定の帰路発令。布教を禁止し、宣教師の国外追放を命じる。

↓

刀狩令（1588）

農民の反乱を防ぐため、武器を没収。この結果、兵農分離が進む。

↓

？

羽柴秀吉

豊臣秀吉は、対馬の宗氏を介して朝鮮に対し入貢と明国出兵の先導を要求していたのですが、拒否されたため、文禄元年（一五九二）、全国の諸大名に発令。十五万余の大軍を集めて朝鮮に渡りました（文禄の役）。

国内の天下統一は終わったので、その延長上、国外の地に領土獲得の対象を求めるという単純発想の政策でした。検地と刀狩りで諸大名の石高把握と兵農分離を徹底し、身分や戸籍を確定し、戦乱に明け暮れた戦国時代を終わらせるのが当面の政策だったはず。

海外政策としても領土拡大ではなく、貿易拡大という方策がありました。後世、家康が「朱印船貿易」を展開しています。武人秀吉ではなく、秀吉本来の商人発想をすべきでした。目前に外国貿易で活躍する堺、博多の商人団がいたのですから。

民間出身の秀吉本来の発想ができなかった、信長亜流の限界が表面化したのです。

豊臣家の没落早めた朝鮮出兵

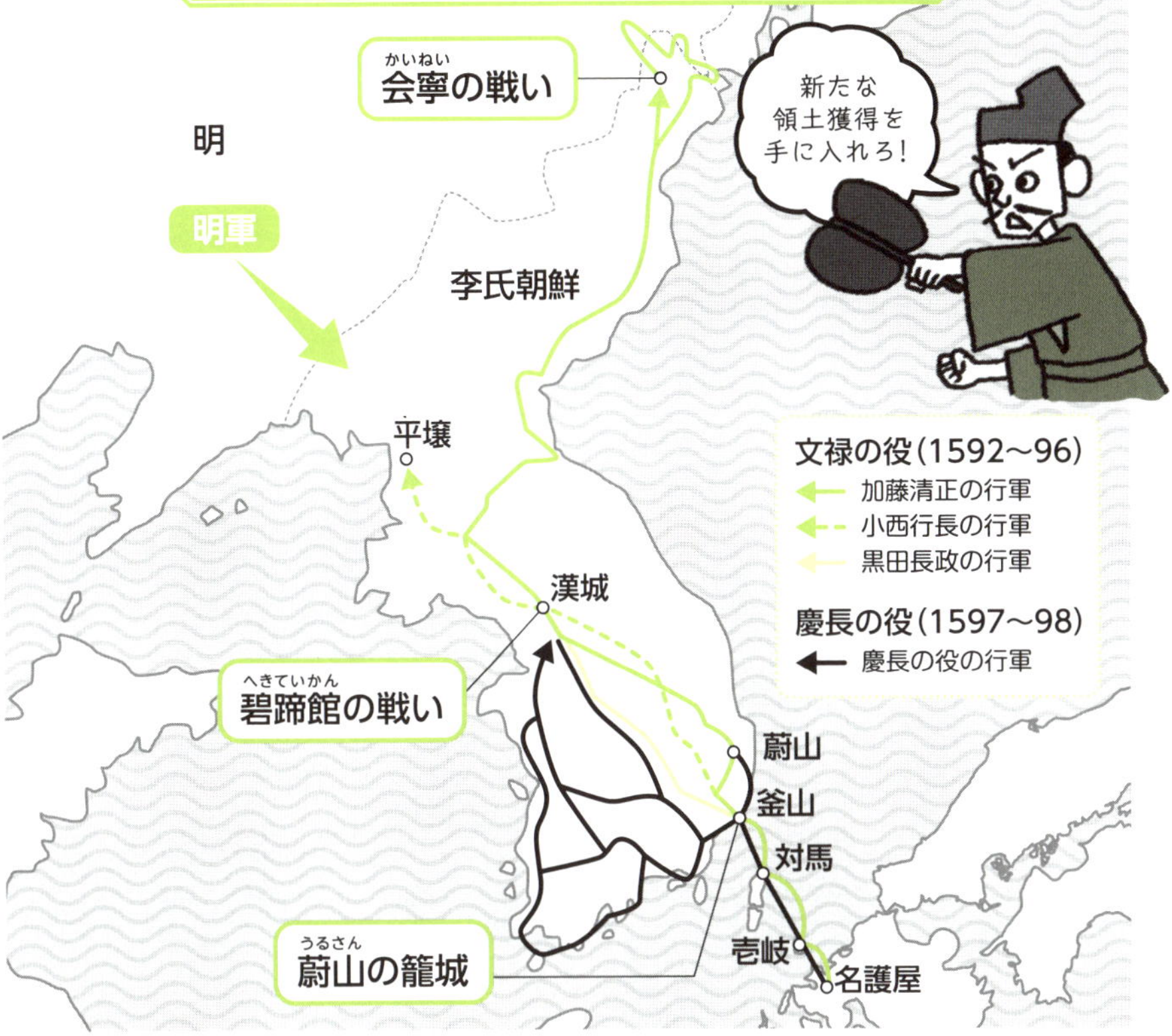

Column

弟秀長の死と利休の切腹事件

当初は「公儀のことは秀長、内々のことは宗易（利休）が」と言われていたが、天正19年（1591）、秀長が他界すると突然、千利休が堺追放、切腹を命ぜられる。天下統一の仕上げが進み、石田三成ら若手官僚が育っている時、世代交代を受け入れなかったところに問題があったのではないか、と推測されているが、果たして原因は何だったのか。秀吉は自ら関白職を降りて甥の養子秀次に譲って太閤になっている。世代交代を進めたかったのではないか？

千利休

外野席

朝鮮侵攻の捕虜　朝鮮人の捕虜は焼き物や活字印刷技術を日本に伝える役目を果たし、そのまま日本に定着してしまったのであるが、逆に日本人の投降兵は胡人征伐の兵として雇われたり、遼東半島や閑山島の水軍に編入され、そのまま住み着いてしまったらしい。互いに祖国に帰ることはなかったようだ。

51

織豊政権への反動 =関ヶ原合戦〜大坂の陣

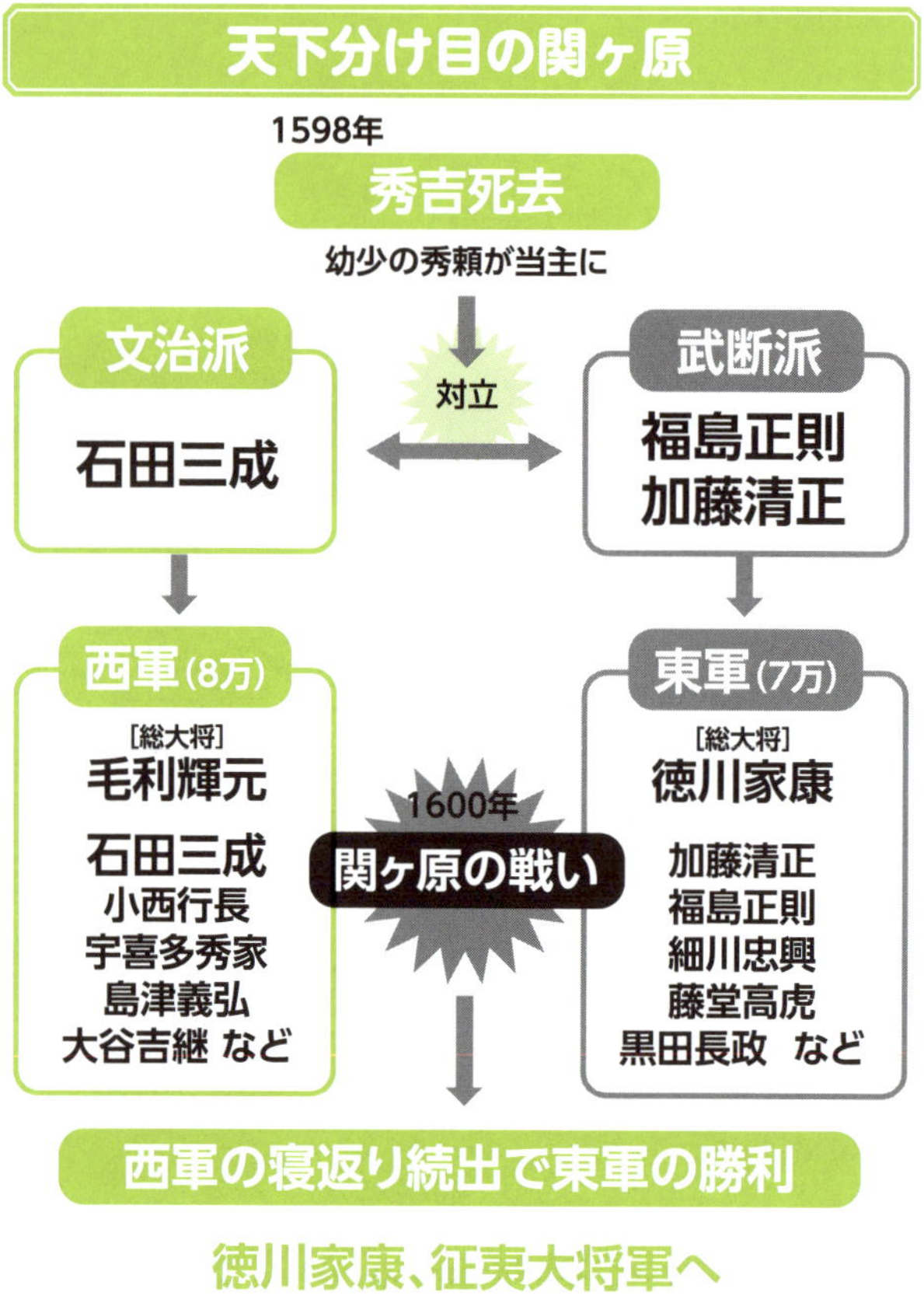

天下分け目の関ヶ原
1598年
秀吉死去
幼少の秀頼が当主に
文治派
石田三成
対立
武断派
福島正則
加藤清正
西軍(8万)
[総大将]
毛利輝元
石田三成
小西行長
宇喜多秀家
島津義弘
大谷吉継 など
1600年
関ヶ原の戦い
東軍(7万)
[総大将]
徳川家康
加藤清正
福島正則
細川忠興
藤堂高虎
黒田長政 など
西軍の寝返り続出で東軍の勝利
徳川家康、征夷大将軍へ

豊臣秀吉が他界して二年後、慶長五年（一六〇〇）、秀吉の一粒種、秀頼の子守役を務めていた前田利家も他界。これを機に徳川家康の生涯を賭けた天下取りのドラマが、脚本通り、完璧に演じられていきます。

相手は誰でも良い。豊臣家一人が絶対君主となり、他の大名を支配することには反対。将軍を中心とする大名連合政権（幕府）を作り、絶対平和、総和の政治支配体制を実現したい。そう考えていたので、石田三成が対戦相手に選ばれたのでした。

運命を受け入れ、おとなしく一大名に成り下がっていたら秀頼も生き残り、豊臣家も存続できたのですが、天下人の座に固執したために滅ぼされました。その無慈悲なドラマが関ヶ原合戦から大坂の陣だったのです。

家康は織田信長以来の商業立国を否定し、農業中心の分国支配という武田信玄の構想に近い国造りをしたかったのです。

家康の天下統一事業

1584年	家康、小牧・長久手の戦いで秀吉と和睦
1590年	家康、北条氏滅亡により関東に移封
1600年	関ヶ原の戦いで家康勝利
1603年	家康、征夷大将軍となり江戸に幕府を開く
1603年	秀頼、家康の孫娘と結婚
1605年	家康、将軍職を秀忠に譲る
1607年	家康、大御所として駿府で実権を握る
1611年	秀頼、二条城において家康と会談
1614年７月	家康、方広寺の鐘銘に関して豊臣方へ抗議
1614年11月	鐘銘事件から徳川と豊臣が開戦（大坂冬の陣）
1614年12月	大坂冬の陣、講和
1615年１月	大坂城の壕が埋められる
1615年４月	大坂夏の陣が起こる
1615年５月	大坂城落城、秀頼・淀君自害
1616年	家康死去（東照大権現の神号）

Column

西に対抗する「東の都」

家康の脳裏には武家のモデルとして崇拝される頼朝の映像が焼き付いていたのではないだろうか。頑として鎌倉を離れず、鎌倉を武家の都として築き上げた頼朝の姿が。何事によらず、頼朝の発想と行動が家康の基本とされていたように思われる。それは愛読書が『吾妻鏡』であったことを見れば頷ける。東国は家康にとって武家の祖国だと考えられていたのである。したがって、武家の都は西国京都ではない。東国でなければいけなかったのである。

外野席

家康は後家さん好み　天下人はそれぞれ好みが違う。信長は女性を道具視した。子供を生めればいい。秀吉は高貴な血筋を好んだ。では、家康は？　実用一点張りの後家さん好み。子供を産んだ経験があり、確実に育てることができる後家さんが安心できるということらしい。いかにも家康らしい。

52 天下普請＝江戸城の建設

諸大名に江戸城を作らせる家康

天下普請
みんな
江戸城作りを
手伝うこと！

慶長八年（一六〇三）、征夷大将軍となった徳川家康の本営となる幕府は本拠江戸城に置かれることになりました。しかし、城と言っても太田道灌の江戸城を超える規模ではないし、市街地も狭いので困りました。

将軍家康は「天下普請」を発令。全国の大名諸家に江戸城増築計画を示し、同時に日比谷入江の埋め立てと前島接続による大規模な宅地造成を行います。

慶長十七～十八年には、前島東側に舟入堀（埠頭）を建設。現八丁堀です。江戸城建設ばかりか、後の大江戸八百八町の経済を支える大物流基地になります。

城と市街地の造成工事、建設作業は同時着工され、相互一体となった江戸城郭都市が実現されたのですが、特に注目されるのは運河や水道等の基盤整備工事を進め、人工都市建設をやり遂げたこと。ハンディをものともせず、便利な近代都市空間に一変させてしまったのは驚異的ことです。

家康の江戸の町づくり

小石川
神田山
崩す
千鳥ヶ淵
本丸
紅葉山
江戸湊
日比谷入江
桜田村
溜池
霞ヶ関
埋立
神田山を切り崩し、日比谷入江を埋め立てて城下町を建設した

Column

江戸湾埋め立てを言わない理由

天下普請に関する史料のどこを見ても遠浅の海、日比谷入江の埋め立てに関する記事がない。この工事は天下普請の目玉的工事であったはずだが見当たらない。多分、半島状に入江に突き出している江戸前島を勝手に自分の領地にしてしまったからか？　江戸前島は鎌倉円覚寺の所領だったが、無断で徳川領に編入している。公権力としては、してはいけないことだった。どさくさに紛れて我が物にしてしまったとあっては汚点になる、そっとしておこう、ということなのかもしれない。

外野席

福島正則の愚痴　名古屋城工事に駆り出された福島正則が「近頃城郭工事が多いが、江戸、駿府は天下の重鎮だから仕方ないとして、この名古屋は末の息子の城。こんなものに助役を命ぜられるのは筋が通らない」と不平を言った。すると加藤清正が言った。「そんなにいやなら、謀反をしたらどうだ」正則は何も言わず働き出した。

53 アジアの海を渡る朱印貿易船

江戸初期の外交政策

家康の外交・貿易顧問

蘭

リーフデ号の航海士
ヤン・ヨーステン
（耶楊子）

英

ウイリアム・アダムス
（三浦按針）

主な輸出・入品

輸出品
銀・銅・鉄など

↕

輸入品
生糸・絹織物・砂糖・鹿皮・鯨皮など

1600年	オランダ船リーフデ号が豊後に漂着
1604年	糸割符制度をもうける
1607年	朝鮮使節の来日
1609年	オランダが平戸に商館設立
1611年	中国船の長崎貿易許可
1613年	伊達政宗が慶長遣欧使節を派遣 イギリスが平戸に商館設立
1616年	ヨーロッパ船の入港を平戸・長崎に制限

↓

これ以降、鎖国へ方向転換する

意外に知られていないのが徳川家康の平和外交に基づく朱印船貿易です。家康は征夷大将軍になると周辺諸国に手紙を送ります。

「我が国の船で渡航する者があれば、この書面に捺してある印をもって証拠とする。この印なき船には貿易を許してはならない」

秀吉の朝鮮侵攻と違って、家康は国交を開き、平和交易を行う道を開いたのです。台湾やフィリピン、インドネシア、ベトナム、中国大陸の湾岸諸都市に日本商人団が常駐する日本人町が次々に出現しました。

わが国の商人たちは、現代の商社活動と同じく現地の奥深くまで入り込み、あっと言う間に取引網を張り巡らしました。東アジア貿易圏の中心的担い手になります。

宣教師を送り、軍艦を動かし、砦を築いても、ポルトガルやスペインはもとより、オランダ、イギリス諸国も裸一貫の日本商人団には勝てなかったのです。

朱印船貿易の中心地と日本町

■ 日本町所在地
● 日本人在住地
— 朱印船主要航路
長崎
鹿児島
明
寧波
高山国
淡水
信州
安平
マカオ
シャム
ハイフォン
東京（ハノイ）
カガヤン
ルソン（呂宋）
アラカン
安南
ディラオ
サンミゲル
ツーラン
フェフェ
アユタヤ
ピニャルー
バンコク
プノンペン
テルナテ
ブルネイ
リゴール
パタニ
チドール
マラッカ
アンボイナ
バタヴィア
バンタム

Column

アジア交易の実態

東アジア交易に使われる日本産の銅銭が国際的な決済通貨として使われた。銅銭の質が良かったためであるが、それだけではなかった。当時、日本から年々積み出される銀が年平均3万5千貫から4万5千貫くらいあったというから13万キロから16万5千キロになる。当時の全世界の銀産出額は39万キロないし42万キロと推定されるので、わが国単独で世界の約3割ないし4割を産出していたことも銅銭の国際通用力を裏付けていたと言える。

外野席

山田長政の活躍　寛永年間、シャム国王の近衛兵として活躍した人物で、駿河の人らしい。日本人傭兵が800人余もおり、その家族を入れたら1400人から1500人は下らない。ところが、寛永5年、長政を重要した王が死ぬと王位継承の乱が勃発。長政は反乱軍のだまし討ちに遭って悲劇的な最後を遂げる。

54 鎖国への道＝オランダの陰謀

キリスト教禁止と鎖国への道

〈初代〉徳川家康

- 1601年　諸宗法度の制定
- 1604年　糸割符制始まる
- 1609年　オランダ、平戸商館を開く
- 1609年　西国大名の500石以上の大船没収
- 1612年　直轄領（天領）に禁教令
- 1613年　禁教令を全国に及ぼす
- 1613年　イギリス、平戸商館を開く

〈二代〉徳川秀忠

- 1614年　キリシタン大名高山右近・内藤如安らを国外追放
- 1616年　明船以外の寄航地を平戸・長崎に制限
- 1621年　外船便乗の渡航・武器輸出を禁止
- 1622年　長崎で大殉教（元和の大殉教）
- 1623年　イギリス、平戸商館を閉鎖

幕府は活発に展開していた海外交易を次第に制限します。元和二年（一六一六）、ヨーロッパ船の寄港を平戸と長崎に制限。八年後にはスペイン船の来航禁止。十一年後、日本人の海外渡航と帰国を禁止しました。

従来、これら一連の鎖国政策はキリシタン対策のため、幕府が自主的に採用したものと説明されてきたのですが、事実に反していることがわかりました。日本商人団の活躍による東アジア市場の独占を恐れたヨーロッパ商人団の陰謀だったのです。

オランダとイギリスが、幕府のキリシタン排斥政策に便乗。キリシタン往来を防ぐには外国との往来を禁止すれば良い、貿易はわれわれが幕府とだけ交易すると提案。国際情勢に疎い二代将軍秀忠と三代将軍家光はまんまと鎖国政策に乗せられてしまうのです。

以後、日本は世界に通じる窓は長崎の出島に限られ、孤立してしまいました。

〈三代〉徳川家光

1624年	スペイン船の来航禁止
1629年	この頃、長崎で絵踏始まる
1630年	キリシタン関係書籍の輸入禁止
	日蓮宗不受不施派の弾圧始まる
1631年	奉書船の制度を定める
1632年	諸宗本山末寺帳を幕府に提出
1633年	鎖国令１［奉書船以外の渡航禁止］
1634年	鎖国令２［海外往来通商の制限］
1635年	鎖国令３［日本人の渡航・帰国全面禁止］
	庶民の寺請制度全国で始まる
1636年	鎖国令４［ポルトガル人の子孫を追放］
1637年	島原の乱（～38年2月平定）
1639年	鎖国令５［ポルトガル船の来航禁止］
1640年	宗門改役をおき宗門人別帳を作成
1641年	オランダ商館を出島に移す
	「オランダ風説書」始まる

江戸

Column

アンボイナ事件

1623年2月。ボルネオの東、モルッカ諸島のアンボイナに築かれたオランダ守備隊の砦で起きた事件。日本人傭兵が城塞の構造や兵数を事細かに調べているので逮捕し、拷問した。するとアンボイナに駐屯中のイギリスと共謀してオランダ城塞占領の陰謀を企てていると自白したという。ポルトガル人奴隷、イギリス人、イギリス人商館長らを召喚して拷問。自白調書を作り、計30名を斬首に処した。外交問題になり、イギリスに80万ポンドの示談金を払ったが、日本は蚊帳の外に置かれたままだった。

外野席

ジャガタラお春の悲哀　鎖国による在留外国人に対する取締り令によって、母、姉共々国外追放となったお春。イタリア人航海士と日本人女性との間に生まれたハーフであったが、ジャガタラ（いまのジャカルタ）に移住し、同地で生涯を終えた。裕福で幸せに暮らした様子を伝える記録が残されている（ジャカルタ文書館）。

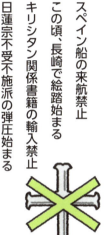

55 低成長期の地味なビジネス

全国に販路を開いた近江商人

近江
三方よし
売り手よし
買い手よし
世間よし

鎖国政策のため外国貿易が禁止になり、国内交易に制限されただけでなく、戦国時代以来のスクラップ・アンド・ビルドの超高度成長経済時代が終わると、商工業は途端に縮小し、勢いを失いました。

堺や博多、京都、長崎などを拠点にして活躍した貿易商人に代わって、江戸、大坂、京都を中心に活躍する新しいタイプの商人が活躍するようになります。中でも名を挙げたのが近江商人と伊勢商人でした。

近江商人が往復商いで全国に販路を開き、各地に出店、枝店という支店を開いてネットワーク化すれば、伊勢商人は江戸、大坂などの大都市に進出。独特の商法を編み出して小売業界の革新を成し遂げました。

また、米は東北依存、酒、味噌、醤油などの生活用品は上方依存という構造の中で、伊勢商人、近江商人が地道に活躍したお陰で次第に全国市場が作られていったのです。

大都市に根付いた伊勢商人

商売は見切りが大事
新法工夫いたすべし
大坂
伊勢
江戸

Column

巧みな情報収集術＝越中富山の薬売り

寝技の得意な金沢藩前田家らしい発想と方策だが、薬の製造販売と言えば、作ってくれ、売ってくれ、という誘いはあっても拒まれることはない。そういう条件を承知した上で全国に販売網を張り巡らして行く。満遍なく張り巡らされた販売網は、そのまま情報収集網になる。しかも、金沢藩が直接薬売りはしない。分家の富山藩前田家に委託する。万が一、事故やトラブルがあれば、本家には関わりのない分家の責任で処理できる。用心深い前田家の方策らしい。

外野席

江戸のファーストフード、握り寿司　建設途上の江戸に出稼ぎに来た工事現場の男たちを相手に始めたのが、ある商売人の「早鮨」というお手軽寿司だ。いまで言えば、ファーストフード。箱に酢飯を詰めて魚肉を乗せ、上から落とし蓋をして重しを乗せ、数時間で出来上がり。一口大に切れば食べられた。江戸前寿司のルーツである。

56 戦国の終えん＝生類憐みの令

武断政治から文治政治へ方向転換

武断政治
（家康・秀忠・家光の治世）
転封
領地替え
減封
領地削減
改易
取り潰し
武力による強圧的支配
浪人が増え
幕政への不満が高まる
1651年
由井正雪の乱
文治政治へ転換
・末期養子の禁を緩和
・大名の人質制廃止
・殉死の禁
・儒学の奨励

天和三年（一六八三）、五代将軍綱吉は『武家諸法度』を改定しました。

第一条では、「弓馬の道」に代わって主君に対する「忠」、父祖に対する「孝行」、更に礼儀の基本として「秩序」が求められました。「武」から「文」、「実力」より「形式と作法」に重点が置かれるようになったポスト戦国時代を象徴していました。

この考え方に基づいて布告されたのが『生類憐みの令』。綱吉自身の前世供養のため布告され、生類すべての殺生を禁じたのですが、これが天下の悪法となり、人々は大いに迷惑を被り、難渋させられました。新井白石によれば、極刑に処せられ、一族一門、被害に遭った者は幾千万人に及びました。

「戦国時代は終わった。これからは文治の時代である」と言いたかったらしいのですが、次はどういう時代なのか、なかなかつかめない、中途半端な時代であったのです。

五代将軍綱吉の治世

徳川綱吉

1 儒学・学問の奨励

・儒学者林信篤を大学頭に
・湯島聖堂を建立し孔子を祀る
・歌学方（歌書の研究）、天文方（暦を編む）をつくる

2 仏教の保護

・護国寺建立、東大寺大仏殿の再建

→ 財政難

3 生類憐みの令

4 貨幣改鋳（元禄小判）

財政難 → 貨幣改鋳（元禄小判）→ 物価上昇

→ **庶民の不満増大**

Column

低成長時代の農業と物流の飛躍的発展

元禄時代は治水や灌漑の技術的発展で農地が飛躍的に増大。農具改良、肥料の増大で米だけでなく、桑、麻、油菜、野菜、煙草などの商品作物の生産が飛躍的に増大した。また、東海道はじめ中山道、甲州街道、日光街道、奥州道中の五街道が整備され、脇街道も充実してくると商品流通が活発になる。海の交通も同様で、江戸の商人河村瑞賢によって東回りと西回りの航路が整備され、菱垣廻船、樽廻船による大量輸送時代が開幕する。東日本にも商品生産が浸透し、全国市場が形成される。

外野席

ビックリ！　参勤交代の費用　明暦元年（1665）の佐賀藩鍋島家（所領７万 8000 石）の参勤交代の費用を見るとビックリ仰天！　何と１万 6000 石も費やしている。所領石高の５分の１。供の者 500 人。佐賀から伊万里まで徒歩行列。伊万里から大坂まで船。そして、大阪から江戸まで１カ月を費やした。

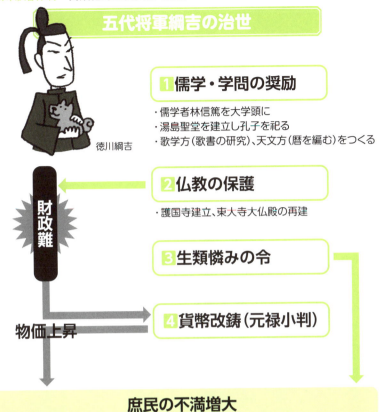

57 討ち入り 赤穂事件

主君の無念を晴らす赤穂浪士

吉良上野介
浅野内匠頭
切腹＆改易
殿の仇を
討つのだ！
大石内蔵助

五代将軍綱吉が「弓馬の道の時代は終わった。文治の時代が始まった」と言ってもなかなか目論見通りには伝わらない。そういう時代に勃発したのが赤穂《あこう》事件です。

雪が降り積む元禄十五年（一七〇二）十二月十五日未明、播州赤穂城の元城代家老大石《おおいし》内蔵助良雄《くらのすけよしお》と主悦《ちから》親子以下四十七名の浪士たちが吉良上野介《きらこうずけのすけ》邸に討ち入り、見事に首級をあげ、主君浅野内匠頭《あさのたくみのかみ》の無念を晴らすという事件が起こりました。

江戸っ子はやんやの喝采。狂喜しました。足元で吠える犬も追い払えない鬱屈した時代のこと、抑圧された気分を吹き飛ばすには格好の話題になりました。しかし、現実は甘くありません。四十七名の赤穂浪士は幕府に出頭。沙汰を待つ身となり、翌年二月、切腹となります。

しかし、浅野大学長広が綱吉の死後、非常の大赦で救済され、旗本として復活、阿波で五百石の知行を与えられています。

忠臣蔵ゆかりの地

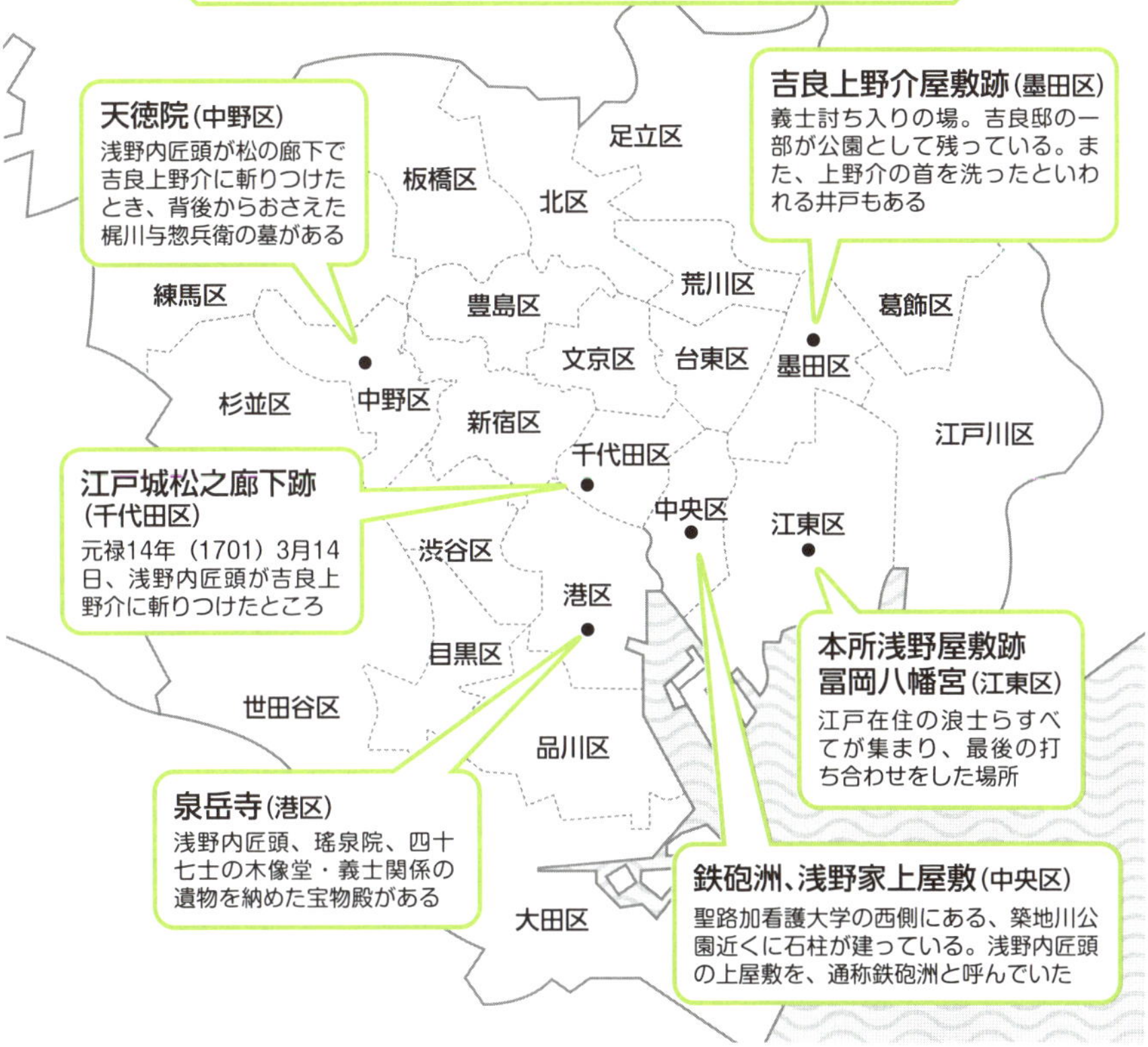
天徳院（中野区）
浅野内匠頭が松の廊下で吉良上野介に斬りつけたとき、背後からおさえた梶川与惣兵衛の墓がある
吉良上野介屋敷跡（墨田区）
義士討ち入りの場。吉良邸の一部が公園として残っている。また、上野介の首を洗ったといわれる井戸もある
江戸城松之廊下跡（千代田区）
元禄14年（1701）3月14日、浅野内匠頭が吉良上野介に斬りつけたところ
本所浅野屋敷跡
冨岡八幡宮（江東区）
江戸在住の浪士らすべてが集まり、最後の打ち合わせをした場所
泉岳寺（港区）
浅野内匠頭、瑤泉院、四十七士の木像堂・義士関係の遺物を納めた宝物殿がある
鉄砲洲、浅野家上屋敷（中央区）
聖路加看護大学の西側にある、築地川公園近くに石柱が建っている。浅野内匠頭の上屋敷を、通称鉄砲洲と呼んでいた
足立区
板橋区
北区
練馬区
豊島区
荒川区
葛飾区
文京区
台東区
墨田区
杉並区
中野区
新宿区
千代田区
江戸川区
中央区
江東区
渋谷区
港区
目黒区
世田谷区
品川区
大田区

Column

明暦の大火災で大改造された江戸

明暦3年（1657）正月18日の大火事で江戸市中の南半分が焼失した。そこで幕府は懸案になっていた市街地の整備に取り掛かる。道幅を拡張し、火除地を設け、防火堤を作ること。そして、寺社や遊郭地吉原などを防災上、有効な土地に移転する。こうして江戸の町は一新され、大江戸八百八町の原型とも言える町が出来上がるのだが、その後も火事が絶えなかったため、その後、八代将軍吉宗の時、大岡忠相に命じて防火対策として町火消「いろは四十八組」を組織している。

外野席　**泥酔者続出**　元禄年間、将軍綱吉は酒の強要を禁止したり、酒商売を減らすよう、わざわざ指示を出している。アル中が取締り対象となった。これも酒が大量に安く出回り、誰でも気軽に飲めるようになったためで、酒に酔い、不届きなことをする輩が増えたためだ。

58 享保改革、破綻せる農本主義の立て直し

吉宗流改革の足跡

新田開発や年貢の増徴などにより、財政再建に一定の効果はあげたが、事態は決して好転しなかった

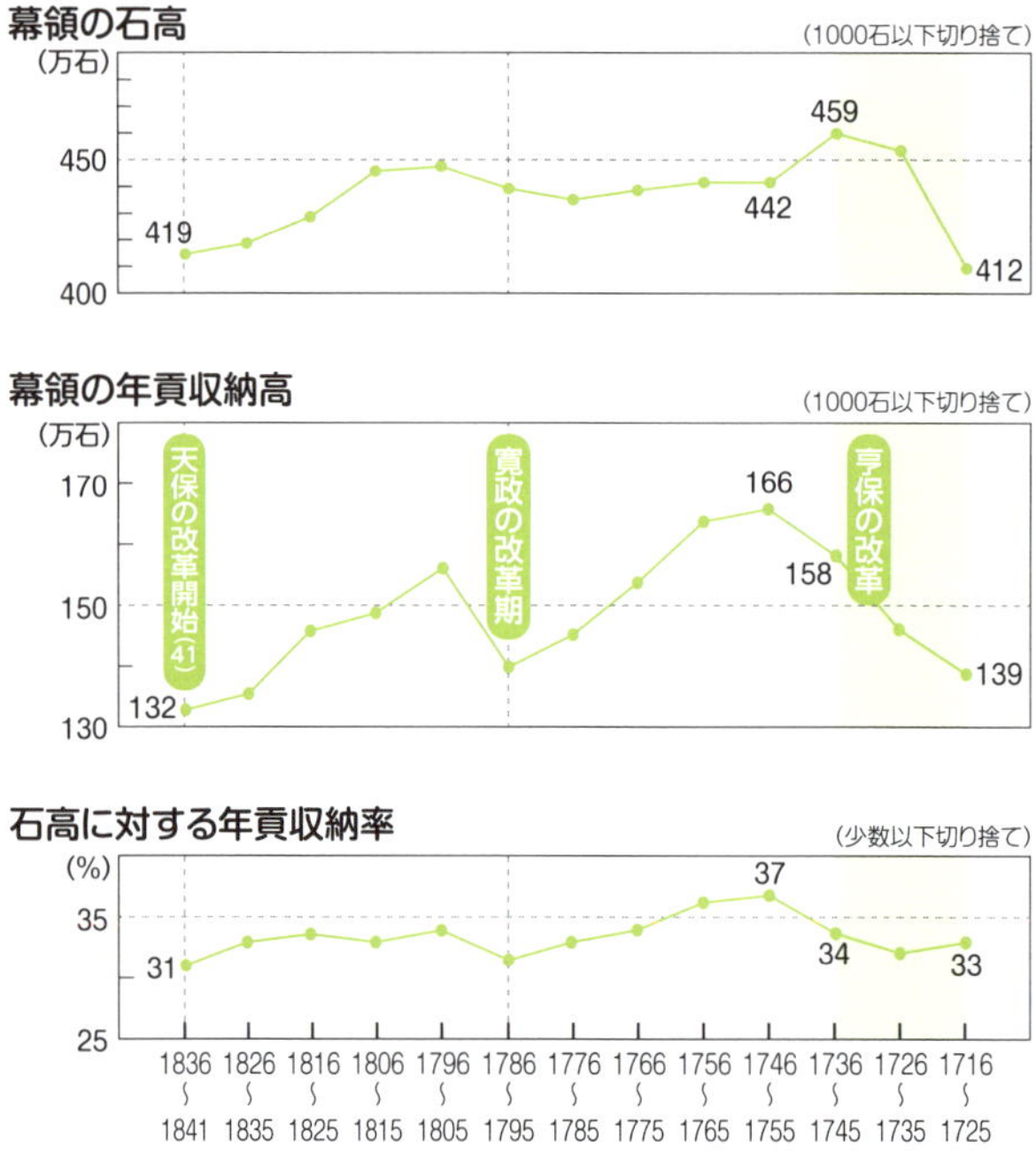
幕領の石高
(1000石以下切り捨て)
(万石)
450
400
419
442
459
412
幕領の年貢収納高
(1000石以下切り捨て)
(万石)
170
150
130
天保の改革開始(41)
寛政の改革期
享保の改革
132
166
158
139
石高に対する年貢収納率
(少数以下切り捨て)
(%)
35
25
31
37
34
33
1836〜1841
1826〜1835
1816〜1825
1806〜1815
1796〜1805
1786〜1795
1776〜1785
1766〜1775
1756〜1765
1746〜1755
1736〜1745
1726〜1735
1716〜1725

(出典:角川書店「日本史辞典」より)

紀州徳川家の吉宗が宗家に入り、八代将軍になりました。新将軍の任務は急速に発展する貨幣経済に対抗できず、逼迫しつつある幕府財政の再建にありました。

しかし、建前と実勢に違いはあるものの、幕藩体制の根本是は「商業否定＝年貢納入」方式による経営にあります。そして、生産と流通を無視して消費生活を維持してきたために行き詰まるのは自明の理。消費生活の出費に年貢が追いつかなかったのです。

では、吉宗はどうしたのでしょうか。

年貢取立の安定化を図るため、「定免法」*に切り替えたり、新田開発を進めていますが、後追いと彌縫策《びぼうさく》に終始し、改革と言えるようなものではありません。幕政改革案唯一の成功例とする向きもありますが、根本的な解決策にはなっていません。

抜本的な改革策は、次の田沼意次《おきつぐ》の登場を待たねばなりませんでした。

＊一定期間、同じ率の年貢高にすること。

飢饉と百姓一揆の発生件数

江戸時代を通じて百姓一揆は3200件ほど発生しているが、天明・天保の飢饉の際に激増している

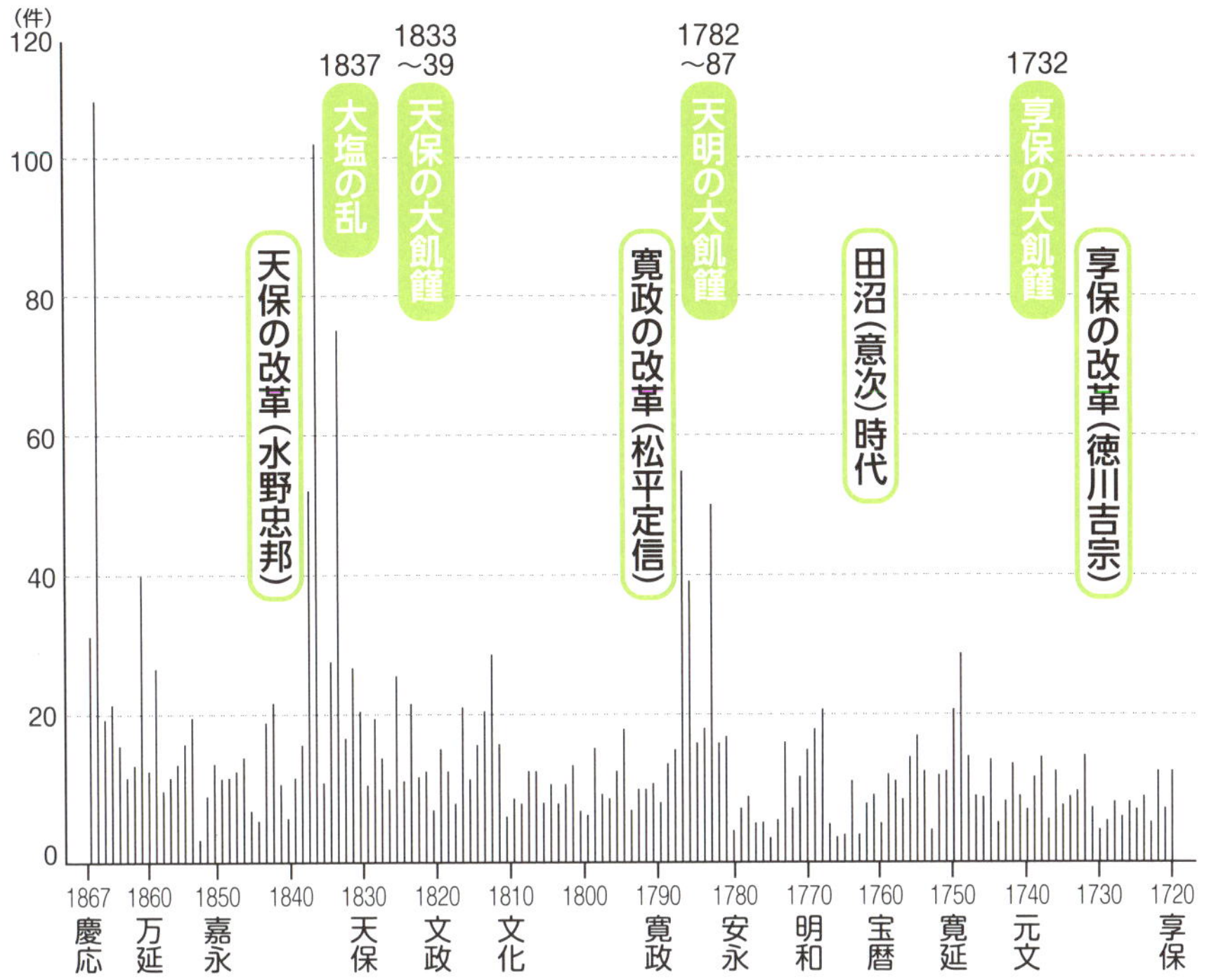

Column

近代産業の旗手、平賀源内

吉宗が漢訳洋書の輸入制限を緩和したことで、蘭学が民間でも大いに普及する。いい例が『第五回東都薬品会』（宝暦12年）だ。平賀源内らがわが国の草木・鳥獣・魚介・昆虫・金玉土石を集め、いかにして外国に頼らず、国内で調達するかを目的にして企画された産業振興策であった。しかも、民間独自の発想によるイベントとして決行されたもので近代産業の始まりを予告するものだった。発明王として知られる平賀源内は、従って、新しい発想ができる稀有な人物だったと言える。

外野席　**いろは四十八組**　左官やとび職、大工などの屋根仕事、力仕事をする若い衆の素早い動きに注目した大岡越前守が、町内で組織された店火消や大名火消しに代わって専業消防隊を編成する。隅田川以西に「いろは四十八組」を作り、隅田川以東にある本所、深川で十六組を組織したのである。

59 田沼意次の重商主義政策

実は優秀？ 田沼意次

1 株仲間の公認
商人・手工業者から「運上」「冥加」の営業税を取る

2 「座」による幕府の専売
銅、朝鮮人参、ミョウバンなどを独占販売

農業も
大切だが
商業で国を
潤すのだ！

3 干拓工事・新田開発
印旛沼・手賀沼の干拓、蝦夷地の調査

4 定位貨幣制の制定
中央政府による信用通貨発行の先取り

「賄賂《わいろ》の田沼」と悪評高い老中田沼意次《おきつぐ》ですが、実際は逆。勤勉実直な吏僚でした。

従来の倹約一点張りの消極的政策から一転、民間の経済活動を活性化させ、その利益を幕府財政に活用する積極的な重商主義路線に転換した近代的政治家だったのです。

列挙すると、①商人、手工業者を株仲間（組合）に組織し営業税を課すこと。また②銅や朝鮮ニンジン、ミョウバンなどの座を設けて幕府専売とすること。さらに③印旛沼、手賀沼の干拓等、新田開発も取り組む等々。

注目されるのは、経済活動の円滑化を図るため、④定位貨幣制（金一両＝五匁銀十二個）を定めたこと。南鐐二朱銀（八個＝金一両）を大量流通させたことは、近代国家における信用通貨発行の先取りでした。

しかし、出番が遅すぎたのか、早すぎたのか。農業本位の政策から脱却できない保守層の理解を得られず、失脚してしまいます。

時代が早すぎた？ 田沼の政策

Column

上杉鷹山の陰に本間光丘あり

米沢藩上杉家は極端な貧乏藩だった。入り婿した鷹山は借金返済のため、生活を切り詰め、殖産興業、新田開発に励み、藩独自の商品開発に成功するが、販売に当たる商人に利益を吸い取られて藩の金庫に入らない。そこで酒田商人本間光丘の協力を得て、ようやく米沢藩の財政を立て直すのに成功する。酒田商人本間光丘は、鷹山にお金を貸すだけでなく、どうすれば貸したお金を元手にして米沢藩が稼ぐことができるか、経営コンサルタントまでやって支援したのである。

外野席

青物売りの１日の稼ぎ　二八蕎麦が１杯 16 文という時代の話題。青物売りのぼて振りが１日中、江戸市中を駆け回って商いをして、女房に渡す売上げが 200 文程度。子供に小遣いを 15、6 文やったとすれば、手元に残るのは 100 ～ 200 文だった。余裕のない、その日暮らしの生活だったようだ。

60

歩いて作った超精密測量地図

伊能忠敬の全国測量

伊能忠敬

ロシアやイギリスの船が度々日本近海に出没し、イギリス船が長崎港に闖入する事件が起きたため、安政十二年（一八〇〇）頃、幕府は泥縄式でしたが、国防上の観点から地図作成を検討します。

その時、たまたま一民間人であった伊能忠敬《いのうただたか》が個人的な学問的欲求から「地球の子午線一度の長さを知りたい」「全国の測量をさせて欲しい」と幕府に願い出たため、渡りに舟というタイミングで蝦夷《えぞ》地（北海道）に限定して許可したのでした。

いつの間にか、「幕府御用測量掛」となり、奥羽、東海、北陸と進み、西日本全域の測量が完了したのは文化十四年（一八一七）。通算十七年を要したわけです。忠敬は完了時、七十四歳で他界。弟子たちが『大日本沿海輿地全図《だいにほんえんかいよちぜんず》』を完成させました。

この一枚の地図が近代日本の独立を守る貴重な国防資料となったのです。

Column

天明の大飢饉と浅間山の大噴火

宝暦5年（1755）の大飢饉以来、30数年間、飢饉、大火、洪水、疫病などの天災が相次いでいる折、天明3年（1783）、浅間山が大爆発。降灰範囲は10余カ国に及び、江戸にも灰が積もった。しかし、続いた天明の飢饉の惨状は、そんなものではなかった。しかも、1年だけの被害に終わらず、数年間、連続したために惨状は目も当てられなかった。殊に奥州津軽などは、菅江真澄の記録では、人間の白骨を踏みしだいて歩く有様だった。

外野席　**経営再建人二宮尊徳**　昔はどこの学校でも薪を背負って歩く二宮金次郎の銅像が見られた。その金次郎は大人になって経営再建人になった時、荒れた領地の経営を再建するには、領主自ら我慢と忍耐、やる気を見せないと農民はついて来ないと言ってあちらこちらで荒れた領地の再生再建を成し遂げた。

61 天保改革のアナクロニズム

流れに逆行した２つの改革

寛政の改革
［1788年～ 松平定信］

囲米の制
飢饉に備えて社倉・義倉に食料を備蓄

旧里帰農令
江戸に流入した農民の帰郷を奨励

七分積金
町費を節約し、7割を積み立て

棄捐令
旗本・御家人の借金を帳消し

人足寄場
無宿人を収容し、職業訓練

異学の禁
朱子学のみを正統な学問とし、湯島の昌平坂学問所で朱子学以外の研究を禁止

風俗・思想の統制
洒落本・黄表紙などの出版禁止、銭湯の男女混浴の取り締り

松平定信

歴史というのは皮肉なものです。

前将軍家斉《いえなり》の放漫経営によって赤字になった幕府財政の立て直しに採用された水野《みずの》忠邦《ただくに》は甚だしい経済オンチの老中で、現実と逆行する政策ばかり乱発しました。

時代は上向き、問屋や地主がマニュファクチュア・（工場制手工業）段階の家内工場を作り、貧民を賃労働者として雇い、経済発展期を迎えつつありました。北関東の桐生や足利などの絹織物工業が代表例です。

ところが、忠邦は風紀を正すと称し、松平《まつだいら》定信《さだのぶ》も顔負けの倹約令を発布。衣食住の贅沢禁止や密告を奨励。娯楽も制限。さらに都市浄化と農村復興のためと称し、貧民の帰郷を強制。また株仲間に難癖をつけて解散させたため、物流機能停止、物価高が招来します。

まったく現実が見えていなかったのです。

明りの消えた江戸を尻眼に見て西国雄藩は堂々と独自の改革に乗り出しました。

天保の改革
[1841年～ 水野忠邦]

倹約令
贅沢品や華美な衣服を禁じ娯楽も制限
↓
庶民の不満増大

人返しの法
農民の出稼ぎを禁じ、貧民の帰郷を強制
↓
江戸周辺の農村の治安悪化

上知令
江戸・大坂周辺地を直轄地にする

株仲間の解散
株仲間が上方からの商品流通を独占していることが物価騰貴の原因と判断
↓
物流機能が停止し、かえって物価上昇
10年後に株仲間再興

↓

水野忠邦の失脚　諸大名や旗本の反対で実施できず

↓

幕府権力の衰退と西国雄藩の登場

Column

薩長雄藩の大胆な改革

薩摩の調所広郷《ずしょひろさと》が莫大な借金を棚上げにした後、奄美三島特産の黒砂糖の専売強化、琉球交易の拡大で財政再建を達成すると藩主斉彬《なりあきら》の反射炉築造、造船所、ガラス製造所の建設に着手。軍事面でも多大な効果を挙げた。対する長州でも村田清風が財政改革に乗り出し、借金を整理しつつ、紙と蝋《ろう》の専売強化、下関を拠点とする廻船業、委託販売事業で収益を上げた。両藩共、こうした大胆かつ着実な改革を続けた結果、幕末維新の大業を成し遂げる力を養うことができたのである。

外野席
尚歯会（蛮楽社中）の面々　天保年間に江戸の山の手に住む先進的な洋学者の集まり。略称「蛮社」という。三河田原藩の渡辺崋山を盟主とし、町医者高野長英、勘定吟味役川路聖謨、代官江戸英龍、農政学者佐藤信淵らである。後に大弾圧を受けるのであるが、当時のインテリジェンスの粋が勢揃いしている。

62 「鎖国」を破ったペリー来航

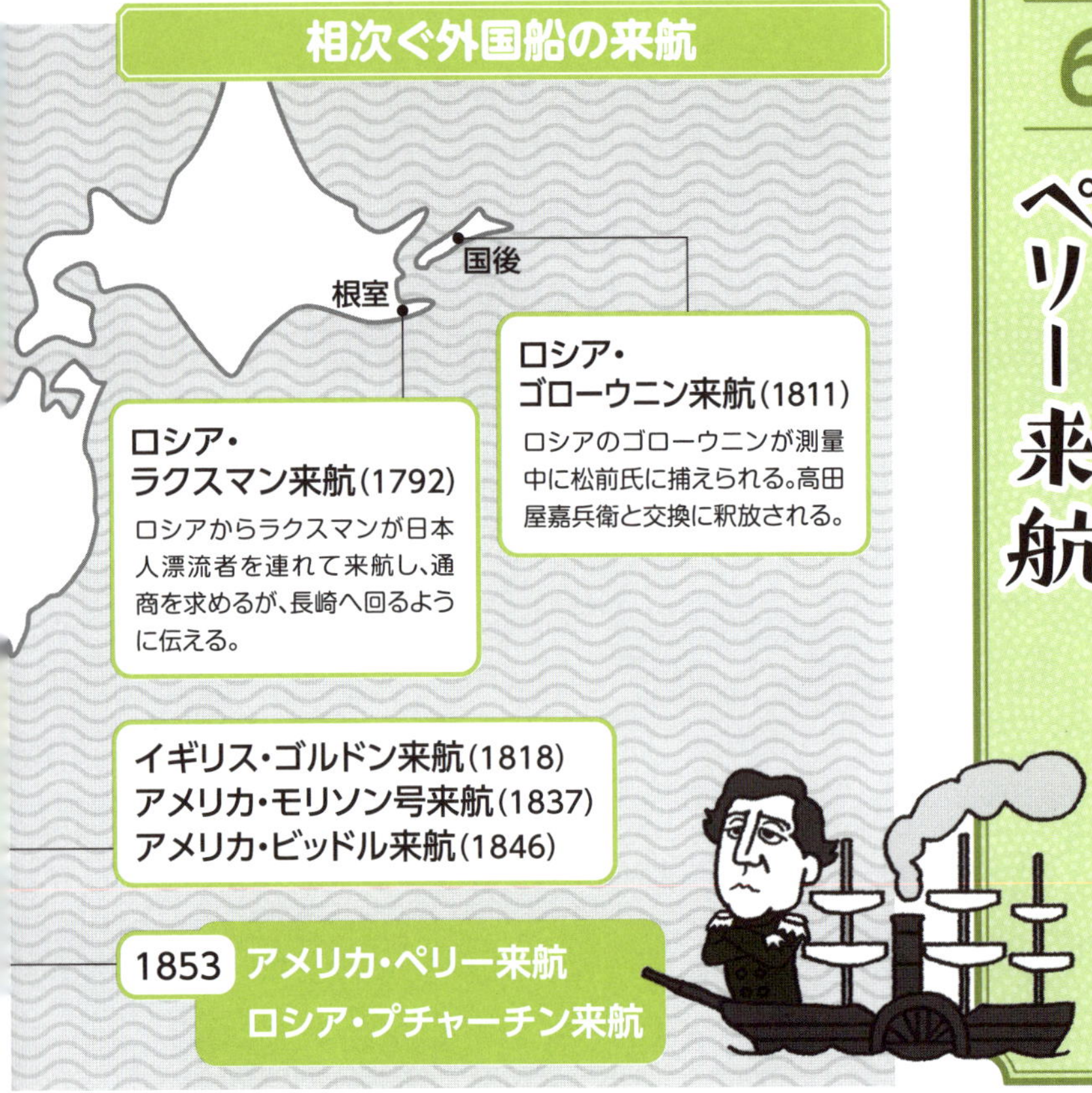

相次ぐ外国船の来航
国後
根室
ロシア・
ゴローウニン来航(1811)
ロシアのゴローウニンが測量中に松前氏に捕えられる。高田屋嘉兵衛と交換に釈放される。
ロシア・
ラクスマン来航(1792)
ロシアからラクスマンが日本人漂流者を連れて来航し、通商を求めるが、長崎へ回るように伝える。
イギリス・ゴルドン来航(1818)
アメリカ・モリソン号来航(1837)
アメリカ・ビッドル来航(1846)
1853 アメリカ・ペリー来航
ロシア・プチャーチン来航

嘉永六年（一八五三）六月、アメリカ東インド艦隊司令長官ペリーが浦賀沖に現われ、日本の開国を求めました。七年前、前任者の司令長官ビッドルが浦賀に回航し通商を求めたのですが、拒絶されたためです。

ところが、幕府はまたもや態度をはっきり示さず、国書を受け取りながら、翌年に回答すると言って帰国させたのでした。すると今度はロシアのプチャーチンが長崎に来て、開国と国境画定を要求してきました。

ここに至り、老中阿部《あべ》正弘《まさひろ》は鎖国方針を変更。挙国一致体制を確立し、人材登用、お台場建設、大船建造禁止の解除等、矢継ぎ早の改革を進めたのですが、時すでに遅し。翌年、再びペリーが来航した時、言うがままに開国せざるを得なかったのです。

石炭と食料の供給、下田・箱館の開港、領事駐在を認める事等、不平等な『日米和親条約』締結を強制されたのでした。

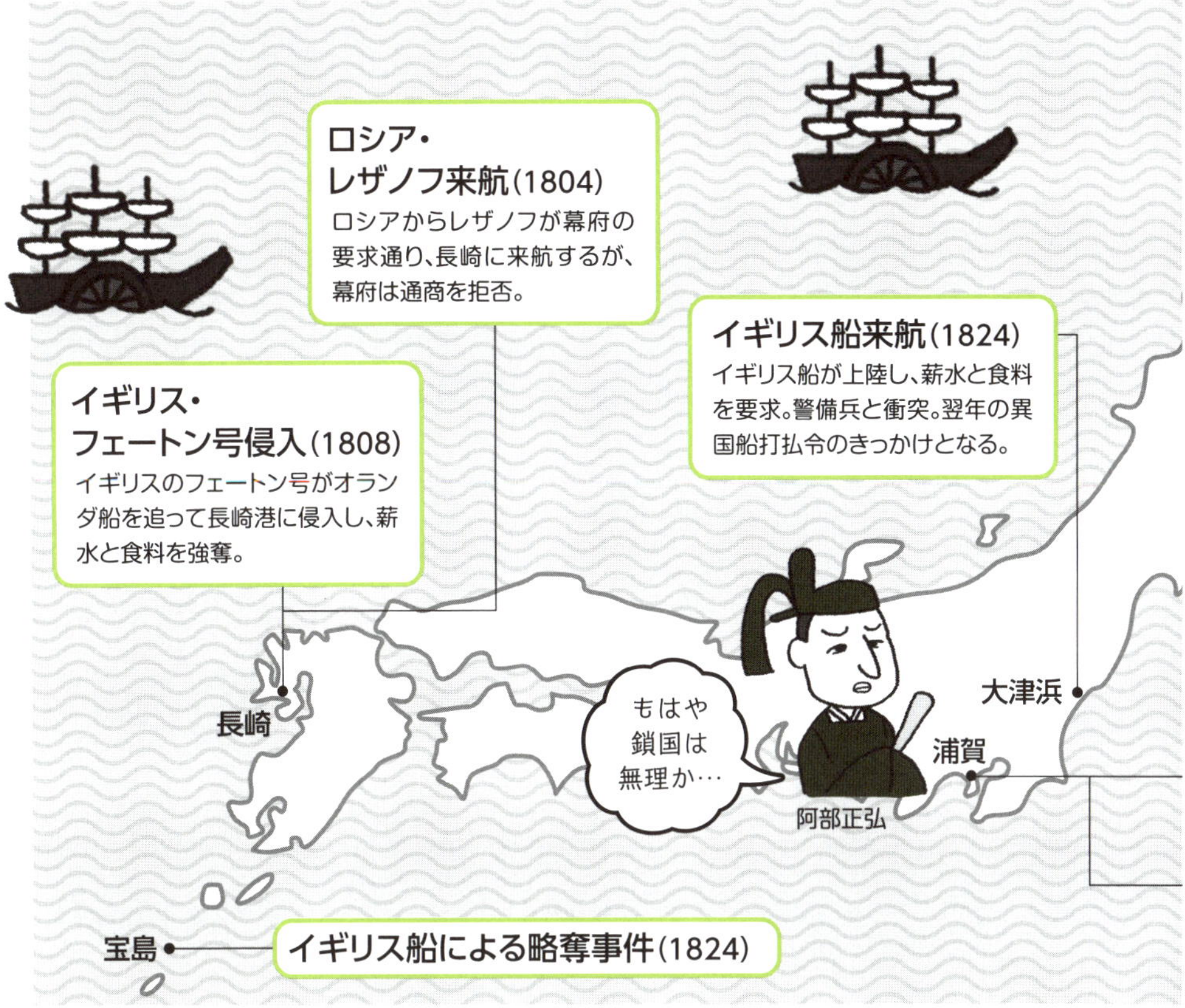

Column

オランダ国王、切々たる開国の勧め

清国がアヘン戦争に敗れ、イギリスばかりか、欧米諸国に完全に蹂躙された時、オランダ国王ウィリアム2世は日本に特使を派遣。長年の友好関係に基づいて、切々たる開国勧告の書状を日本国皇帝（将軍）に送った。国王は清国がアヘン戦争に惨敗したことを詳しく述べ、日本も同じ目に遭う危険性があると警告したのである。「蒸気船ができてから世界各国は互いに近くなった」と。しかし、時の老中阿部正弘は「伝統あるわが国の法を変えることはない」と答えたのであった。

外野席

ジョン万次郎のカタカナ英語　漂流民となった万次郎はペリー来航後、多少は英語に通じていたが、やはり、耳学問だった。犬→トウギョ、猫→キャー、髪→ハヤ、腰→ヘップ、足→レイキ、手→ハァンタ、可愛い→プロテイ。奇妙な英語かもしれないが、耳学問で覚えた実践英語であった。

63 安政大獄と桜田門外の変

大老・井伊直弼の誕生から暗殺まで

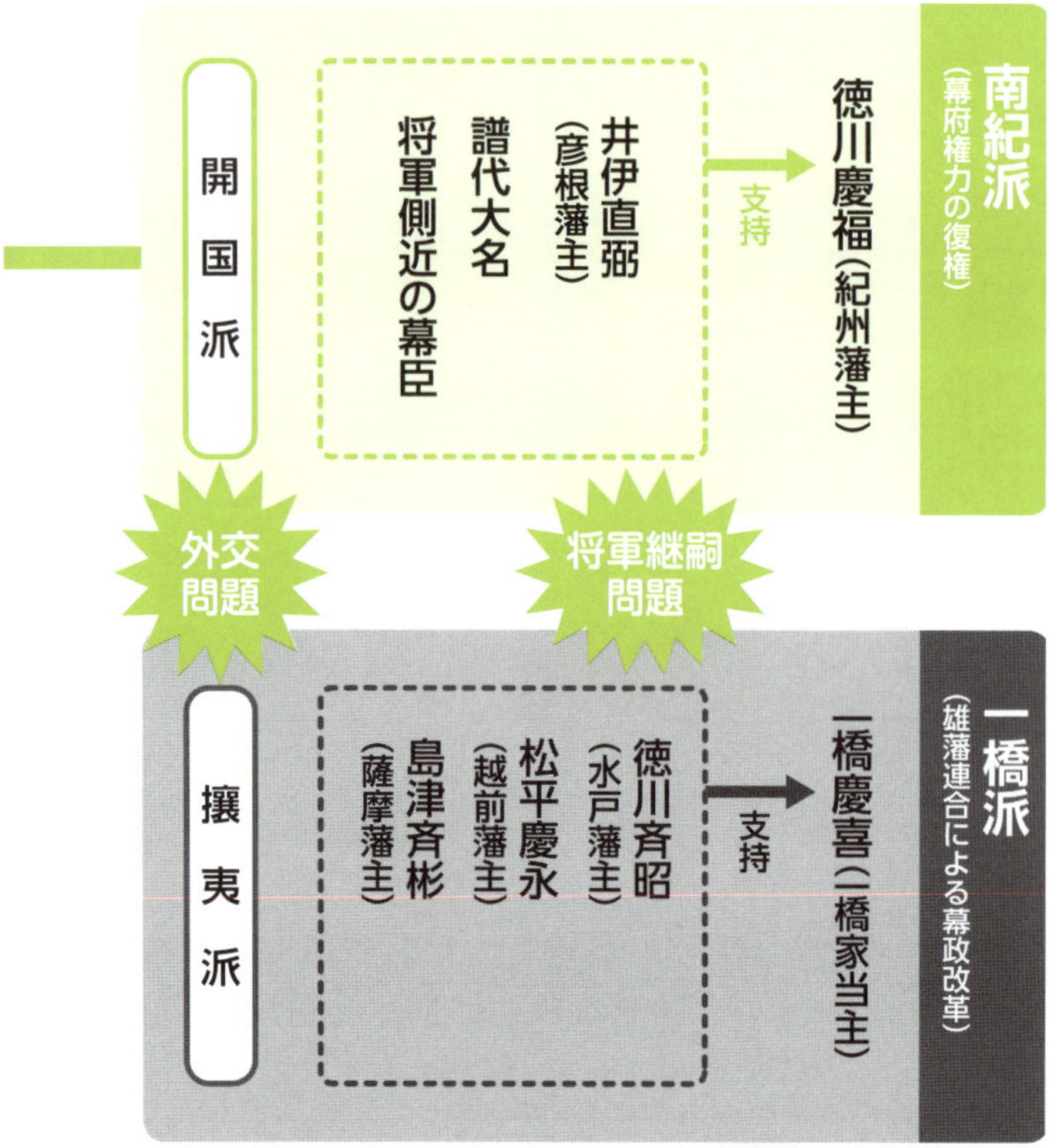
南紀派
（幕府権力の復権）
徳川慶福（紀州藩主）
支持
井伊直弼（彦根藩主）
譜代大名
将軍側近の幕臣
開国派
外交問題
将軍継嗣問題
一橋派
（雄藩連合による幕政改革）
一橋慶喜（一橋家当主）
支持
徳川斉昭（水戸藩主）
松平慶永（越前藩主）
島津斉彬（薩摩藩主）
攘夷派

安政五年（一八五八）四月二十三日。『日米修好通商条約』調印の勅許を得るため、京都を訪れていた老中堀田正睦が目的を果たせず、意気消沈して帰着して三日後、彦根藩主井伊《いい》直弼《なおすけ》が大老職に就任します。

井伊大老は早速、日米修好通商条約を朝廷の勅許なしに独断で調印するや、反対する攘夷派の公家や大名、志士に至るまで次々に逮捕・投獄（安政大獄）します。期待通り、剛腕を発揮して次々に難問を突破し、幕政の安定化を図るつもりでした。

しかし、万延元年（一八六〇）三月三日、季節外れに降り始めた春の雪の下、井伊大老は桜田門外にて水戸脱藩浪士らの襲撃に出遭って落命。幕府の独裁体制は井伊大老の死と共に終焉し、否応なしに国際ルールに従わざるを得なくなります。

開国と近代化は幕府と反幕府を問わず、等しく問われる課題となります。

井伊直弼　大老に就任 → **徳川慶福が14代将軍に（徳川家茂）** → **日米修好通商条約締結（1858年）** → **安政の大獄（1858〜59年）** → **桜田門外の変（1860年）**

大老に就任した井伊直弼は強権を発動して家茂を将軍に

一橋派や開国反対派に対する弾圧を実施

井伊直弼

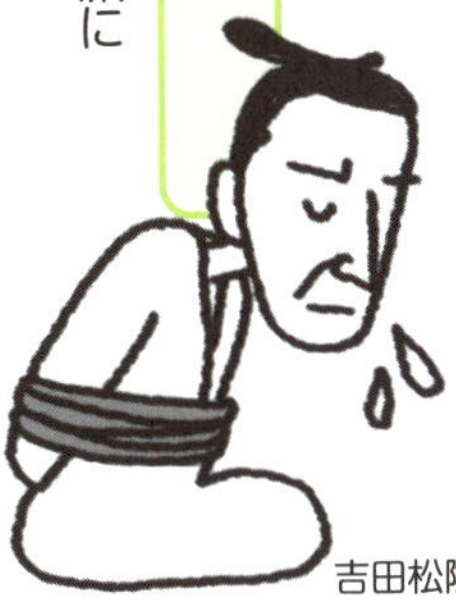

吉田松陰

Column

吉田松陰の賞揚たる死に出での道

吉田松陰は安政大獄に連座した志士の中でも最も異彩を放つ人物だ。将軍継嗣問題にはまったく関係していないし、ほとんど安政期を通じて長州で幽囚暮らしを送っている。なぜ、大獄に連座し、死罪に処せられたのか？　江戸に送られて取り調べられたことは梅田雲浜との関係。無関係であることを立証すれば終わったのだが、老中間部詮勝暗殺を企てたとか、いらぬことを告白した。詮議の末、無罪放免になる寸前、直弼は朱書きで「公儀を憚らず不敬の至りである。死罪」と添えた。

外野席

幕末の新興宗教ラッシュ　幕末から明治にかけて神道系の新興宗教の旗揚げが続いた。黒住宗忠の黒住教、中山みきの天理教、井上正鉄の禊教、川手文次郎の金光教、下山応助の御岳教などである。仏教排斥、神道復古ブームにあやかって雨後の筍のように開教したのであるが、政情不安が背後にあった。

64 咸臨丸、荒海に乗り出す

太平洋を往復した咸臨丸

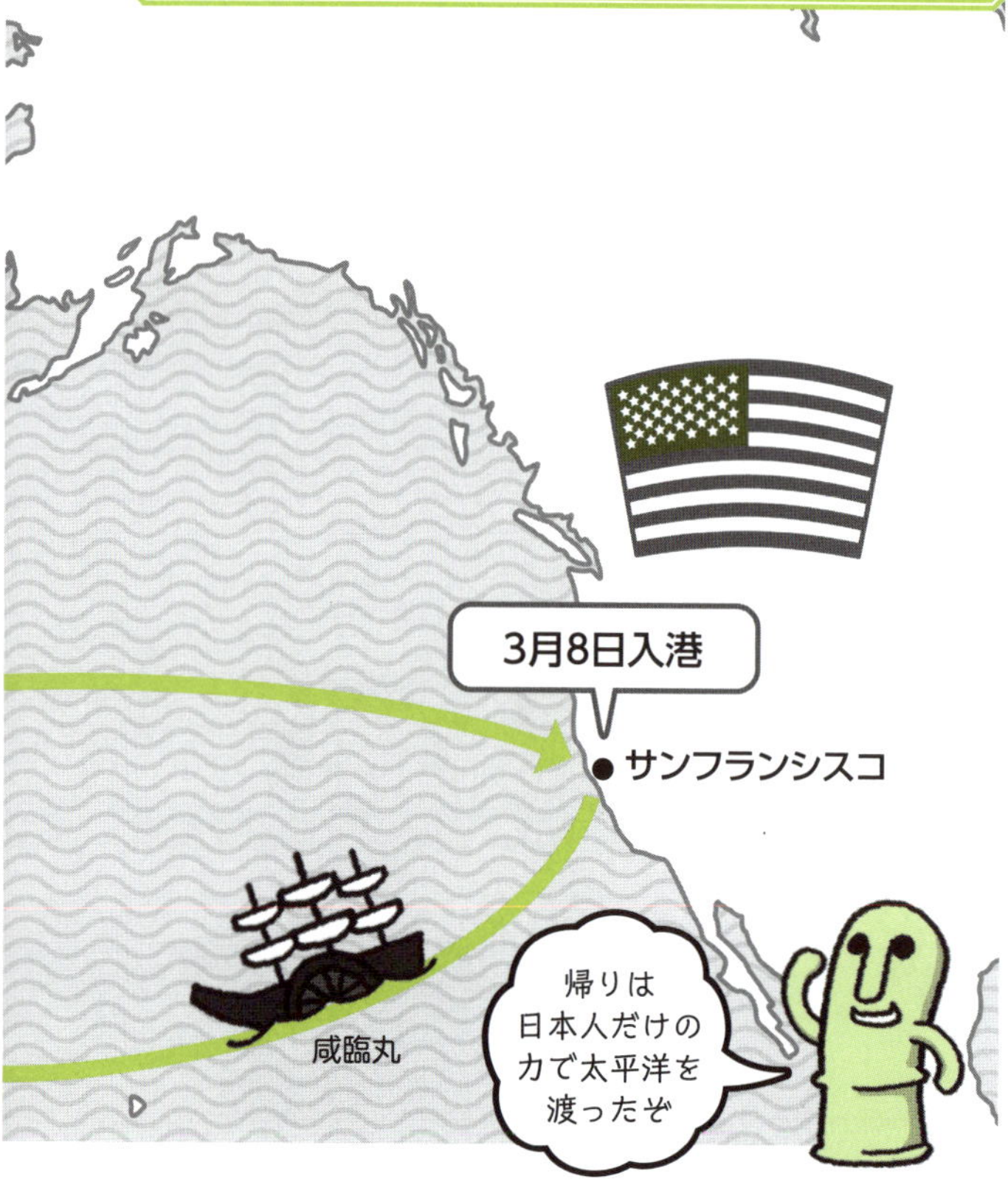
3月8日入港
サンフランシスコ
咸臨丸
帰りは
日本人だけの
力で太平洋を
渡ったぞ

万延元年（一八六〇）三月一七日、軍艦奉行木村喜毅を提督とし、軍艦操練所教授勝海《かつかい》舟《しゅう》を艦長とする軍艦咸臨丸《かんりんまる》が、日本初の太平洋横断航海を実現しました。表面上の言葉はともかく、実質的に幕府も開国維新に向かって動き出します。

しかも、これは幕府であろうが、薩長であろうが、どちらでも良い、日本人本来の力を表わす壮挙でした。何故なら、この船には日本の未来を拓く通訳のジョン万次郎や福沢諭吉らも乗り込んでおり、新しい文明をわが国に運搬する〝箱舟〟となったからです。

ちょん髷《まげ》姿の使節団は進取の気性に富む人たちでした。条約批准を済ませた後、息つく間もなく学校や工場、博物館、さまざまな施設見学、芝居見学、パーティに走り回りました。そこで見聞したこと、体験したことが、後になって新しい国造りに役立ったことは言うまでもありません。

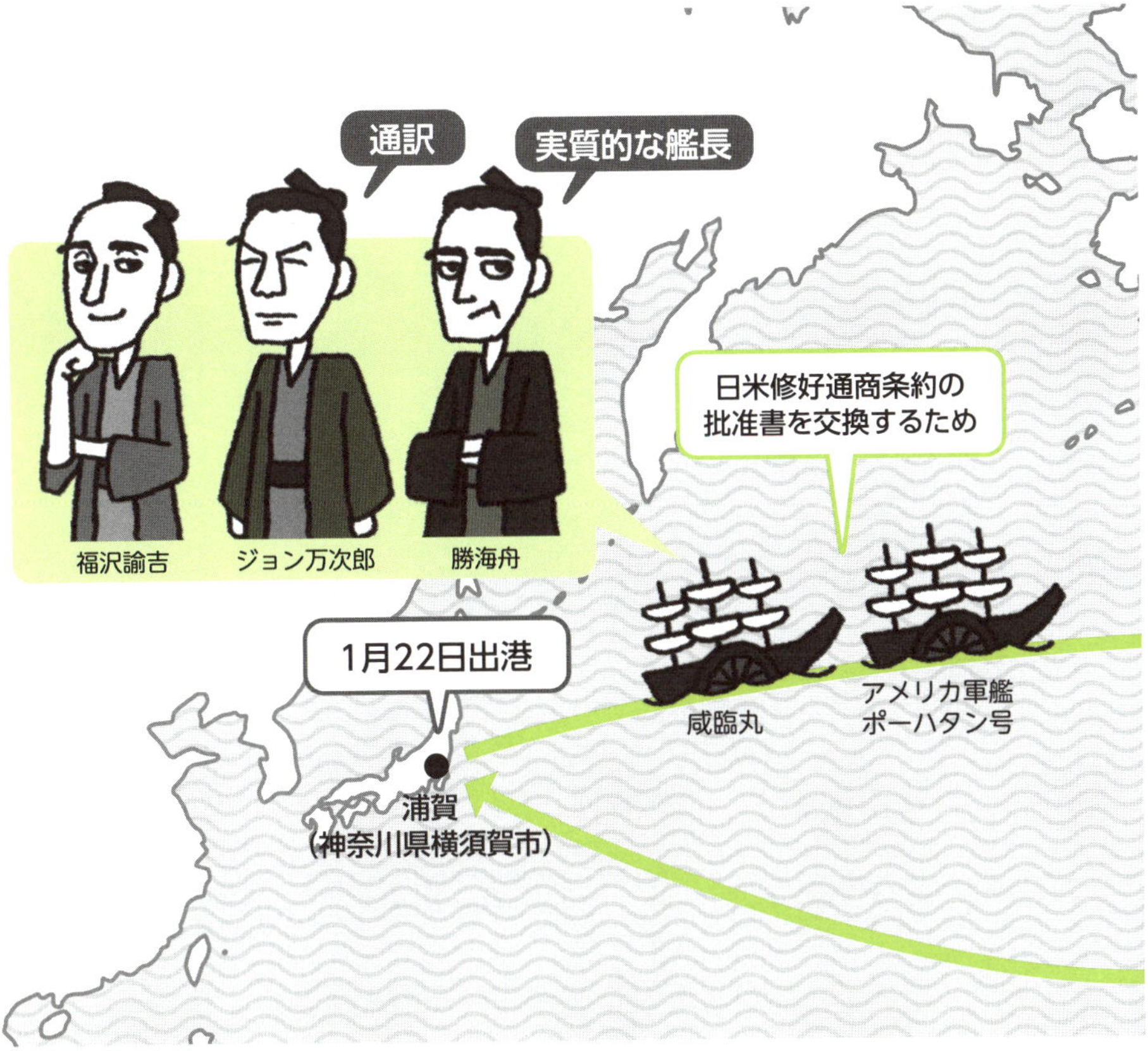

Column

米国レディの喝采を浴びた木村提督の粋

アメリカ市民が咸臨丸を一目見ようと集まった時、木村提督は日本の慣例に従って丁重に女性の乗艦を断った。するとアメリカレディは面目を失ったと男装して集結し、集団で乗艦した。これを見た木村提督、男装の麗人たちが見学を済ませて船を降りる時、それぞれに紙包みのプレゼントを手渡した。後で紙包みを開いたところ、日本みやげのかんざしが入っていた。木村提督の粋な計らいを知ったアメリカ市民は、やんやの喝さい。サムライニッポン万歳、思わず頬がゆるむ出来事である。

外野席

サムライの海外渡航記　咸臨丸に乗ったサムライのメモに曰く、「礼を冠（帽子のこと）を脱するを相礼とす。手を取りて三度上下する（握手）を昵懇とす。女は口を吸う（キス）を昵懇第一とす」と。なるほど、なるほど、なかなか飲み込みが速い。この素直さが近代化の第一歩だったのか。

65

生麦事件の波紋

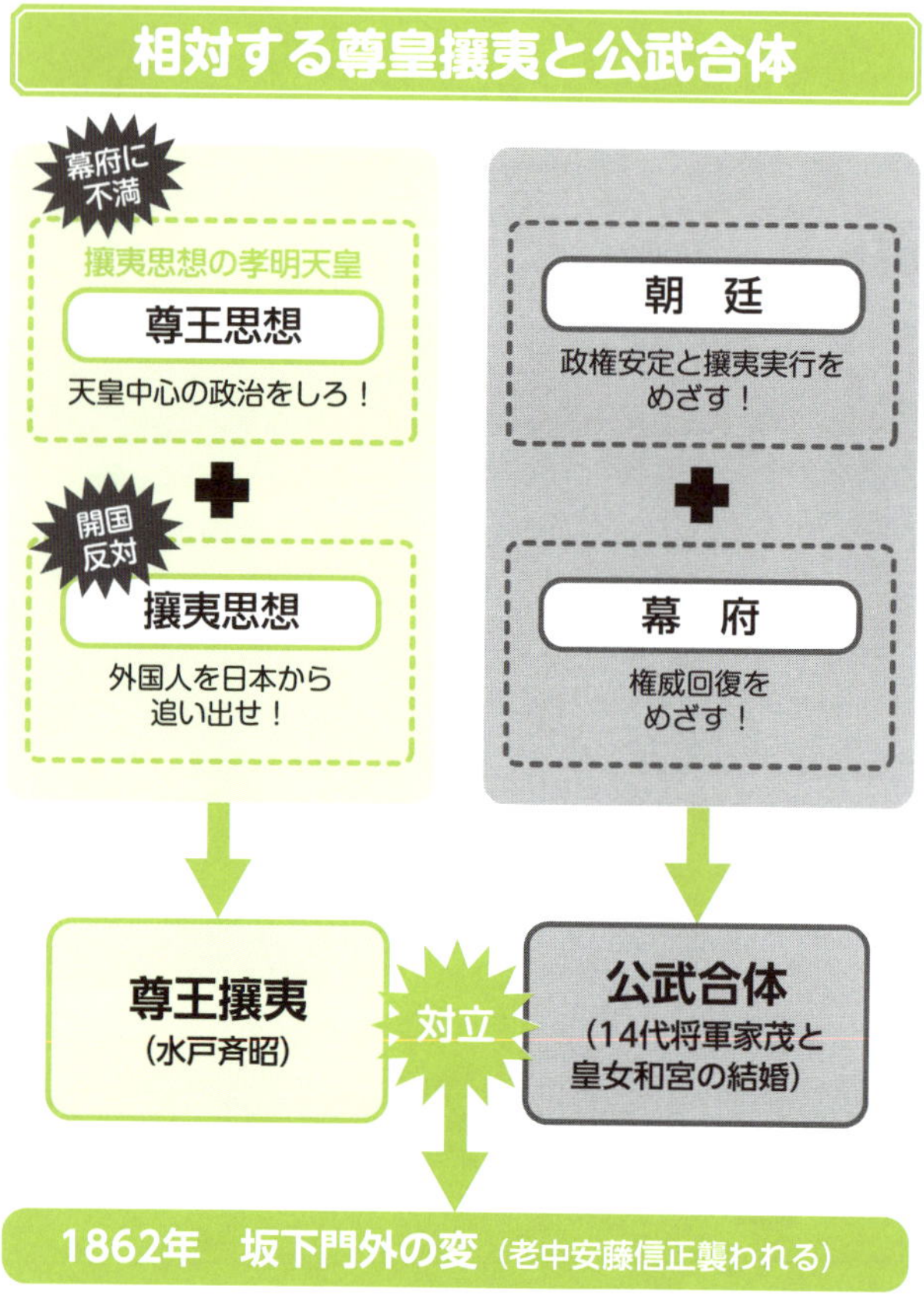

相対する尊皇攘夷と公武合体
幕府に不満
攘夷思想の孝明天皇
尊王思想
天皇中心の政治をしろ！
開国反対
攘夷思想
外国人を日本から追い出せ！
朝　廷
政権安定と攘夷実行をめざす！
幕　府
権威回復をめざす！
尊王攘夷
（水戸斉昭）
対立
公武合体
（14代将軍家茂と皇女和宮の結婚）
1862年　坂下門外の変（老中安藤信正襲われる）

井伊直弼亡き後、幕府は思い切った路線変更を図り、朝廷と幕府が協力して難局を乗り切る公武合体運動を始めます。早速、実現されたのが、十四代将軍家茂《いえもち》が孝明天皇の妹和宮を正室に迎えることでした。

最も有力な推進論者が薩摩藩の隠居島津久光です。久光は政治総裁職松平慶永、将軍後見役徳川慶喜《よしのぶ》を両輪とする徳川新体制を実現し、西洋式軍制の採用、参勤交代の緩和などに着手。これで尊王攘夷《そんのうじょうい》運動を抑え込む手はずでした。が、歴史とは皮肉なもの。

その直後に生麦事件に遭遇します。行列の途中、横浜・生麦村で馬に乗ったイギリス人数名に遭遇。下馬もせず、脇に避けることもしなかったという理由で久光は無礼討ちにします。怒るイギリスと武力対決（薩英戦争）しても意地を張り通しますが、欧米の力を肌で実感して「倒幕・開国」論者に変身します。

現状では攘夷は無理と実感したのです。

生麦事件をきっかけに英国と戦う薩摩

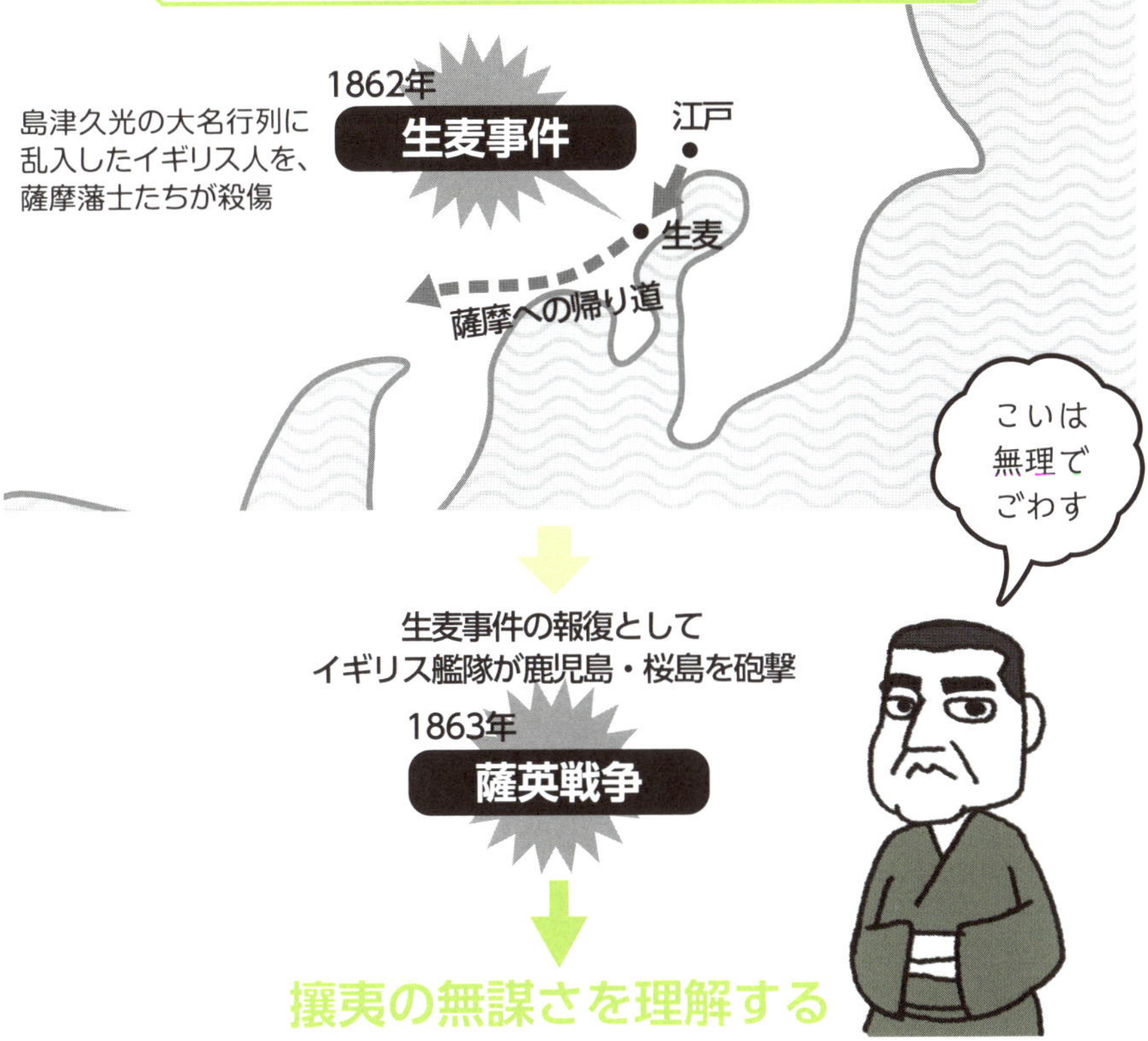
1862年
生麦事件
島津久光の大名行列に
乱入したイギリス人を、
薩摩藩士たちが殺傷
江戸
生麦
薩摩への帰り道
こいは
無理で
ごわす
生麦事件の報復として
イギリス艦隊が鹿児島・桜島を砲撃
1863年
薩英戦争
攘夷の無謀さを理解する

Column

ベイシテイ横浜

日米修好通商条約で決めた神奈川港に代わって、やや南に位置する一寒村、横浜村が近代技術の粋を集めた港町になる。大急ぎで波止場が建設され、外国人居留地が建設されるや、居留地の安全確保と関税障壁を確保するために掘割で囲み、要所に関所が作られた。関所の内側は関内、旧横浜村は元町と呼ばれることになった。目立つのはイギリスの商館や造船所で、沖合に停泊する商船や軍艦も見慣れない風景だった。日本人は大いに異国文化に驚いた。

外野席

皇女和宮の心境を詠う　「遠ざかる都としればたびごろも一夜のやども立うかりけり」「住み馴れし都路出でて今日いく日いそぐもつらき東路のたび」結婚を前にした女性の晴れがましい気持ちではなく、憂いに満ちた東国に下る、複雑な旅の心が読み取れる。

66 薩長両藩の攘夷戦

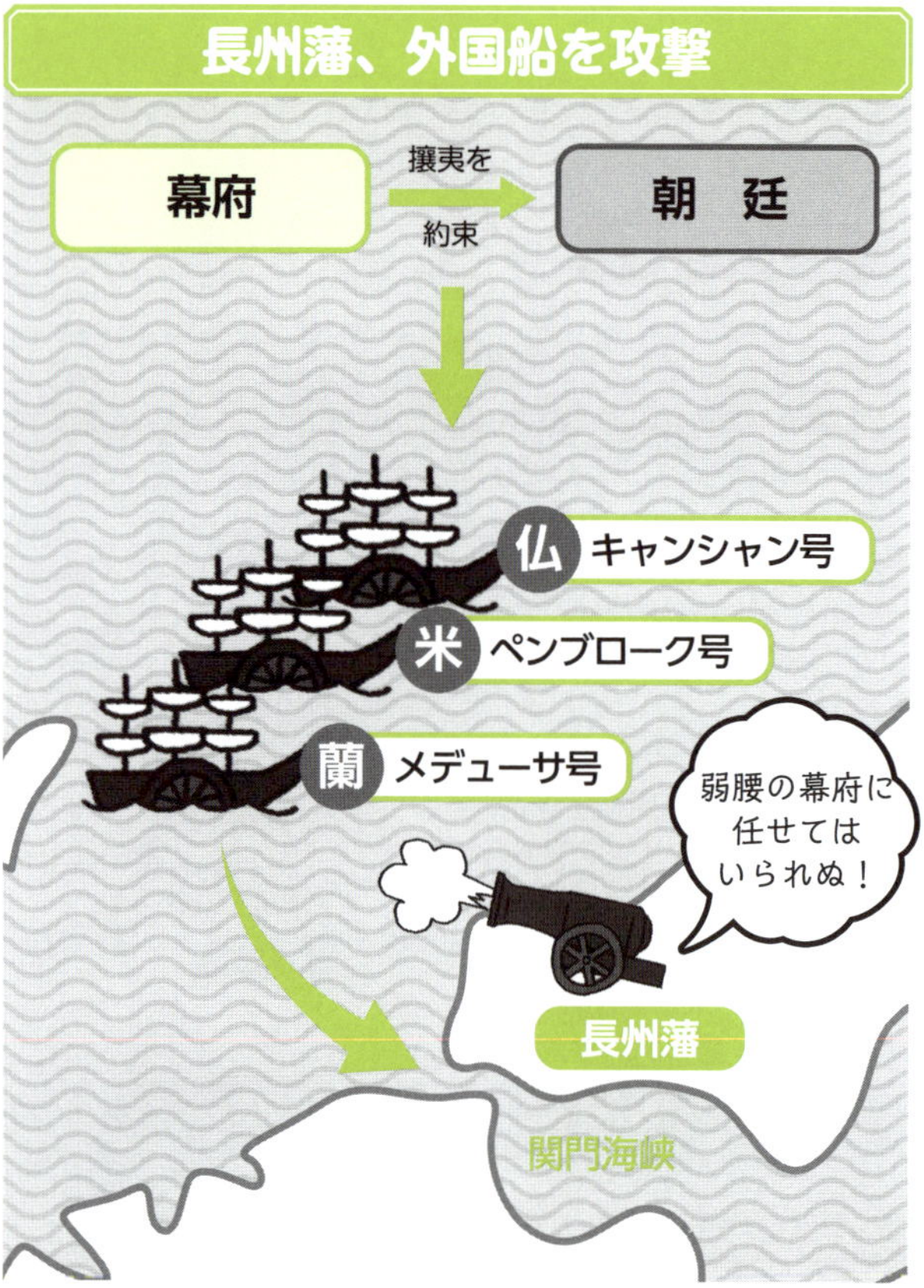

文久三年（一八六三）五月十日、その日は長州藩の尊王攘夷派には待ちに待った日でした。

三月、将軍としては二百三十年ぶりに上洛した十四代将軍家茂が、孝明天皇に「五月十日を攘夷期限とする」と約束していたからです。もちろん、幕府は本気で攘夷戦を決行する気はありませんが、長州は本気でした。

その日、関門海峡を通行中のアメリカ商船ベムブローグを砲撃。続いて二十三日にはフランス軍艦キンシャン号を砲撃。さらに二十六日にはオランダ軍艦メジュサ号までも砲撃しました。長州は「外国船与し易し」と大いに意気が上がりました

しかし、日を置かず、アメリカ、フランス両国の軍艦が下関港にそれぞれ侵入。砲台を狙い撃ちして壇ノ浦を占領。長州の汽船を戦利品として捕獲。一カ月後には薩摩もイギリスの集中砲火を浴びました。彼我の圧倒的な力の差を思い知らされたのでした。

長州藩に報復「四国艦隊下関砲撃事件」（1864年8月）

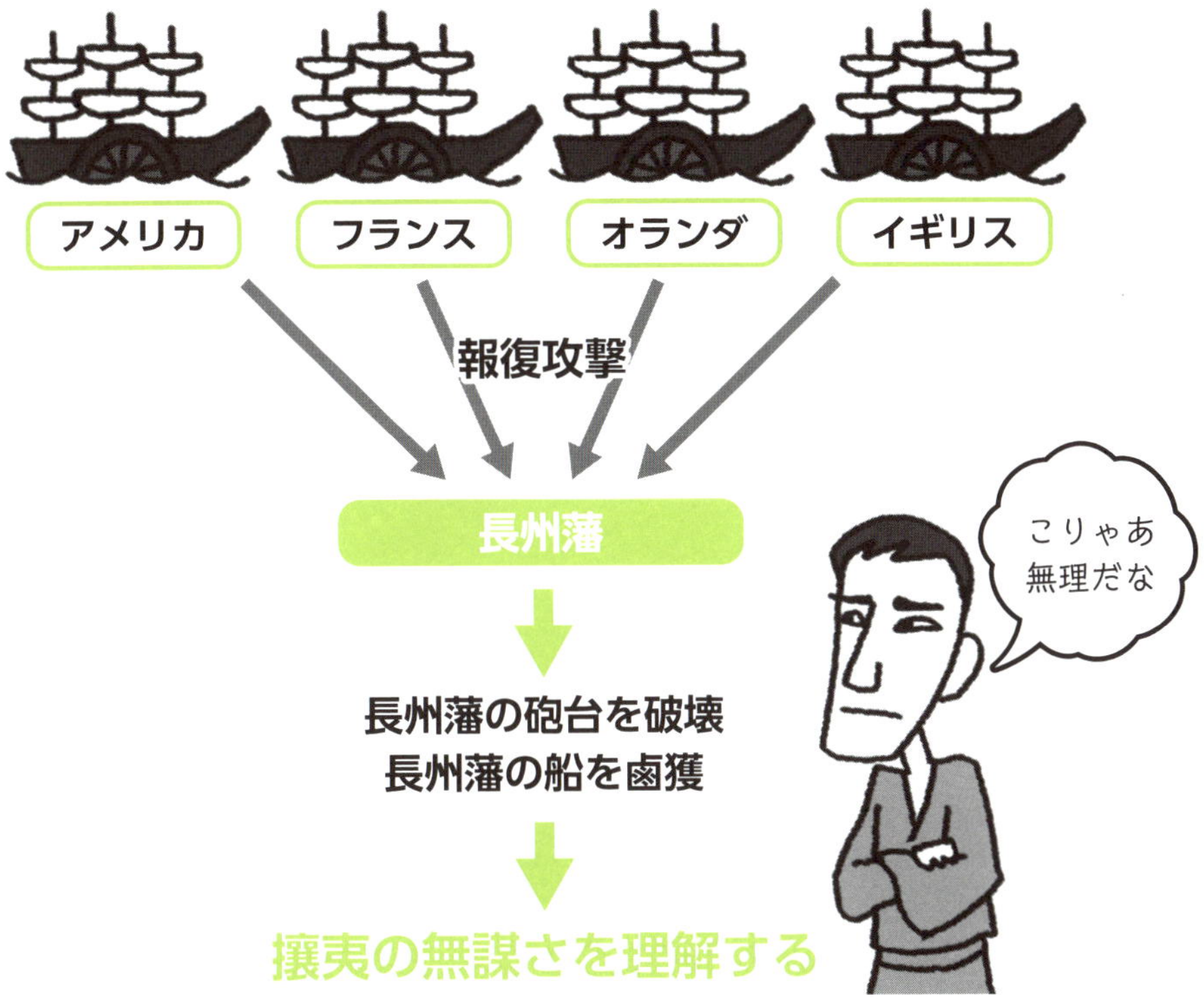

Column

アーネスト・サトウの回顧録

薩英戦争後、イギリスと薩摩が急接近したように、下関戦争後、長州とイギリスが急接近した。実際に戦闘準備を整えた艦隊と交戦し、刀や槍の小攘夷戦がいかに無謀な行為であるか、わかったからである。尊王攘夷と決別し、討幕開国に固まっていく。それに対し、イギリス人外交官アーネスト・サトウは「長州人を破って以来、われわれは彼らが好きになり、また尊敬する念も起こってきた」と語った。これ以来、イギリスは薩長同盟を公然と支持するようになる。

外野席

生麦事件の被害者イギリス人の動き　生麦事件は不幸な出来事であったが、被害に遭ったイギリス人の側は日本の事情にまったく通じていなかった。友人らは「大名行列などに出会うと面倒だから散歩は中止したら」と言われたが、「アジア人の扱い方なら心得ている」と強引に出かけたため、この奇遇に直面したのであった。

67

八・一八政変　尊攘派公家の都落ち

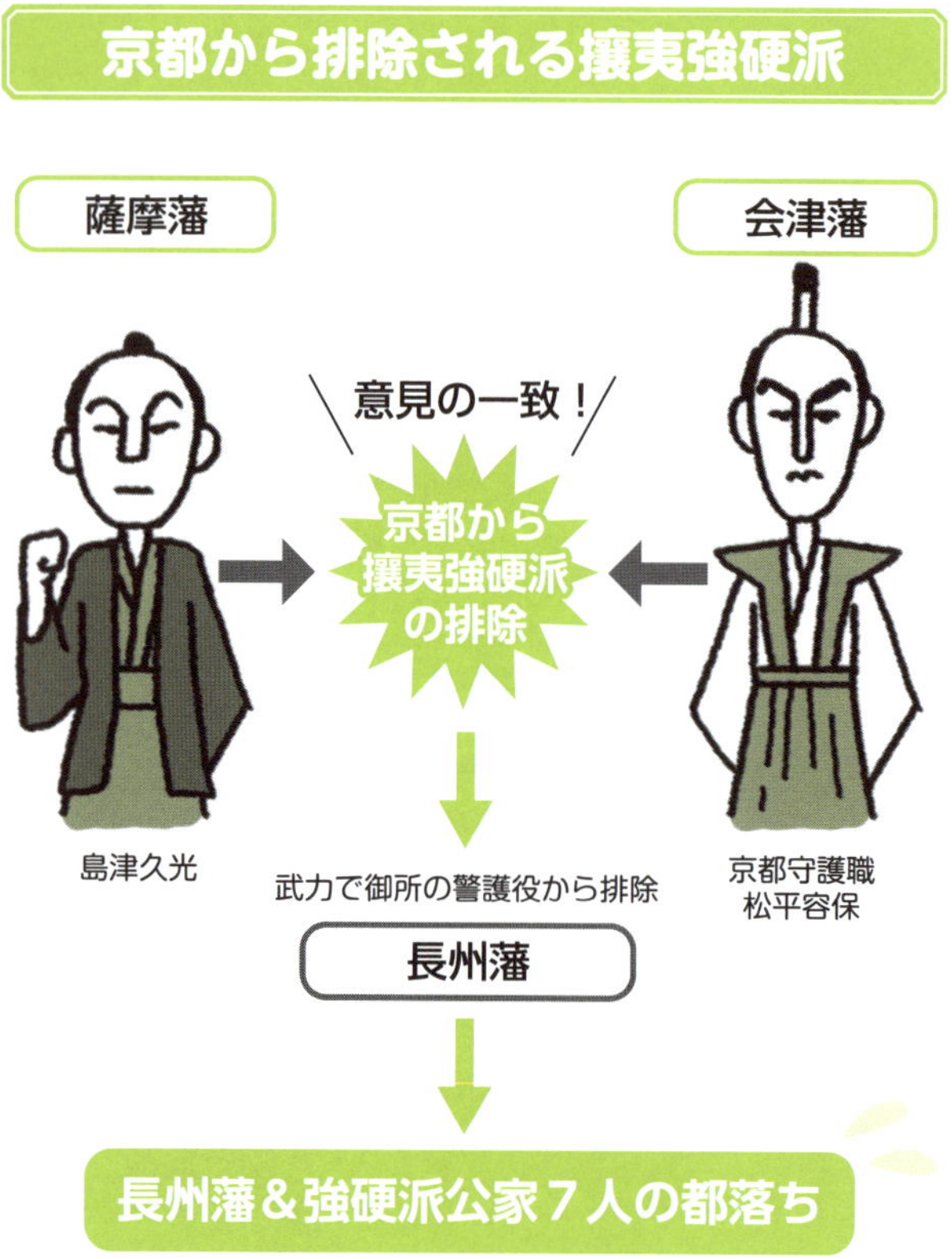
京都から排除される攘夷強硬派
薩摩藩
会津藩
意見の一致！
京都から攘夷強硬派の排除
島津久光
京都守護職
松平容保
武力で御所の警護役から排除
長州藩
長州藩＆強硬派公家７人の都落ち

二転三転して事態は急変します。

長州藩の攘夷論者は「大和行幸による大挙（攘夷親政）」を提唱しますが、人も知る攘夷論者孝明天皇は拒否。文久三年（一八六三）八月一八日深夜、長州を排除する「八月十八日の政変」を断行します。

背後には、京都守護職に就任早々の会津藩主松平容保《かたもり》の「長州排除」策と島津久光の「強硬派粛清」策が奇妙な一致点を見出し、共謀して長州排除に乗り出すという動きになったようです。誰も予測できないことでした。

武装した会津と薩摩、淀各藩の藩兵が御所のすべての門を閉鎖。尊王攘夷の公家の参内禁止、長州藩の堺町御門警備解任、薩摩との交代が突然強行されたのです。長州藩は御所に入れなくなり、三条実美ら七人の公家は追放。長州に向かいます。都落ちです。

この日から急に「松平人気」が高まり、新撰組が大手を振って闊歩するようになります。

テロ化する尊王攘夷派と新撰組

会津藩 薩摩藩
八月十八日の政変
長州藩
長州藩、京都より追放
テロリスト化する尊王攘夷派
新撰組誕生
会津藩主・松平容保の下、
京都の治安維持を司る

Column

会津藩の名誉回復

しばらくの間、会津藩は「明治維新の敵」であり、「朝敵」とされてきたが、名誉回復をしておきたい。「八・一八政変」直後、孝明天皇は松平容保に対し、1通の書と和歌を授けている。それは「堂上以下、疎暴の論不正の処置増長に付き、痛心に堪え難く内命を下せしところ、すみやかに領掌し憂患掃攘、朕の存念貫徹の段、まったくその方の忠誠にて、深く感悦のあまり、右一箱これを遣わすもの也」というものであった。会津藩の勤王の精神、忠義の誉と言わなければならない。

外野席

いわゆる「七卿落」　「八・一八政変」後の19日午前10時頃、折しも降りしきる前夜来の雨の中、七卿は長州藩兵に守られて南下する。三条実美、三条西季知、沢宣嘉、東久世通禧、四条隆謌、錦小路頼徳、壬生基修である。ここに尊攘派は京都から一掃された。しかし、長州藩兵には意気軒高たるものがあった……。

68 新撰組の池田屋襲撃

八月十八日の政変後の長州
長州を引っ張る２人
2人共に
吉田松陰の
弟子
高杉晋作
四国艦隊との
和平交渉役
&
奇兵隊の創設
桂小五郎
京都に潜伏し
長州藩の
名誉回復に奔走

蛤御門《はまぐりごもん》の変《へん》後、会津藩が京都守護職に就くと新撰組が市中見廻りという役回りを得て治安警備の第一線に立つようになります。

元治元年（一八六四）六月五日、祇園祭を控えた日、新撰組は尊王攘夷の志士たちが池田屋に集結するという情報をキャッチしました。長州の桂小五郎《かつらこごろう》、吉田稔麿《としまろ》、肥後出身の宮部鼎蔵《ていぞう》など約二十人です。

新撰組は京都守護職と所司代に通報。午後八時に踏み込む作戦でしたが、両職の出動が遅れたため、単独で決行。約二十人の隊員で斬り込み、長州藩士吉田稔麿ら九人を殺害。さらに二十三名を捕縛し、再起を図る尊王攘夷派の出鼻をくじくのに成功しました。

新撰組は勢いづき、一挙に隊士百三十〜四十人に増員。しかも統制は厳しく、規律違反や背信行為があれば、即切腹でした。この恐怖政治が尊王攘夷の志士たちに向けられ、殺人剣が猛威を振るうようになるのです。

密談中の尊王攘夷派を強襲!!

幕府の支配下にある対テロ武装軍団
新　撰　組
近藤勇・土方歳三・沖田総司・永倉新八ら
1864年6月5日
単独で強襲
池田屋
………
………
長州藩士
薩摩藩士など
テロ計画密談
尊王攘夷強硬派

Column

蛤御門の変

「八・一八政変」で長州藩を中心とする尊攘派はそれぞれ藩地に帰国したが、失地回復を図り、再び京都へ進出しようと図る。急先鋒は古い攘夷論者の来嶋又兵衛、久坂玄瑞であった。富国強兵を図り、対外交易もやろうという大割拠論を唱える新しい攘夷論者の桂小五郎は反対、高杉晋作は慎重論であった。その中で池田屋の変が勃発したため、進発論者はいきり立った。長州藩は諸隊を率いて上京。蛤御門付近で会津、桑名、薩摩の藩兵と激突するが、敵せず、撃退される。

外野席

新撰組の人斬り名人　かつて尊王攘夷派は「天誅」と称し、公武合体派を威嚇したが、近藤勇の愛刀虎徹を始め、組員の日本刀が威力を発揮する。新撰組には剣の名手が多く、人を斬ることを得意とした。殊に沖田総司、永倉新八の剣は恐ろしく、幕末を一層、血生臭いものにした。

69 意外な結末 長州征伐前後

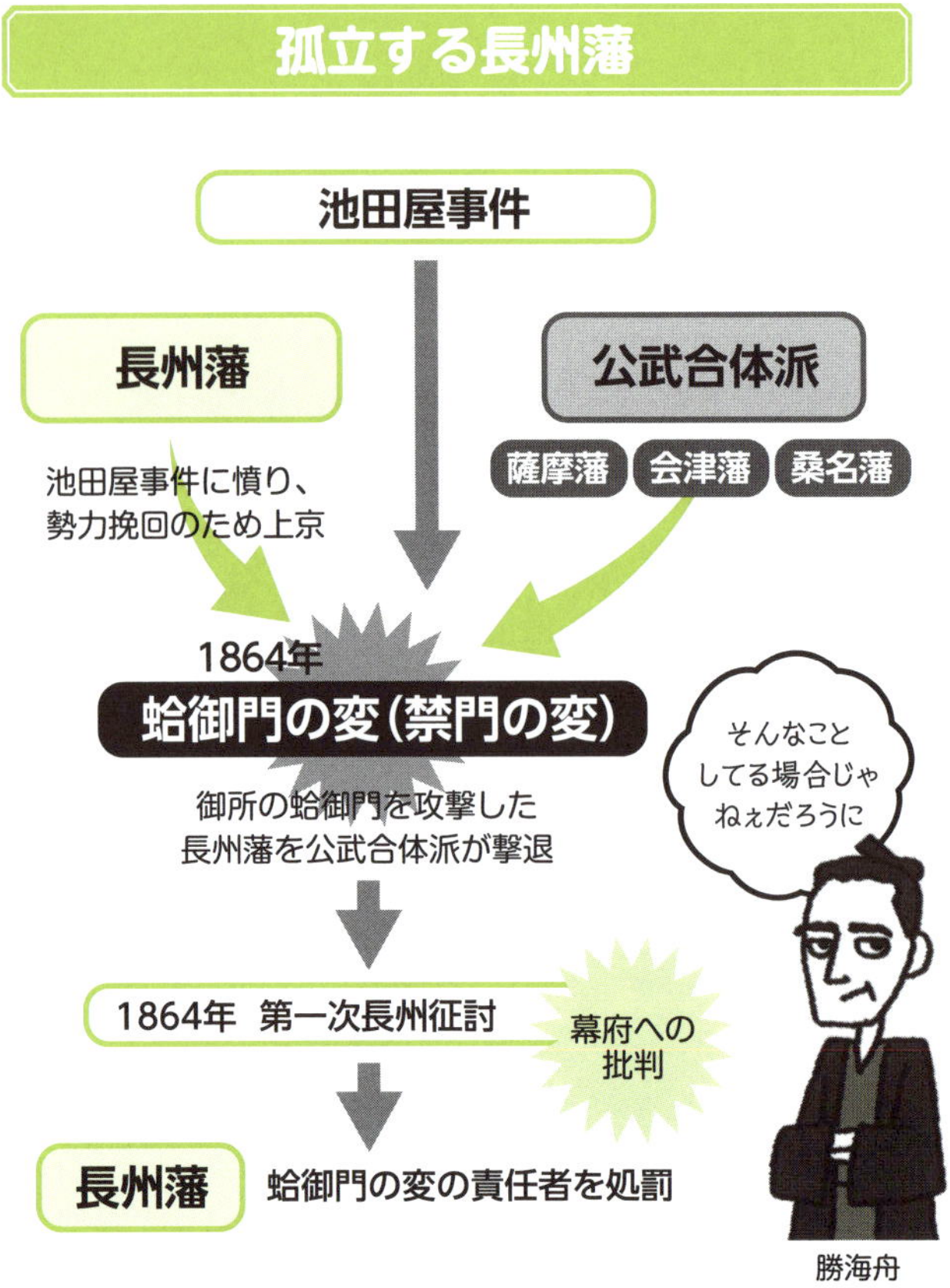
孤立する長州藩
池田屋事件
長州藩
池田屋事件に憤り、勢力挽回のため上京
公武合体派
薩摩藩
会津藩
桑名藩
1864年
蛤御門の変（禁門の変）
御所の蛤御門を攻撃した長州藩を公武合体派が撃退
1864年 第一次長州征討
幕府への批判
長州藩
蛤御門の変の責任者を処罰
そんなことしてる場合じゃねぇだろうに
勝海舟

元治元年（一八六四）八月、朝廷は「蛤御門の変」の責任を追及するため、長州藩追討を決定します。幕府も西国諸藩に対し、出兵準備を要請するのですが、意外や意外、幕府内外から幕政批判の声が挙がります。

広島や因幡などが「外国の攻撃に対して戦っている長州を攻撃するのは日本の恥。まず外国船を退去させよ」と異議を唱えます。幕府海軍奉行・勝海舟《かつかいしゅう》までも「いまは国内で争う時ではない」と言い出す始末。

この間、長州では保守派が蛤御門の変の責任者を処罰。首を送って謝罪したので征討は中止になりましたが、藩内は治まらず、高杉晋作率いる奇兵隊など民間諸隊が次々に決起し、保守派が主導する藩の正規軍と激突。勝利を収めたのです（大田絵堂の戦い）。

その結果、藩論は「開国維新＝倒幕維新」に定まり、それまでの尊王攘夷運動を超越する現実的な路線が選択されたのです。

長州の奇兵隊

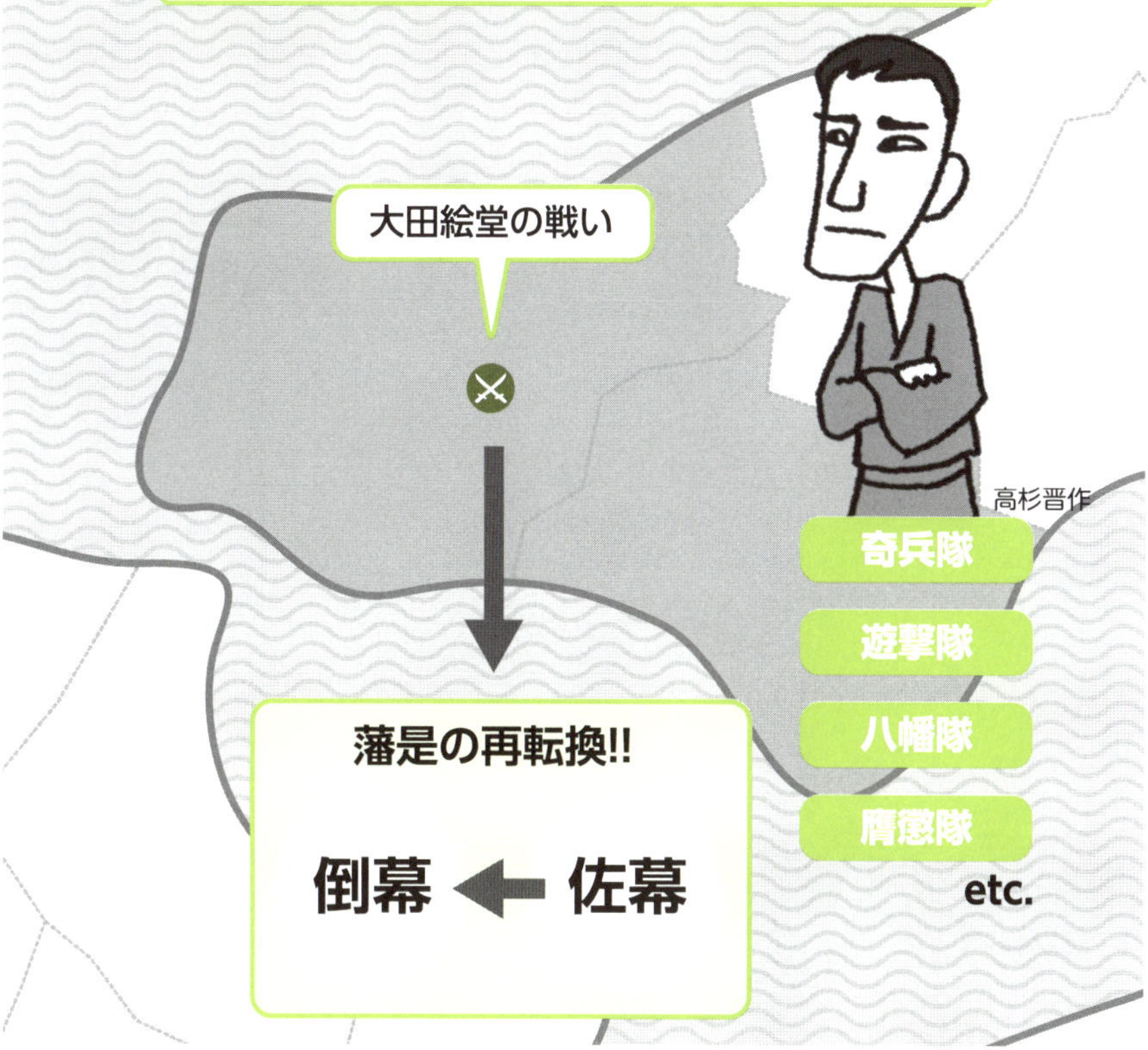

Column

奇想天外！常識破りの奇兵隊

アメリカ、フランスの報復を受けた長州では、平和に慣れた武士団の不甲斐なさがさらけ出されてしまった。高杉晋作が率いる奇兵隊は有志の集まりで、武士と庶民の身分差を問わない。ある面、近代的な義勇兵から成る国民軍であった。しかも、赤間関（いまの下関）駐屯の奇兵隊に続いて、三田尻の遊撃隊、山口の八幡隊など瀬戸内海方面を中心に次々に結成され、神官、僧侶、力士各隊までも立ち上がる。武士団に代わる国民軍が討幕維新の原動力になっていくのである。

外野席

奇兵隊のスローガン　民衆との結びつきを重視した民間諸隊は規律を重んじた。①諸事身勝手なことをせず、ていねいで威張りがましいことのないようにする。②農事のさまたげをせず、みだりに農家に立ち寄ってはならない。牛馬に会ったら道縁によけ、速やかに通すこと。一事が万事、こうであった。

70 奇跡の薩長同盟

坂本龍馬が薩摩と長州を結びつける

長州の内乱（大田絵堂の戦い）は、高杉晋作の奇兵隊など民間諸隊が勝利を収めます。その結果、尊王攘夷派が主導していた維新の戦いとはガラリと趣が変わります。

「赤間関《あかまぜき》を開港すべし。国も開港すべし」

「ただし、開国しても列強諸国に負けぬ様、富国強兵に励むべし」

薩摩の西郷隆盛も「断然と割拠の色をあらわし、国を富ますの策に出でず候ては相済み申さず」と言い始めます。薩摩と長州は期せずして同じ思想、同じ方針、すなわち、「大割拠論」に辿り着いたのです。ここにおいて、薩長同盟が成立します。

根深い対立と怨念の谷間を超えて、桂小五郎と西郷隆盛が握手。奇跡的な仲直りでしたが、仲介の労を執ったのは坂本龍馬だったと伝えられています。双方一致して薩長同盟が結ばれた時、幕府は第二次征長を叫ぶのですが、もはや、時すでに遅かったのです。

薩長同盟結成

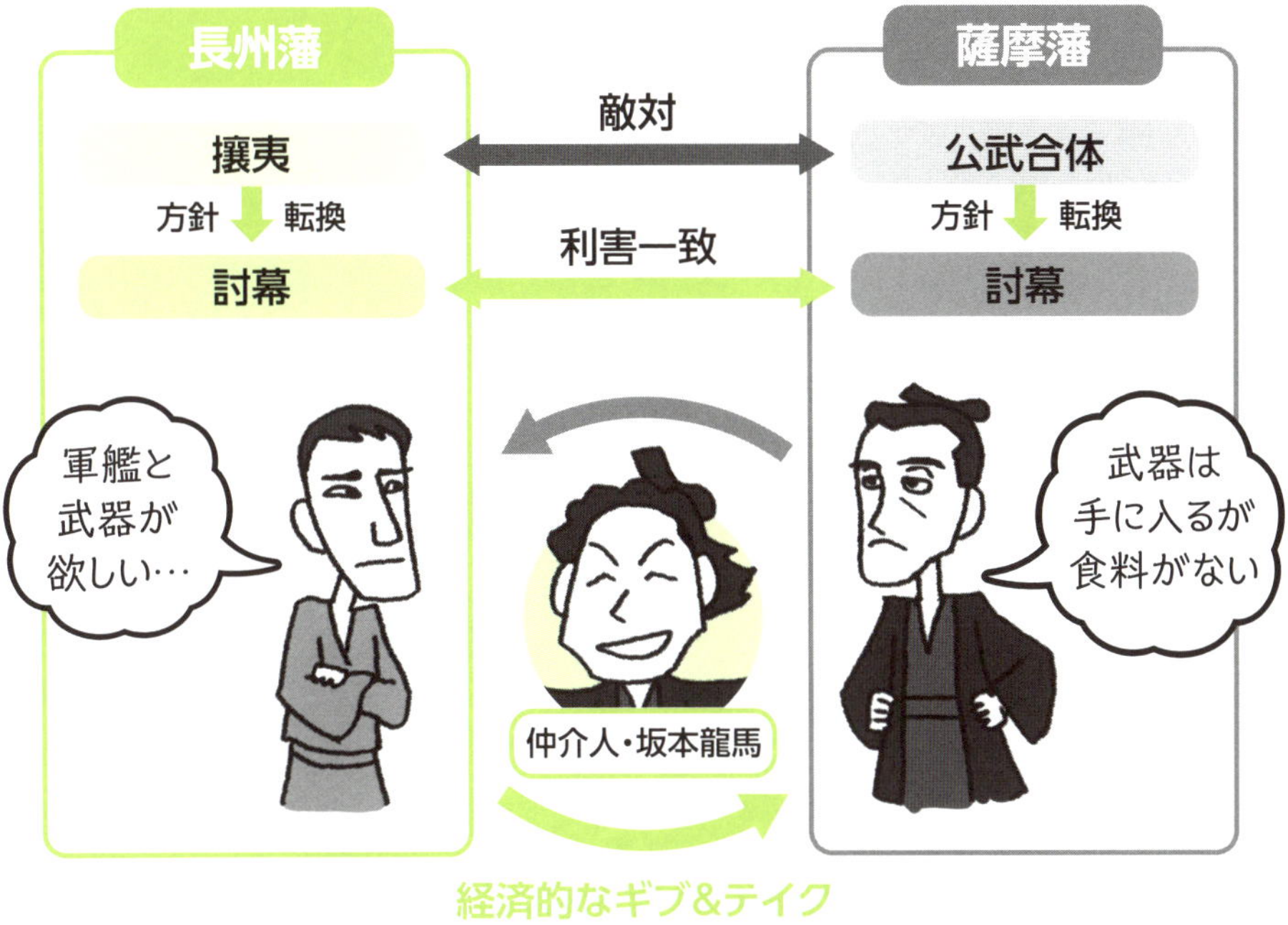

1866年1月　薩長同盟成立

Column

龍馬を操った武器商人グラバー

慶応元年7月、英国の武器商人グラバーから、井上聞多、伊藤俊輔が薩摩名義でミニエール銃４３００挺（7万7４００両）、ゲベール銃３４００挺（1万5０００両）を買い付けている。薩摩藩の船や薩摩藩から購入契約をした船で長州藩領内に運び込まれた。グラバーは伊藤と共に下関に渡り、「長州藩の必要とする武器、銃砲、弾丸、火薬はいくらでも輸送する。支払いは米、麦、塩などに貨幣を交えて欲しい」と述べている。坂本龍馬はグラバーの代理人だったのである。

外野席

日本初の新婚旅行？　薩長同盟を仲介した後、坂本龍馬と伏見寺田屋の養女お龍は、いわゆる「できちゃった婚」で薩摩船に乗り、鹿児島へ新婚旅行に出ている。霧島温泉に遊び、天の逆鉾を見て、忙中閑を楽しむ。龍馬絶頂期の一コマであった。これを近代日本初の新婚旅行という説もある。

71 大政奉還と慶喜の真意

最後の将軍・徳川慶喜

徳川慶喜

- 1837年 水戸藩に生まれる
- 1847年 一橋家の養子となる
- 1853年 将軍継嗣問題　次期将軍候補となる　一橋派
- 1859年 隠居謹慎（安政の大獄）
- 1860年 謹慎解除
- 1862年 将軍後見職に就任（文久の改革）
- 1867年 第15代将軍に就任

↓

大政奉還

↓

徳川幕府の終焉

慶応二年（一八六六）十二月、暮れのどん詰まり、徳川慶喜が十五代将軍に就任しました。フランスと提携して軍制改革を進め、朝廷＝薩長勢力と対決して幕府の主導権回復を進める他にない時でした。

そこで出た策が「大政奉還」でした。幕府を倒そうとする朝廷と薩摩、長州の逆手を取って古い形の幕府という政権は返上。新しい形の政権を立てようという計画でした。しかし、そんな小細工は通用しません。反幕勢力は成長していました。

朝廷は「待ってました」とばかり、「王政復古の大号令」を発します。慶応三年十二月九日のことです。当初は古色蒼然たる恰好でしたが、ただちにイメージチエンジ。総裁・議定・参与の三職を筆頭とする天皇中心の新政府が動き出します。

もちろん、慶喜の処遇については一顧だにされず、一大名に格下げされました。

大政奉還→王政復古

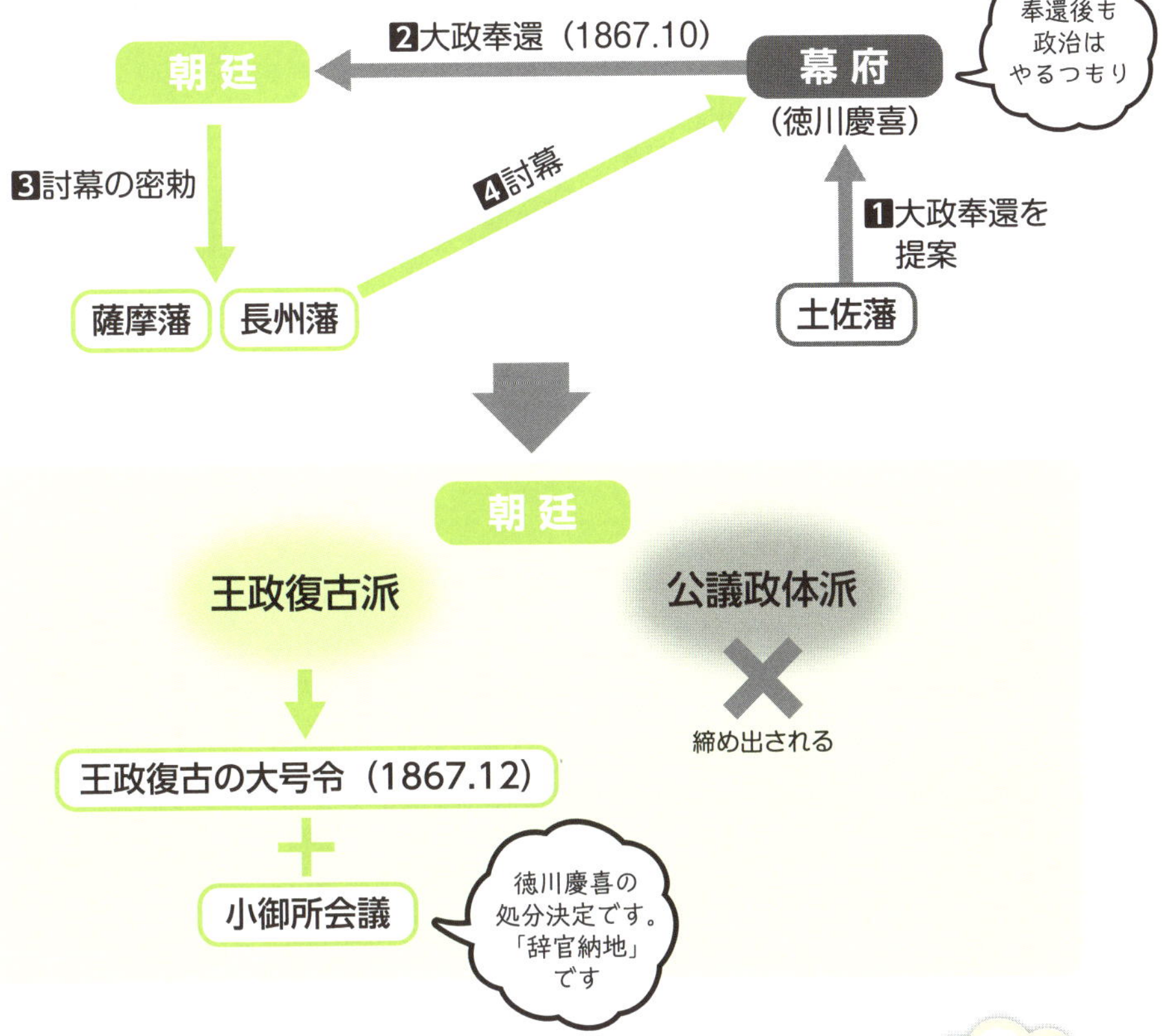

Column

龍馬暗殺の真犯人は誰か？

大政奉還の1カ月前の夜。京都四条河原の近江屋に滞在中の坂本龍馬が何者かに襲われて即死した。同席していた中岡慎太郎も瀕死の重傷を負い、2日後に落命した。龍馬は、その日がちょうど33歳の誕生日だったという。慎太郎も30歳。現代の年齢感覚で見れば共に若い。早すぎる死であった。犯人は現場に残された下駄や刀鞘などから新撰組と言われているが、プロの刺客が現場に証拠を残すとは考えにくい。犯人は意外なところにいる人物かもしれない。

外野席

医者上がりの軍人、大村益次郎　長州征伐で幕府軍が攻め寄せた時、益次郎は最新の武器と巧妙な用兵術に加え、無駄な攻撃を避け、相手の自滅を誘ってから攻撃を加えた。武家の戦法にはない合理的な戦術で、旧態依然の幕府軍を悉く撃破した。医者として学んだ外国語で独学で学び、工夫した軍事知識であった。

72 江戸城無血開城と彰義隊決戦

慶応四年（一八六八）三月十四日。

官軍が池上本門寺、市ヶ谷の尾張藩邸、板橋に集結して総攻撃の合図を待っている時、勝海舟と西郷隆盛は薩摩藩邸で交渉。長い沈黙と腹の探り合いの末、徳川慶喜の謹慎処分、江戸城の明渡しが決まりました。

一方、彰義隊《しょうぎたい》などの不満分子は官軍と一戦を交えるべく、上野の山に集結。その数、千五百。すると大村益次郎が総督府に現れ、「西郷さんは引っ込んでいなさい、私が片を付けます」と言ったのは有名な話。

大村は自慢のアームストロング砲を本郷台に据え付けるや、砲身が焼けるほど上野の山に砲弾を撃ち込んだので、彰義隊は逃げ場を失い、壊滅しました。従って、江戸城無血開城とはならなかったのですが、最小限度の混乱と犠牲に止まったのは幸いでした。

率直なところ、江戸っ子の間では官軍は歓迎されず、彰義隊に同情が集まったといいます。

勝と西郷の話し合いで無血開城

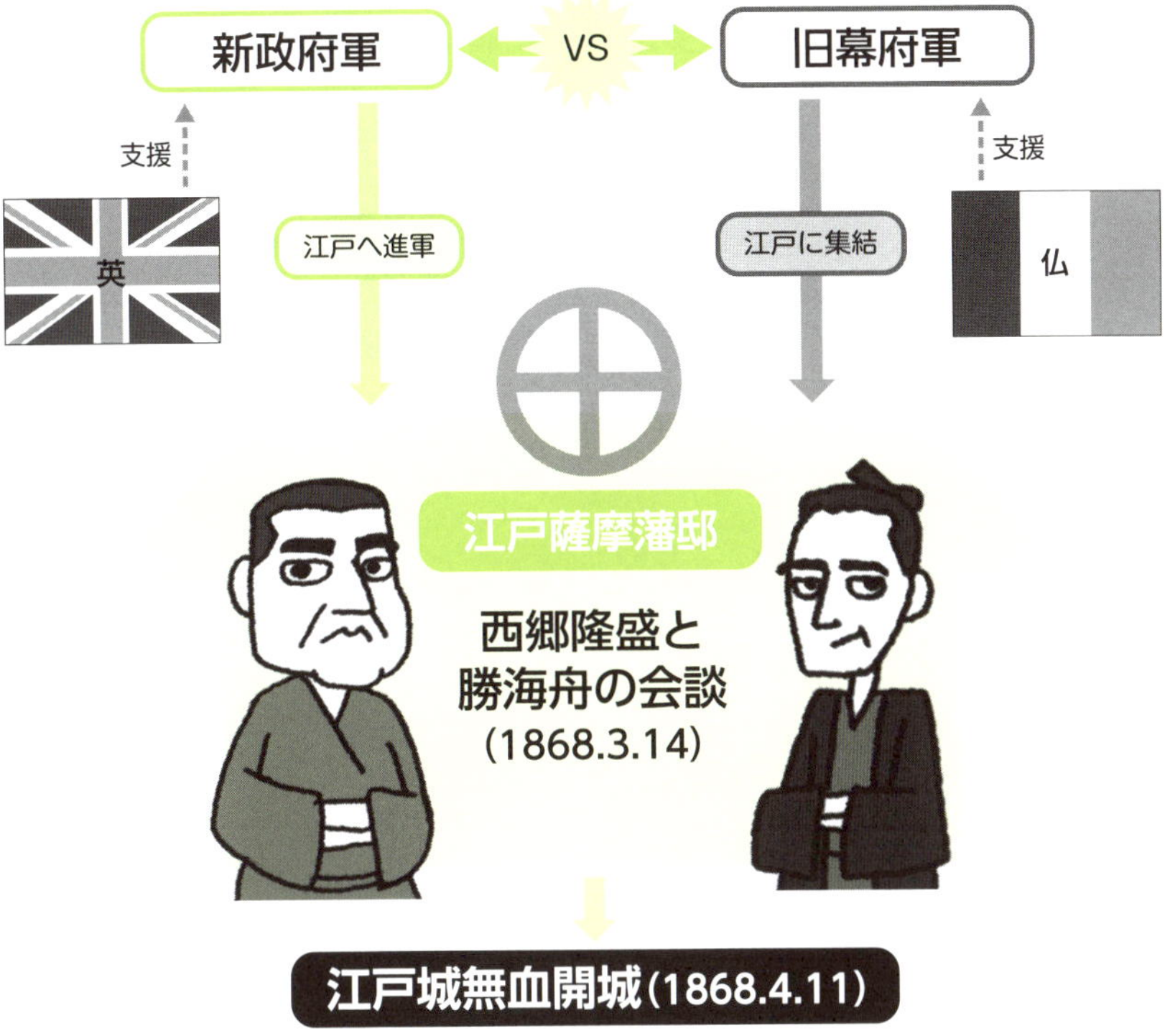
新政府軍
VS
旧幕府軍
支援
英
江戸へ進軍
江戸に集結
支援
仏
江戸薩摩藩邸
西郷隆盛と
勝海舟の会談
(1868.3.14)
江戸城無血開城(1868.4.11)

Column

朝幕共に外国に頼らず

陸軍総裁勝海舟や会計総裁大久保一翁《いちおう》らは、新政府の征東軍が迫り、沿道の諸藩が悉く忠誠を誓うという状況下で、徳川家が存続する道は、ひたすら恭順する他にないと慶喜に説いた。内乱に外国軍を介入させれば日本全体の破滅に繋がると判断した。討幕軍の西郷隆盛もイギリスの外交官サトウから援助を申し出られた時、言下に「わが国の政体変革は、いずれともわれわれの尽力いたすべきことにて、外国の人に頼む面皮はもちあわせていない」ときっぱり拒絶した。天晴れである。

外野席

宣伝効果抜群のトコトンヤレ節　まともに戦えば勝てるはずのない朝廷が、薩摩、長州、土佐の軍勢を率いて東下する時、宣伝代わりに歌った「都風流節」。「宮さま宮さま　お馬の前のぴらぴらするのハ　なんじゃいな　トコトンヤレトンヤレナ　ありゃ朝敵征伐せよとの　錦の御はたじゃ　しらないか　トコトンヤレトンヤレナ」

73

会津の悲劇

因縁の対決「会津の戦い」
蛤御門ではよくも…
松平容保
池田屋の恨み…
1ヶ月の籠城戦
ああ…もうダメだ
白虎隊の悲劇

関東を制圧した官軍は、新政府の配下に加わったとは言えない奥羽諸藩の鎮撫に向かうのですが、奥羽には尊王攘夷運動以来の不倶戴天の敵、会津藩が控えていました。

仙台、米沢両藩は奥羽鎮撫総督府に対し、寛大なる処置を願い出るのですが、まったく相手にされないため、奥羽列藩同盟を結成して正面対決に転じます。因縁深く、正面衝突は避けられなかったのです。

官軍は至るところで猛反撃を受ける中、越後から奥羽方面に攻め下ります。予想通り、会津若松城の攻防戦は妥協を許さぬ激戦となり、少年兵（白虎隊《びゃっこたい》）の悲劇はいまも語り草になっているところです。

しかし、仙台、米沢両藩が降伏した後、庄内藩も降伏。総督府西郷隆盛の寛大な処置で納まったのですが、蝦夷地の独立共和国（榎《えの》本武揚《もとたけあき》総裁）が抵抗交戦。間もなく、軍門に下り、戊辰《ぼしん》戦争は終結します

戊辰戦争❷

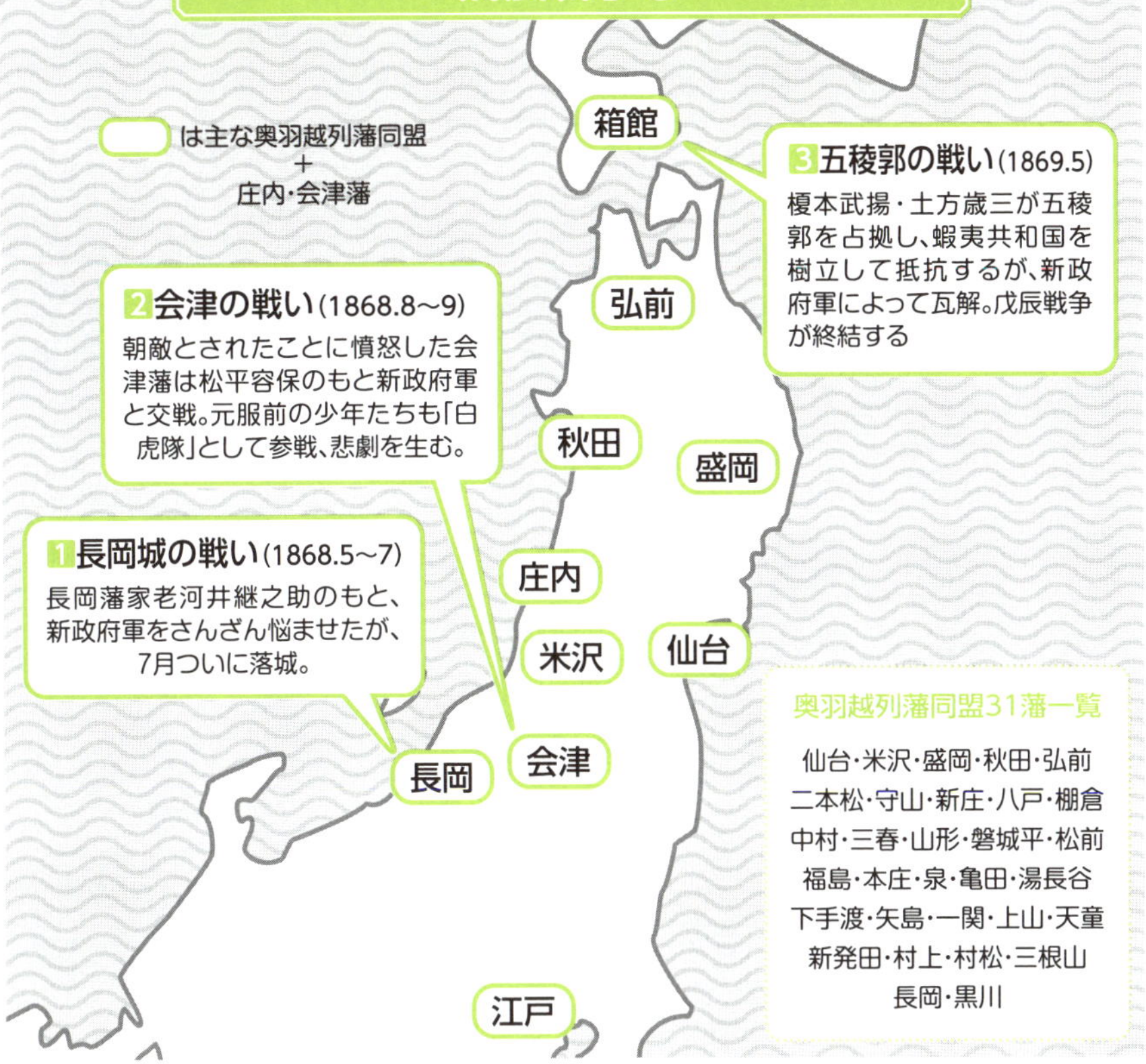
は主な奥羽越列藩同盟
＋
庄内・会津藩
箱館
3 五稜郭の戦い（1869.5）
榎本武揚・土方歳三が五稜郭を占拠し、蝦夷共和国を樹立して抵抗するが、新政府軍によって瓦解。戊辰戦争が終結する
2 会津の戦い（1868.8〜9）
朝敵とされたことに憤怒した会津藩は松平容保のもと新政府軍と交戦。元服前の少年たちも「白虎隊」として参戦、悲劇を生む。
弘前
秋田
盛岡
1 長岡城の戦い（1868.5〜7）
長岡藩家老河井継之助のもと、新政府軍をさんざん悩ませたが、7月ついに落城。
庄内
米沢
仙台
長岡
会津
江戸
奥羽越列藩同盟31藩一覧
仙台・米沢・盛岡・秋田・弘前
二本松・守山・新庄・八戸・棚倉
中村・三春・山形・磐城平・松前
福島・本庄・泉・亀田・湯長谷
下手渡・矢島・一関・上山・天童
新発田・村上・村松・三根山
長岡・黒川

Column

明治改元

会津落城も迫った9月末、天皇は岩倉具《とも》視《み》以下の政府役人、諸藩兵を従えて京都を発し、東海道を進んで10月13日、江戸城に入った。そして、入城と同時に江戸城を東京城と改めた。京都出発の前、9月初め、慶応4年を改めて明治元年と改元している。そして、天皇1代に限り年号1つ、一世一元を制度化することも決定された。新しい天皇政治の時代が始まることを強く民衆に印象付けることになった。諸外国も「ミカド政府」が日本全国を支配する唯一の中央政府であることを承認し、局外中立を解いたのである。

外野席

土方歳三の最期　新撰組副長として近藤勇とともに活躍した時代から大政奉還＝王政復古の時代を生き延びた土方歳三であるが、戊辰戦争の最期を飾る箱館戦争で流れ弾を受けて絶命したという。だが、決して敗北を受け入れない土方であるため、味方に狙撃されて即死したとの説もある。

74 画期的な版籍奉還・廃藩置県

明治新政府と身分制度

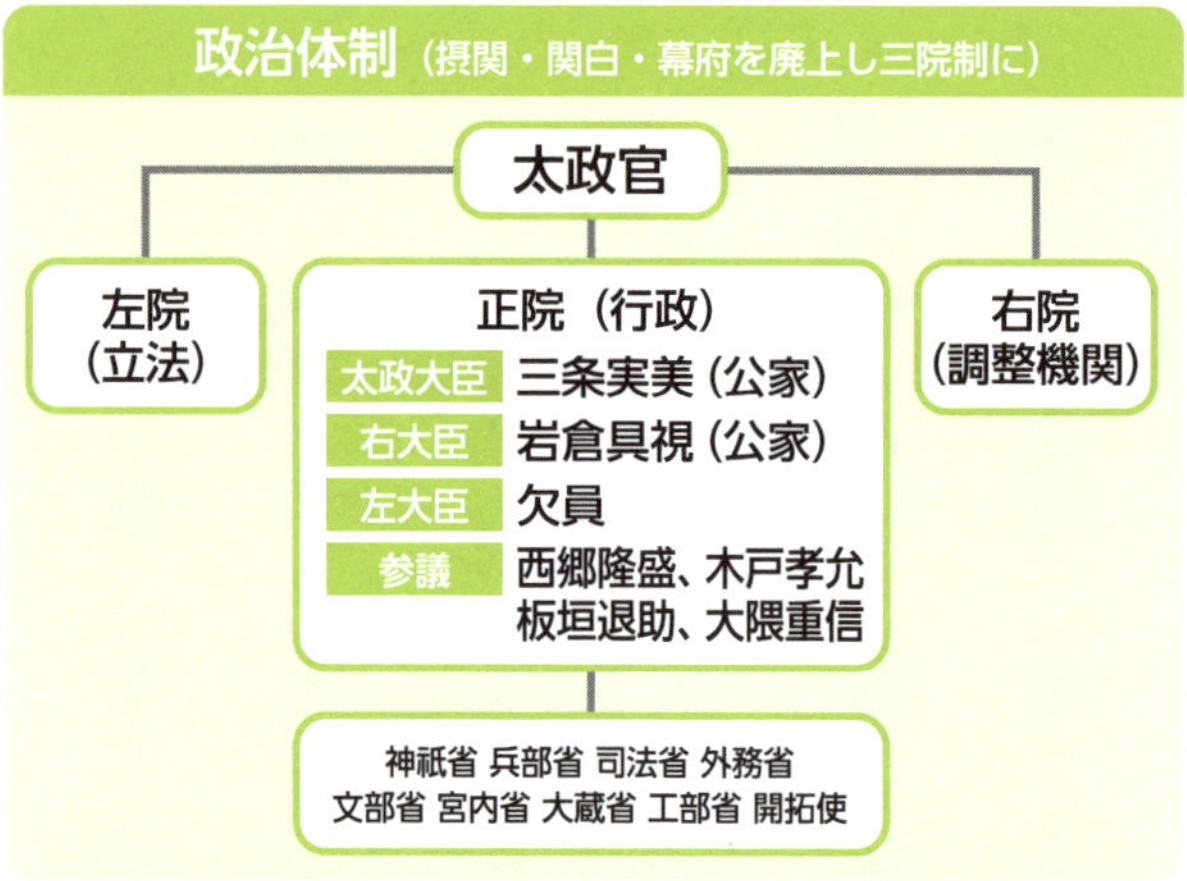

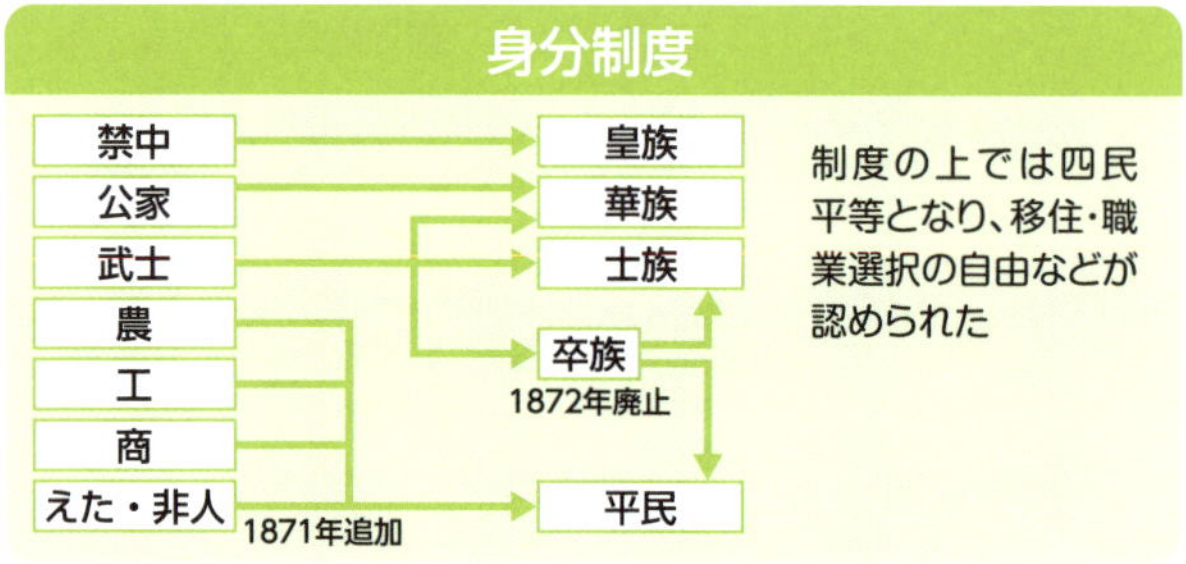

近代日本の歴史は勢い良く明治元年（一八六八）からスタートします。

新政府は「五箇条の御誓文」を厳《おごそ》かに発布した後、江戸を「東京」と改め、年号を「明治」と改元しました。そして、翌年には首都を事実上、東京に移転。近代的な中央集権国家の建設に乗り出したのです。

手始めに実行されたのが、薩長土肥の有力四藩に「版籍奉還」を実行させたこと。その後、順次各藩にも倣《なら》わせました。さらに「廃藩置県」を実施して旧藩に代わる政府任命の府知事、県令を赴任させ、薩長土三藩から「御親兵」を募集して政府直属の軍隊としました。

旧支配者自ら領地領民を新政府に返上するなどということは古今東西の歴史上、前例のないこと。もちろん、当初は旧藩主を知藩事に任命・世襲させるという妥協案でした。一挙には変更できず、段階的に改革する他になかったのです。

3府72県の廃藩置県

知藩事を罷免して東京居住を強制、あらたに府知事・県令を中央政府が任命し、国内の政治的統一が完成した
青森
秋田
盛岡
水沢
酒田
山形
仙台
相川
新潟
置賜《おきたま》
福島
七尾《ななお》
若松
柏崎《かしわざき》
磐前
宇都宮
新川《にいかわ》
群馬
栃木
茨城
金沢
長野
足羽《あすわ》
筑摩
入間《いるま》
敦賀《つるが》
埼玉
印旛《いんば》
新治《にいはり》
岐阜
山梨
東京
島根
鳥取
豊岡
長浜
神奈川
京都
名古屋
木更津《きさらづ》
浜田
北条
大津
飾磨《しかま》
兵庫
大阪
安濃津《あのつ》
額田《ぬかた》
静岡
広島
深津
岡山
浜松
足柄
種子島
屋久島
山口
堺
奈良
度会《わたらい》
香川
和歌山
松山
名東《みょうどう》
福岡
小倉
伊万里
宇和島
高知
三潴《みずま》
大分
熊本
長崎
奄美大島
徳之島
八代《やつしろ》
美々津《みみつ》
与論島
鹿児島
都城《みやこのじょう》
沖縄島
宮古島
石垣島

Column

国民皆兵か、士族兵か

新政府の課題は政府の兵力強化と兵権を集中すること。版籍奉還直後、大村益次郎と木戸孝允は国民皆兵による政府直属の常備軍建設を提案。長州には奇兵隊以来の実践的経験があった。これに対し、薩摩勢は「藩兵を外にし農兵を募り親兵とするの軍務官（大村）見込み、決て不安心」（大久保日記）とし、薩・長・土各藩の精兵を中央に備えることを主張した。この対立は、実は中央政府の当面最大の敵を不平士族と見るか、一般民衆と見るか、の違いにあった。西南戦争の引き金になっていくのである。

外野席

民族利権の回収　明治政府は慶応３年（1867）12月、旧幕府外国係老中の小笠原壱岐守がアメリカ人ポートメンに与えていた江戸＝横浜間の鉄道敷設経営権を否認し、北海道七重村のプロシャ人ゲルトネルの租借地を回収した。そして、自ら鉄道建設に着手し、北海道開拓に乗り出した。植民地化を防ぐ、正しい民族意識があった。

75 殖産興業と教育改革

東京から始まった文明開化

1869年	●人力車の発明 ●東京－横浜の間に乗合馬車開業 ●電信開通
1870年	●自転車の流行 ●背広服の着用 ●コウモリ傘が流行 ●靴の国産製造開始
1871年	●散髪、脱刀令 ●西洋料理店が出現 ●西洋建築、椅子、テーブルを使用する習慣が生まれる
1872年	●帽子の流行 ●ビールの流行 ●新橋－横浜の間に鉄道敷設 ●太陽暦が採用される
1873年	●野球が輸入される ●暑中休暇が始まる
1876年	●廃刀令 ●日曜休暇制が実施される
1877年	●東京大学設立
1879年	●教育令公布 （義務教育は4年の間に最低16ヵ月と定められる）
1882年	●新橋－日本橋の間に鉄道馬車開通
1897年	●無声映画が初めて興行される

年貢収入に依存する旧幕府の財政制度を継承した明治新政府は、国家財政の近代化を実現するために「地租改正」を実施します。

全国の田地石高三千万石のうち、府県管轄は八百万石。他は列藩の管轄下にあったので、廃藩置県後、今度は強引に物納を金納に変更します。そのカネで西欧の外国人技術者を雇って殖産興業に励み、官営工場の建設、鉄道敷設、鉱山開発に努めました。

また、猿真似と言われても人材育成のためには欧米式の義務教育制度を取り入れ、国家予算の五分の一も使って留学生を派遣しました。欧米諸国の植民地にならぬよう、何事であれ、欧米に追い付き、追い越せ、が合言葉になる時代でした。

おかげで東京＝横浜間の鉄道開通に続き、警察と軍事優先の電信、海運業、群馬県富岡はじめ各地に官営模範工場が作られ、佐渡、釜石ら鉱山が開発されました。

富国強兵を合言葉に近代産業育成

札幌農学校（1876年開校）
屯田兵制度
1875年実施
院内銀山
佐渡金山
釜石鉄山
生野《いくの》銀山
新町紡績所
高島炭鉱
富岡製糸所
愛知紡績所
三池炭鉱

Column

神仏分離から廃仏毀釈へ

明治元年3月、新政府は諸神社に①仏教僧侶が神社の社務に従うのを禁止し、②僧侶たちを還俗させ、僧位僧官を返上させた。ついで4月、仏教用語で神号を唱えている神社に由来を書き出させ、仏像、梵鐘、仏具類を神社に置くのを禁止。その後も法令を発布し、厳しく神仏分離を進めた。極端な形で実行したのが奈良の興福寺。僧侶らは公卿の子弟であったが本姓に戻り、春日神社の神職となり、仏閣は打ち捨てられ、五重塔は250円で売却。仏具経典、宝物類は四散している。

外野席

岩倉使節団の欧米視察旅行　古色蒼然たる新政府の先行きを心配したオランダ人顧問フルベッキが、大隈重信に「欧米に使節を派遣し制度、文化を視察し、日本の将来の参考にすべきだ」と建言。大隈は岩倉具視に諮り、実現の機会を伺っていた。留守政府を気遣いながら、明治４年11月、岩倉らは欧米視察旅行に旅立った。

76

西南戦争　士族の反乱

征韓論で敗れて在野に下る
明治６年（1873）の政変
征韓派
江藤新平
後藤象二郎
板垣退助
西郷隆盛
対立
内治派
岩倉具視
大久保利通
木戸孝允
伊藤博文
下野
不平士族の反乱
（P164へ）
自由民権運動

明治九年から十年初め、天下はまさに騒然となります。近代国家建設を急ぐ政府に対し、新聞・雑誌は「圧制政府転覆スベキ論」と激しく反論しますが、具体的な理論や建設案が提案されず、反抗するだけでした。

さらに、維新に乗り遅れ、時代に取り残された旧武士団（士族）が禄を失い、失業同然となったところへ「廃刀令」が布告されたため、不満が炸裂しました。熊本の敬神党（神風連）が熊本鎮台を襲うと福岡の秋月党の乱、萩の前原一誠の乱が相次ぎました。

そして、最後に動いたのが西郷隆盛を首領とする薩摩藩士団の「西南の役」でした。その意図はともあれ、時代の流れには逆らえません。新旧交代。徴兵制度で新設された近代装備の農民兵、熊本鎮台兵と警察部隊に圧倒され、鎮圧されたのでした。

近代装備の農民兵が旧武士団に圧勝したことで近代化に弾《はず》みがつきました。

ことごとく鎮圧された不平士族の反乱

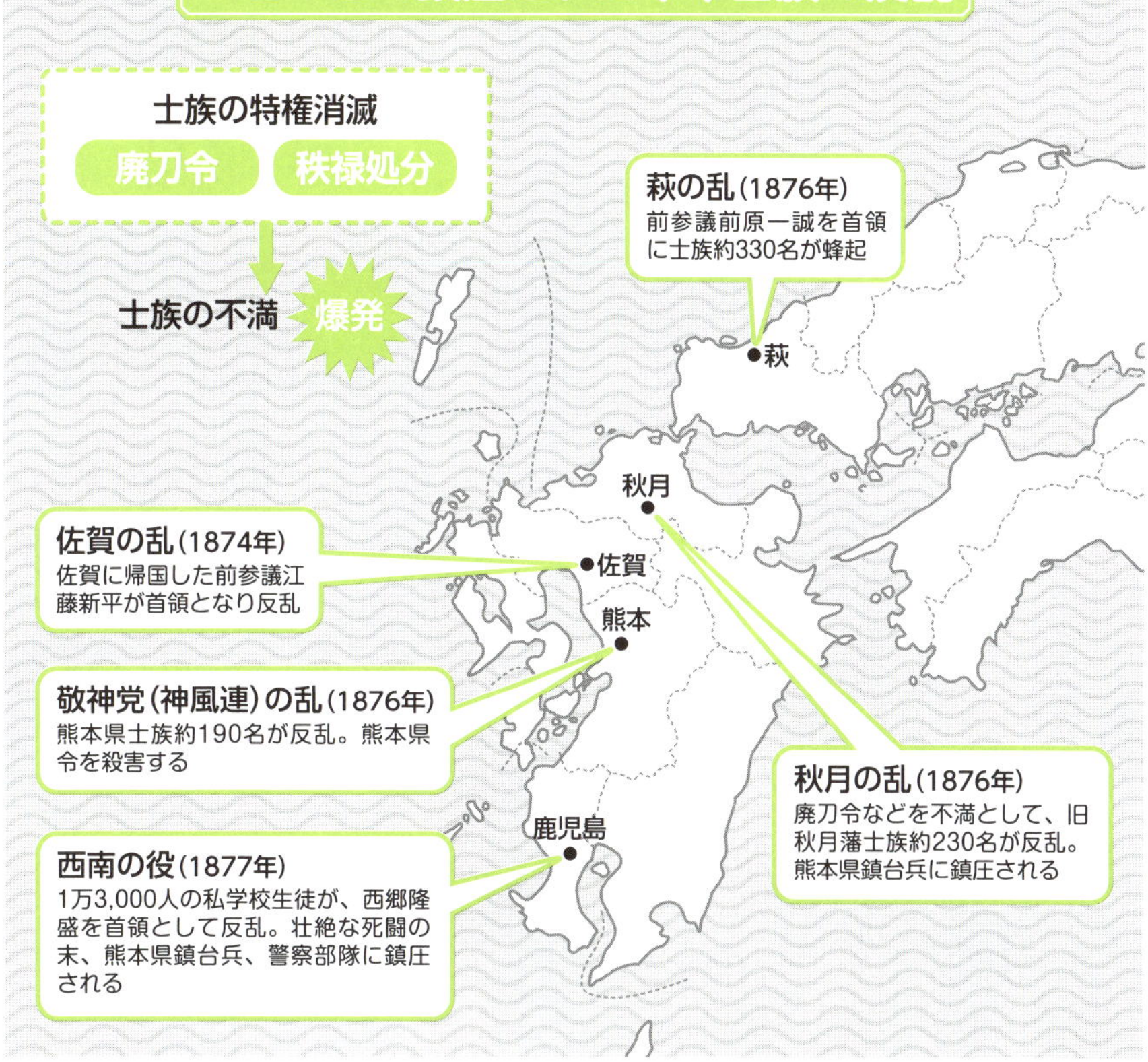
士族の特権消滅
廃刀令
秩禄処分
士族の不満
爆発
萩の乱（1876年）
前参議前原一誠を首領に士族約330名が蜂起
萩
秋月
佐賀
熊本
鹿児島
佐賀の乱（1874年）
佐賀に帰国した前参議江藤新平が首領となり反乱
敬神党（神風連）の乱（1876年）
熊本県士族約190名が反乱。熊本県令を殺害する
秋月の乱（1876年）
廃刀令などを不満として、旧秋月藩士族約230名が反乱。熊本県鎮台兵に鎮圧される
西南の役（1877年）
1万3,000人の私学校生徒が、西郷隆盛を首領として反乱。壮絶な死闘の末、熊本県鎮台兵、警察部隊に鎮圧される

明治

Column

福沢諭吉の『学問ノススメ』

新しい思想と学問が始まり、風俗と生活様式にも広がる。福沢諭吉の『学問ノスゝメ』は「天は人の上に人をつくらず、人の下に人をつくらずといえり」と語り、大人気を博した。だが、引用者は誰も直後に次の一節があることを指摘しない。「されども今廣く此人間世界を見渡すにかしこき人ありおろかなる人あり貧しきもあり冨めるもあり貴人もあり下人もありて其有様雲と坭との相違あるに似たるは何ぞや」。学問をするか、しないか。諭吉は努力の有無で雲と泥の相違が生ずると言う。

外野席

桐野利秋の暴言の結末　西郷隆盛の参謀桐野利秋は、かつて熊本鎮台司令長官谷干城に「土百姓に鉄砲をもたせて何の役に立つか」と広言し、嘲笑した。桐野利秋、その「土百姓」の兵に歯が立たなかったのである。時代の流れが見えなかったのか。流れ弾に当たって即死している。

77 自由民権運動と国会開設

自由民権運動の急速な広がり

自由民権運動

1874年 片岡健吉、板垣退助らが**立志社**を興す

1875年 大阪で**愛国社**が結成される

1880年 愛国社の呼びかけで**国会期成同盟**結成

1881年 板垣退助を総裁とする**自由党**が結成される

国会開設要求

不平士族の反乱

鎮圧

板垣退助

西郷に賭けるか、政府に賭けるか。西南戦争は士族の民権派にとっては自己の思想と運命を試す試練になりました。しかし、土佐の植木枝盛ら立志社の自由民権派は違っていました。

植木らは、士族の民権派とは別に、着実に地方の団結と民権自由論の人民への浸透を図り、板垣退助の「民撰議院設立建白書」提出をきっかけに急速に裾野を広げます。殖産興業で伝統的な地場産業が取り残されたため、見捨てられたと思ったか、地方名士たちが慌てて「民撰議院設立」に走ったためです。

士族の反乱を制圧したばかりなので、政府は動揺し、国会の即時開設を叫ぶ大隈重信と伊藤博文、岩倉具視、西郷従道《つぐみち》らに分裂。大隈は下野し、伊藤、岩倉、西郷らは欽定憲法を制定することになりました。伊藤らは十年以内に天皇中心の欽定憲法を制定し、国会を開設するという勅諭を発するに至ります。

政府の動揺

岩倉具視

伊藤博文

伊藤博文

対立

大隈重信

大隈重信

明治14年の政変

- **大隈重信**の罷免
- 天皇中心の**欽定憲法**を制定
- 10年以内に**国会**を**開設**するという勅諭を発する

下野

立憲改進党結成

都市の実業家や知識階層の支持を受けて勢力拡大を図る

のちに、伊藤博文と再対決

Column

洋風建築

日本橋付近は一心太助で有名な魚河岸があり、庶民の雑踏する町であった。橋の北には三井越後屋（三越）、南には白木屋と、賑わっていた。川沿いには兜町があり、米屋町、株屋町、銀行町だった。海運橋の畔に聳え立つ第一国立銀行は、三井組の注文建築である。一目見んものと赤ゲットのおのぼりさんが絶えなかった。さて、足を返して起伏の多いお茶の水に来ると神田川の水が美しく、初夏には納涼船が往来していたが、本郷の加賀藩邸跡の東京大学が建てられると急速に都市化していくのである。

外野席　**土佐の梁山泊**　明治 10 年秋から 11 年春、土佐の立志社に福島県河野広中、岡山県竹内正志、三重県栗原亮一、石川県杉田定一、大分県永田一二、そして、福岡県頭山満らが集まり、さながら梁山泊となった。そこへ慶應義塾の教師、長岡の士族城泉太郎が来て講義を始めた。たちまち、愛国社再興の決議が纏まる

78 不平等条約撤廃と憲法発布

不平等条約改正までの道

岩倉具視 1872年

最初の改正交渉、不調に終わる。

寺島宗則 1878年

税権回復を目的として米と交渉。日本の関税自主権を認めた日米関税改定約書調印。しかし、イギリスとドイツの反対で無効に。

井上馨 1882～1887年

領事裁判権撤廃と税権一部回復を目標に、欧化政策を背景に交渉。日本国内を外国人に開放する代わり、領事裁判権の撤廃を認めさせた。

欧化政策の象徴、鹿鳴館

外交交渉促進のために建設されたが、国民から不評。すぐ閉館された。

大隈重信 1888～1889年

アメリカ、ドイツ、ロシアとの間で改正条約調印。しかし、大審院に外国人判事の任用を認めていたことが判明し、失脚。

陸奥宗光 1894年

日英通商航海条約調印により、領事裁判撤廃、相互対等の最恵国待遇、税権の一部回復などに成功する。

幕末時、欧米諸国との間で結ばれた〝不平等条約〟が改正され、開国以来、半世紀を費やして欧米列国との対等な立場を獲得するのに成功します。ようやく独立国としての体面と実質的な処遇が保障されたわけです。

国内を外国人に開放するのと引き換えに領事裁判権の撤廃、関税引き上げ、相互対等を内容とする日英通商航海条約を締結したのです。南下するロシアを牽制するために日本を利用しようというイギリスの政治判断で実現された同盟でしたが、幸運でした。

外相陸《む》奥《つ》宗《むね》光《みつ》が、チャンスを見逃さず、巧みに利用して対等外交を実現したのが成功の要因でした。その保証が「大日本帝国憲法」の制定でした。憲法は一流の文明国の証拠であり、それがなければ、野蛮な未開民族だとされていたからです。

これによって、近代日本は正式に独立国として国際社会で認知されたのでした。

大日本帝国憲法と日本国憲法

日本国憲法（11章103条）		大日本帝国憲法（7章76条）
1946年11月3日　民定憲法	発布	1889年2月11日　欽定憲法
主権在民	主権	主権在君
日本国と日本国民統合の象徴 政治上の権力はない	天皇	統治権を総攬する神聖不可侵の元首。 天皇大権を明文化
議院内閣制 国会に責任を負う	内閣	各国務大臣は天皇が任命、天皇を輔弼し、天皇に対して責任を負う
国権の最高機関 衆議院・参議院の二院制 衆議院の優位	国会	天皇の立法権行使の協賛機関 貴族院・衆議院の二院制 両院対等（予算先議は衆議院）
普通選挙	選挙	衆議院議員は公選
基本的人権・民主的権利を保障	国民	臣民の権利は法律の範囲内で保障
恒久平和主義、戦争放棄	軍隊	国民に兵役義務、統帥権の独立
国会の発議で国民投票	改正	天皇に発議権

Column

あだ花となった鹿鳴館《ろくめいかん》

明治16年（1883）、総工費18万円を費やして3年がかりで完成したルネッサン式の迎賓館。井上馨《かおる》外相の肝いりで建設された上流階級の社交場である。しかし、欧化模倣熱とも言うべき低級な趣味と珍議論が、条約改正の伴奏音楽として鳴り響いた。この場違いな饗宴も明治20年夏までのこと。前年、列国共同の不平等条約改正会議で、井上は外国人に対し、特権を与える恐れがある条項に同意。近代日本を完全に半植民地にするもので到底承認できないもので、辞任は当然だった。

外野席

条約改悪を救ったボアソナードの義侠心　内閣法律顧問のオランダ人ボアソナードは「条約案が後進国にとって危険極まりない」ことを見抜き、井上外務大臣と山田司法大臣に忠告したが、２人共、聞き入れなかった。井上毅に「あなたは高官の地位にあり、本国のために未曾有の危機に際して何らの尽力もなさざるか」と責めた。

79

日清戦争 朝鮮の宗主国清国との戦い

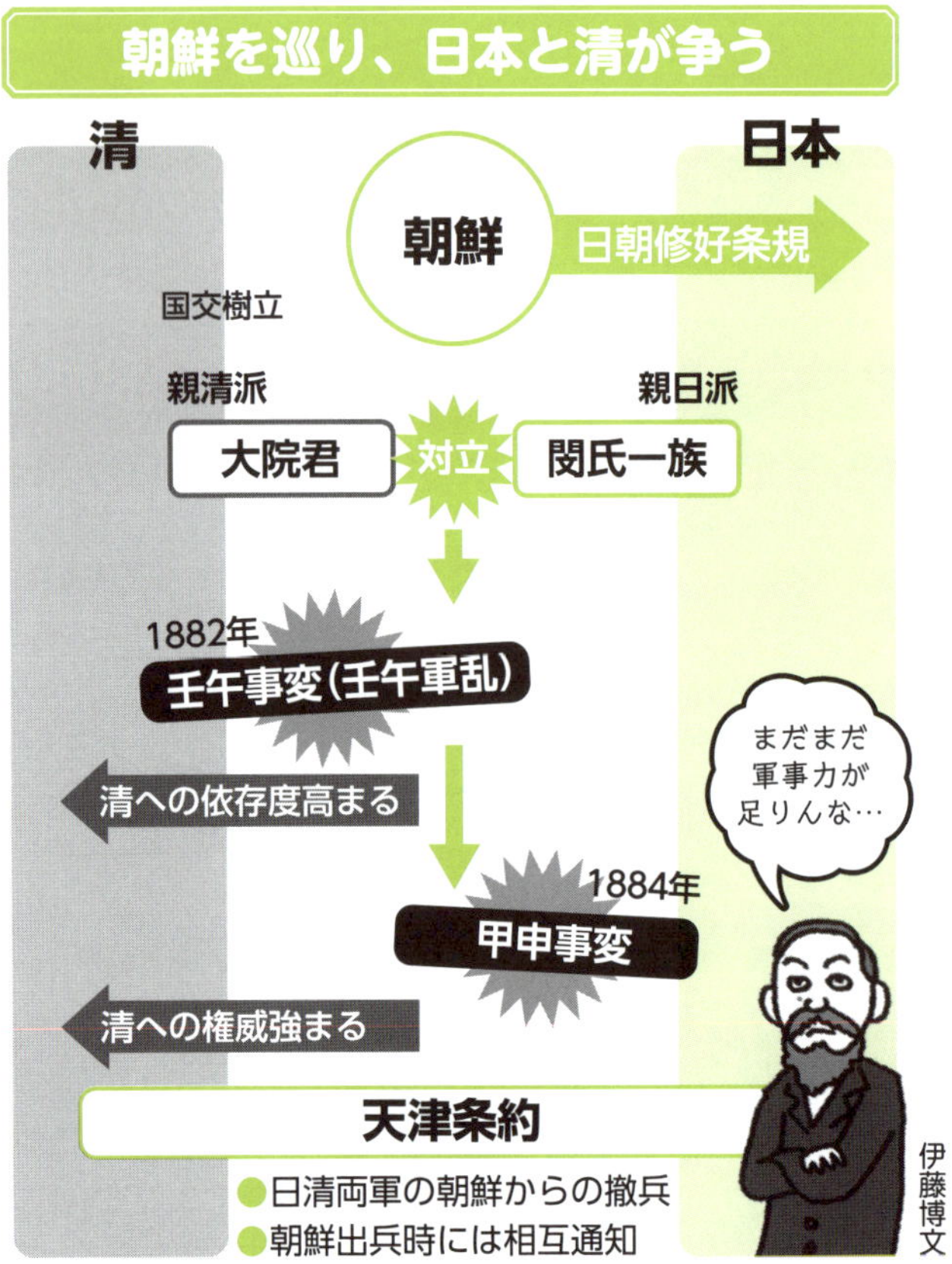

朝鮮を巡り、日本と清が争う
清
日本
朝鮮
日朝修好条規
国交樹立
親清派
親日派
大院君
対立
閔氏一族
1882年
壬午事変（壬午軍乱）
清への依存度高まる
1884年
甲申事変
清への権威強まる
まだまだ軍事力が足りんな…
天津条約
日清両軍の朝鮮からの撤兵
朝鮮出兵時には相互通知
伊藤博文

古代以来、ずっと中国の属国であった朝鮮は、独立国としての体をなさず、近代になっても北方からロシアが南下し、南方からイギリス、フランスの影が忍び寄っているにも関わらず、何もできませんでした。

日本と「日朝修好条規」を締結した後も中国の清国に頼り、内紛を繰り返し、国論がまとまらない。このまま朝鮮の自主的努力に任せておくだけでは日本の安全と平和を保てないので、やむなく朝鮮半島の正常化を図るため影響力を行使することになります。

半島南部で発生した東学党の乱（甲午農民戦争）の勃発をきっかけに日本軍が出動します。そして、清国兵をあっさりと撃退。親日派政府を樹立しますが、日清両国は非妥協的敵対関係に入ったため、宣戦布告の上、戦争状態に入ります。日本は海戦でも清国海軍を撃滅。黄海の制海権を確立します。

古代以来の中華思想は地に落ちたのです。

日清戦争勃発

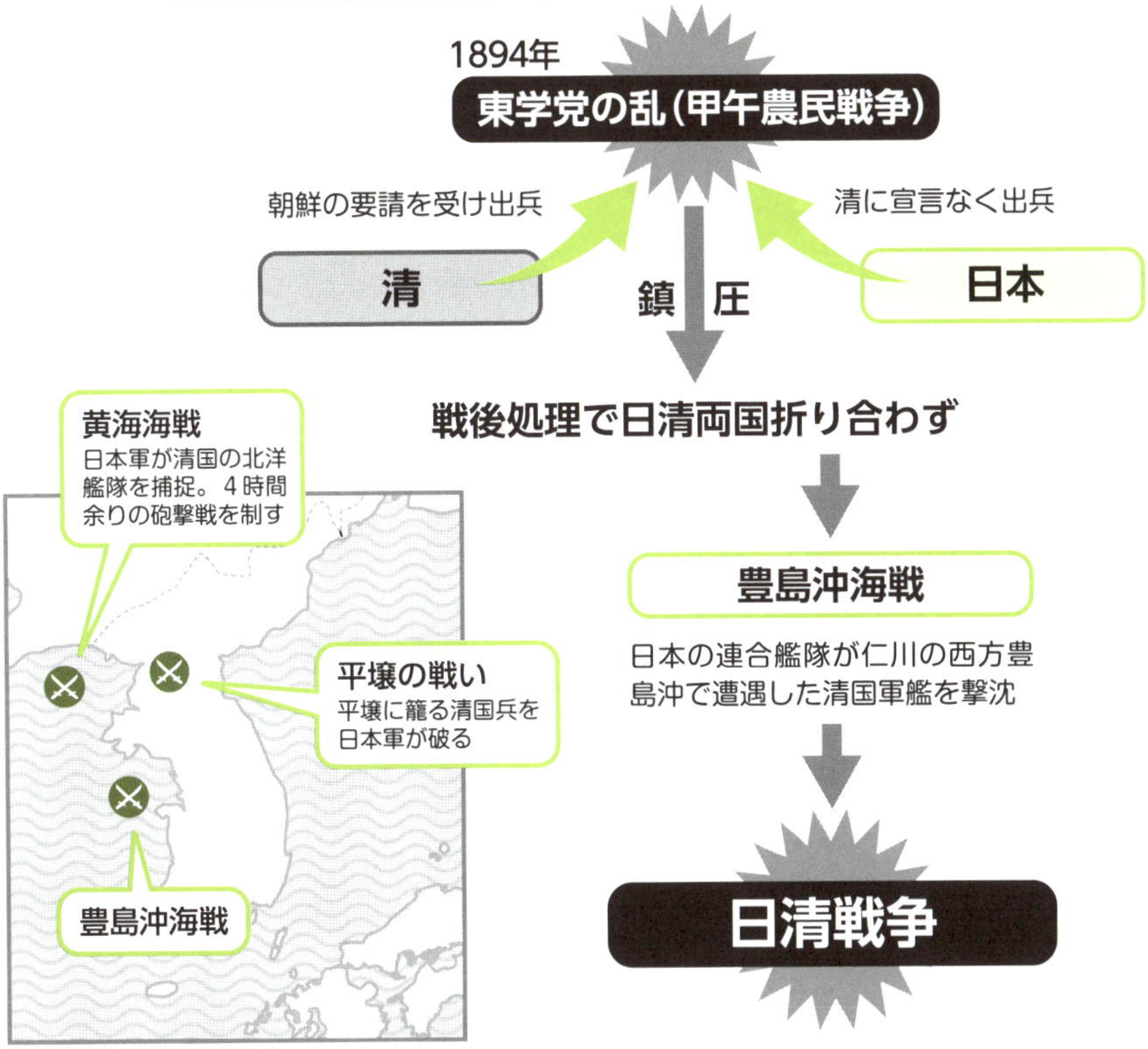
1894年
東学党の乱（甲午農民戦争）
朝鮮の要請を受け出兵
清に宣言なく出兵
清
日本
鎮　圧
戦後処理で日清両国折り合わず
豊島沖海戦
日本の連合艦隊が仁川の西方豊島沖で遭遇した清国軍艦を撃沈
日清戦争
黄海海戦
日本軍が清国の北洋艦隊を捕捉。４時間余りの砲撃戦を制す
平壌の戦い
平壌に籠る清国兵を日本軍が破る
豊島沖海戦

Column

山縣《やまがた》有朋《ありとも》の「国境と利益線」論

明治23年（1890）12月6日、初めて召集された議会において山縣首相は演説した。すなわち、「思うに国家独立自営の道は、一に主権線を守禦し、二に利益線を防禦するにあります。何をか主権線という、国境これです。何をか利益線という、わが主権線の安全とかたく関係しあう区域これであります。今日列国の間に立って、国家の独立を維持しようと欲するならば、ただ主権線を守るをもって足れりとせず、かならずや利益線を防護しなくてはなりません」と。

外野席

教育熱心な明治政府　明治 6 年の欧米留学生は 373 人。そのうち、官選留学生 373 人、経費 25 万円だった。この金額は同年の文部省予算の約 18％を占める、約 5 分の 1 近い金額だった。欧米に追い付き、追い越せ、と言う国家的要求は凄まじいもので、金銭には代えられないということだった。

80 三国干渉と日露戦争

下関条約に待ったをかける三国

その1 賠償金2億両（3億1000万円）

その2 沙市・重慶・蘇州・杭州の4港を開かせる

その3 遼東半島・台湾・澎湖諸島を割譲される

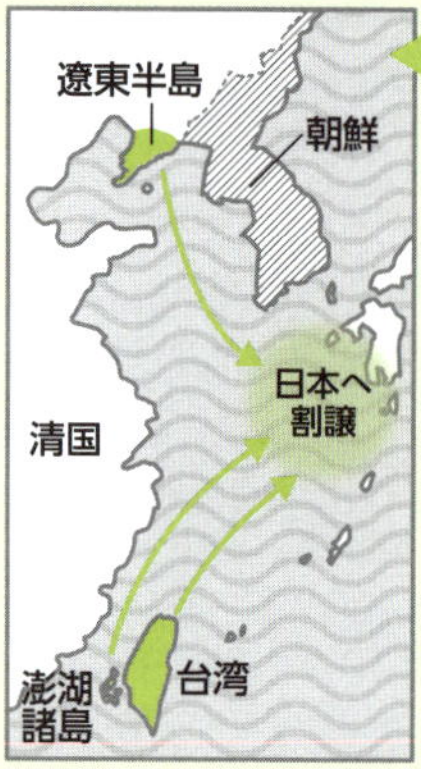

三国干渉

ところが、ロシアがフランス・ドイツと手を組み、遼東半島を清国に返還するよう干渉する

その後……

山東半島 ドイツ	広州湾 フランス
遼東半島 ロシア	九龍半島 イギリス

各国が租借地とする

ロシアへの日本の**敵意**

スローガン 臥薪嘗胆

日清戦争は、日本側が要求した①清国が朝鮮の独立を認める②遼東半島・台湾・澎《ほう》湖《こ》諸島を割譲する③賠償金二億両（テール）を支払う④沙市・重慶・蘇州・杭州の四港開港、という講和条件で妥結しました。

ところが、満州に利害関係の深いロシアが遼東半島の日本割譲に反発しました。フランス、ドイツを誘って遼東半島を清国に返還するよう抗議したのですが、いざ清国に返還されると即座に自分が横取りする始末。

あまりのことに日本も明治三十七年（一九〇四）初め、イギリスとアメリカの支持を得てロシアに宣戦布告。陸軍は激戦の末、旅順を落とし、奉天を占領しました。海軍もロシア海軍の精鋭、バルチック艦隊を迎撃して捕捉撃滅しました。完全勝利でした。

東洋の小国日本が大国ロシアを破ったというニュースが世界を駆け巡り、植民地支配に泣く国々の希望の星となったのです。

日露戦争の主戦場

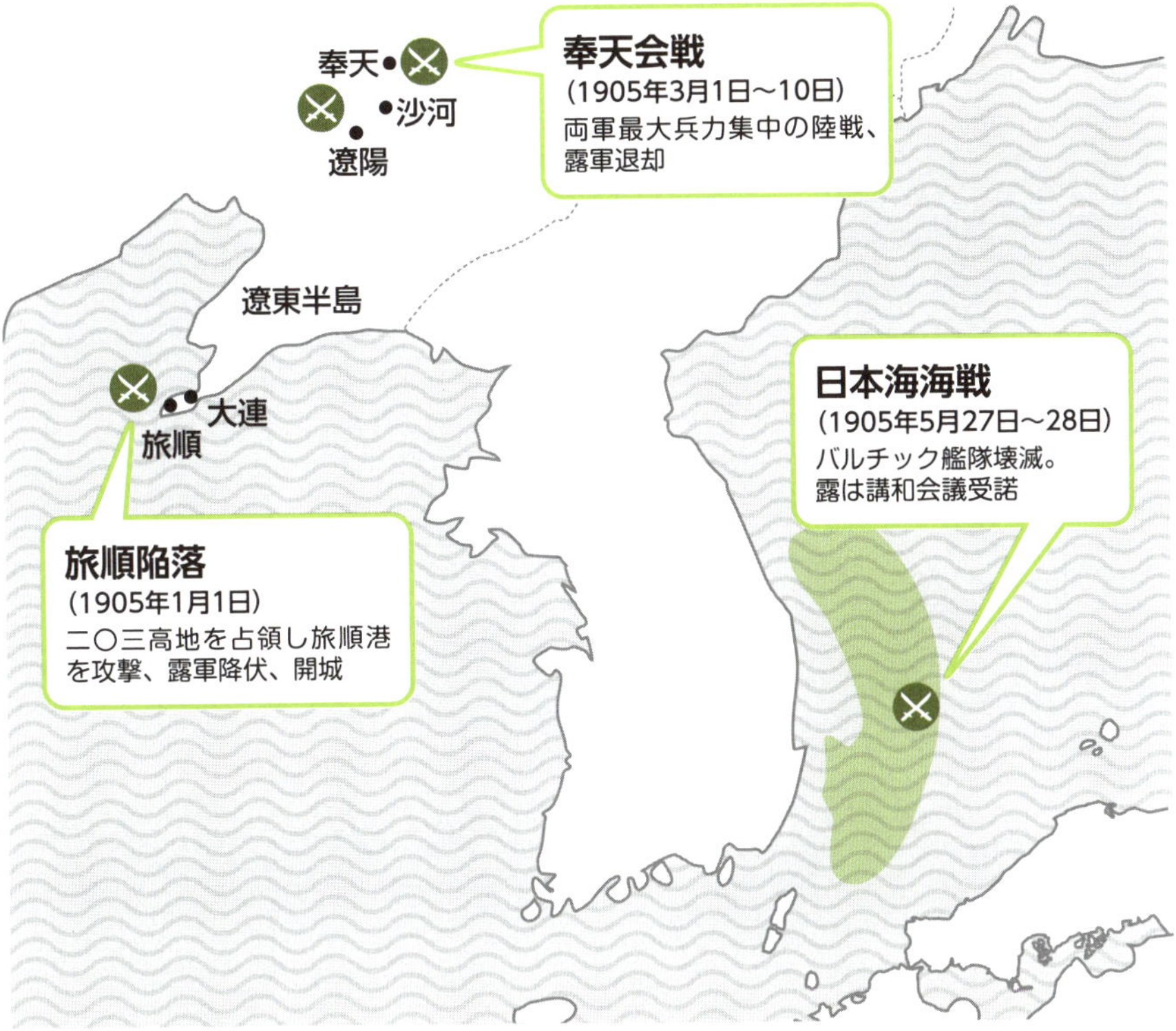
奉天
沙河
遼陽
奉天会戦
(1905年3月1日～10日)
両軍最大兵力集中の陸戦、
露軍退却
遼東半島
大連
旅順
旅順陥落
(1905年1月1日)
二〇三高地を占領し旅順港
を攻撃、露軍降伏、開城
日本海海戦
(1905年5月27日～28日)
バルチック艦隊壊滅。
露は講和会議受諾

Column

生ける屍《しかばね》に群がる禿鷹《はげたか》の群れ

当時の国際政治は軍艦と大砲の数で決まった。これは紛れもない事実であり、日本も欧米先進国の植民地にされる寸前だった。しかし、明治維新後、無理を重ね列強国の仲間入りを果たしたが、清国は日本のように国全体の近代化ができなかった。〝眠れる獅子〟が小国日本に負けたと知るや、列強は禿鷹のように獲物に飛び掛かった。イギリスは揚子江沿岸一帯、フランスは広東・広西・雲南3省、ドイツは山東省、ロシアは満州を丸ごと押さえた。清国皇帝は何もしなかった。

外野席

敗北を認めないロシア　大国ロシアを相手にして戦争を長期化するのは国力の限界を超えるため、ロシアが敗北を認めず、賠償金をビター文も払わないと言っても日本は戦闘停止、講和せざるを得なかった。しかし、勝利国日本から講和の申し出はできない。結局、アメリカ大統領ルーズベルトに斡旋役を頼んだ。

81 実業家 渋沢栄一の活躍

右手に算盤、左手に論語

関わった公共事業 約600社

関わった会社設立 約500社

論語
算盤
金儲けばかりじゃダメ
そこに道徳がなけりゃ

「日本資本主義の父」と評せられる渋沢栄一。その通り、渋沢栄一は、健全な資本主義の育成に生涯を捧げ、利潤の社会への還元を正しく実践した人物でした。

明治初期から昭和初期に没するまでの間、生涯に約五百余に及ぶ会社を設立し、六百余の社会公共事業に関与しました。一々記録に留め難い実績を積み重ねながら、世に言う財閥の立志伝の如く、功成りても名を挙げることに興味を示しませんでした。

その秘密を解き明かすためには、是非とも「右手に算盤《そろばん》、左手に論語」という事業哲学があったことを特筆しておく必要があります。渋沢栄一は常に経営には哲学（道徳）が伴うことを主張し、実践し続けたのです。この点、稀有な人物であったことは確かです。

近代史上、あまりにも偉大であるがゆえに、なかなか人々の理解が及ばないところがあったと言えるのかもしれません。

渋沢栄一が関わった主な事業

業種	企業名
銀行	第一国立銀行（➡現・みずほ銀行） 七十七国立銀行など多数
ガス会社	東京瓦斯（➡現・東京ガス）
保険会社	東京海上火災保険（➡現・東京海上日動火災保険）
製紙会社	抄紙会社（➡現・王子製紙、日本製紙）
セメント会社	秩父セメント（➡現・太平洋セメント）
ホテル	帝国ホテル
鉄道会社	秩父鉄道、日本鉄道会社（➡現・東日本旅客鉄道）
運輸会社	共同運輸会社（➡現・日本郵船）
為替	東京証券取引所
ビール会社	麒麟麦酒（➡現・キリンホールディングス） 札幌麦酒（➡現・サッポロホールディングス）
紡績会社	大阪紡績（➡現・東洋紡）
病院	東京慈恵会、日本赤十字社、聖路加国際病院
学校	商法講習所（➡現・一橋大学） 二松學舍（➡現・二松学舎大学） 同志社大学、日本女子大学、東京女学館など

Column

日本海海戦で大活躍した無線通信

マルコニーが無線電信機を作ったのは1897年（明治30年）。海軍がその研究を始めたのが2年後の明治33年。36年2月には駆逐艦に仮設して実験すると通信距離17海里だったが、同年12月には79海里に伸びる。手旗信号が全盛期の時、東郷艦隊司令長官の英断で全艦艇に搭載された。バルチック艦隊との日本海海戦でも大活躍する。5月27日早暁、仮装巡洋艦信濃丸が「敵発見」全艦隊に発信。東郷長官は戦う前からすべての動きを把握し、勝つべく努力して勝ったのである。

外野席

「田園調布」開発物語　田園調布は渋沢栄一のアイデアと提案で誕生した。阪急の創立者小林一三の陣頭指揮のもと、東急の創業者五島慶太が電車を走らせることで沿線住宅型の分譲住宅を開発。借家全盛時代に分譲住宅、自分の持ち家を作ろう、というニューウエーブを創造した。サラリーマン時代の標準スタイルを作った。

82 第一次世界大戦と大陸出兵

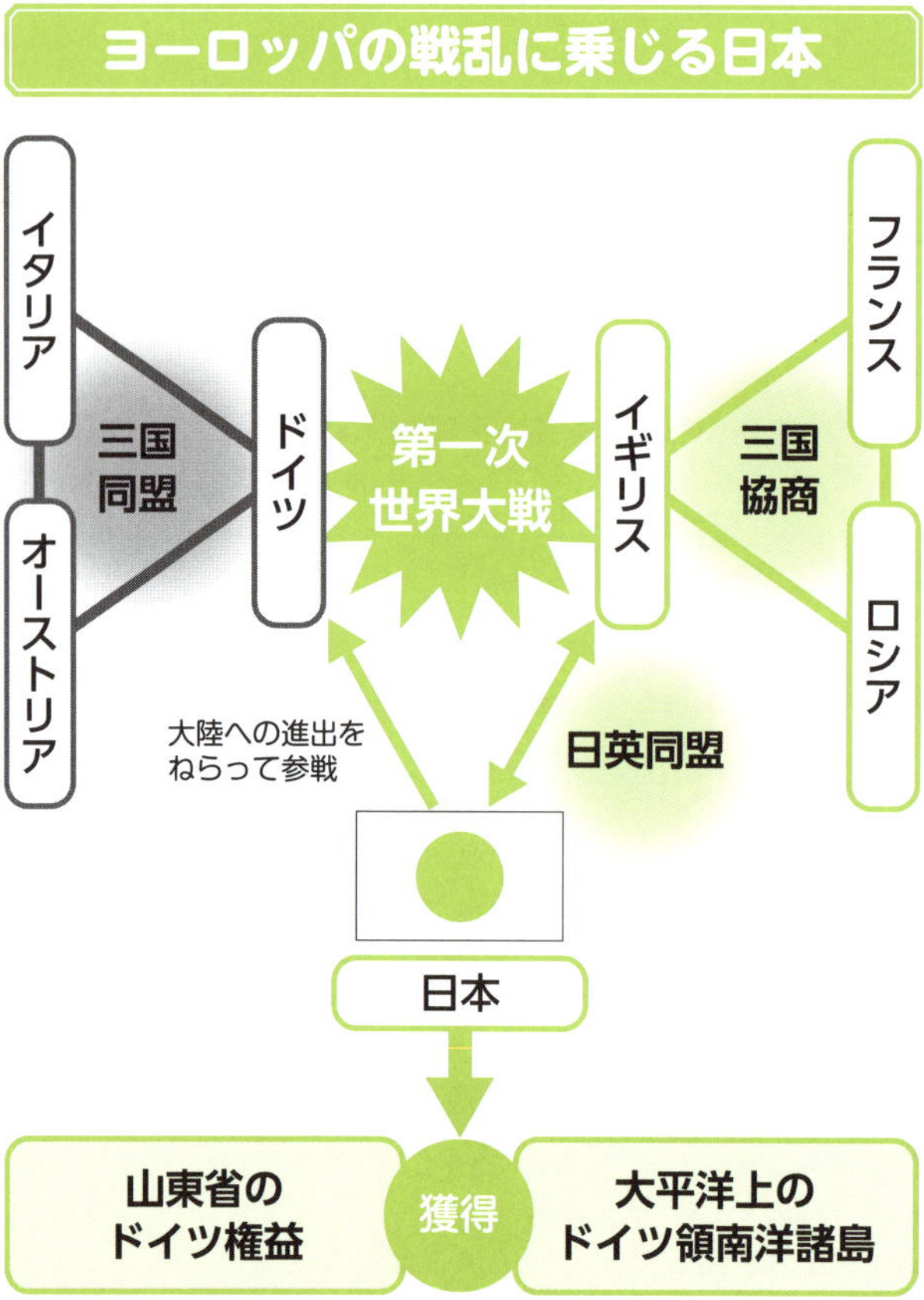
ヨーロッパの戦乱に乗じる日本
イタリア
オーストリア
三国同盟
ドイツ
第一次世界大戦
イギリス
フランス
ロシア
三国協商
大陸への進出をねらって参戦
日英同盟
日本
獲得
山東省のドイツ権益
大平洋上のドイツ領南洋諸島

義和団事件以来、「極東の憲兵」と言われ、一目置かれるようになった日本が、日露戦争に勝利したことで一層注目されるようになりました。そんな時、ヨーロッパで突然、世界を揺るがす事件が起きました。

オーストリア皇太子が親露的なセルビア人に暗殺されたことで、両国間に戦争が勃発。それが引き金になり、ドイツとロシアの戦争に発展。そして、イギリスとフランスがロシア側に回ったため、たちまちヨーロッパ諸国を戦乱に巻き込む世界大戦になりました。

極東アジアでも、イギリスがドイツに宣戦布告したので日本も参戦。ヨーロッパ戦線への遠征はしませんでしたが、ドイツ領の青島、赤道以北の南洋諸島の一部を占領。中国の袁《えん》世凱《せいがい》政権にドイツ利権の継承、権益強化などを要求し、大陸進出を促進しました。

濡れ手に粟の成果で、明治以来の財政危機と経済危機を一挙に解決できました。

民衆の不満爆発「米騒動」

大戦景気の裏では、物価の急激な高騰に一般民衆は苦しんでいた。シベリア出兵の直前、米商人による投機目的から米の買い占めで米価が急騰、日本だけの長期駐留は、一般民衆の生活に直接的な打撃を与えた。

第一次世界大戦前後の物価の動向（1912年を100とする）

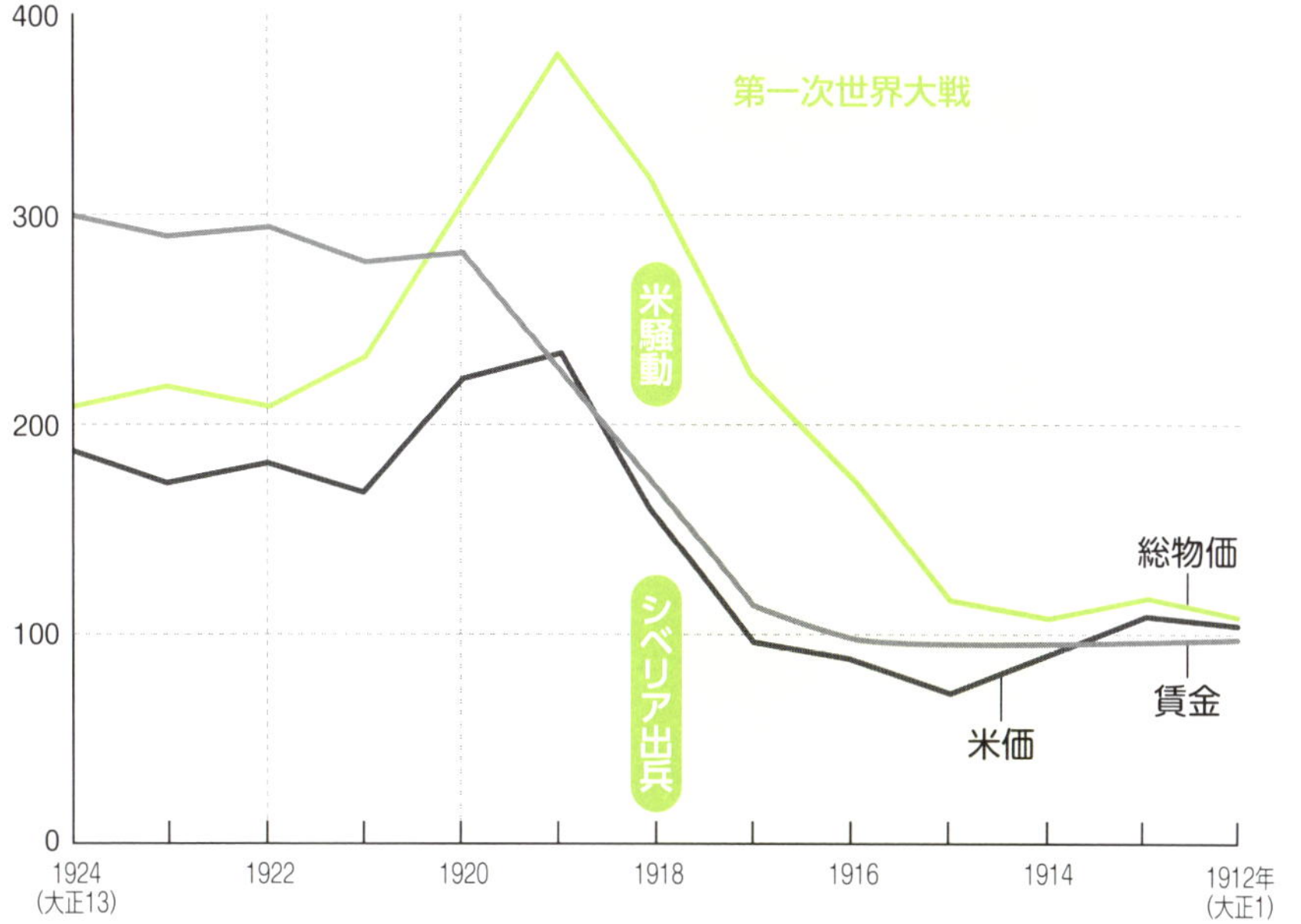

（出典:『日本経済統計総観』より）

Column

レーニンとロシア革命

第一次世界大戦の真っただ中、連合国の一翼を担うロシアにおいて、レーニン率いるボルシェヴィキ党（ロシア社会民主労働党多数派＝ロシア共産党）によってロシア革命が遂行され、1917年秋、プロレタリア独裁国家＝ソビエト・ロシアが誕生した。資本主義国家においても大戦後、アメリカ大統領ウィルソンの提案で国際連盟が結成され、国際平和維持活動が始まるが、革命ロシアと連携する中国の独立運動やアジア各地の独立運動の高まりが国際情勢を左右する要因となってくる。

大正

外野席

戦争成金、鈴木商店の羽振り　台湾の樟脳と砂糖を扱っていたのが、イギリスの鉄を買い占め、アメリカにも手を伸ばし、造船に手を出して、三菱造船に１万トン級の貨物船をまとめて３隻も発注して世界を驚かせたり、買い占めた鉄を川崎造船、三菱造船、石川島造船に供給するなどして暴利を収めた。

83 世界恐慌と植民地経営

NY株価大暴落が世界を巻き込む

"アメリカ"依存の世界経済大ダメージ

昭和四年（一九二九）十月二四日。ニューヨーク株式市場の株価が大暴落し、世界中に激震が走りました。いわゆる「ブラック・マンデー（暗黒の木曜日）」です。

株価は一時持ち直したものの、五日後、再び大暴落し物価が急落。やがてアメリカの国内生産が縮小し、失業者が増大する結果を招きました。アメリカの国内生産は半分に縮小、輸出は三分の一に減少しました。

原因は空前の繁栄を謳歌するアメリカがヨーロッパ資本を吸い上げたためと噂されましたが、詳細は不明。反動は大きく、あっと言う間に世界不況になり、ついには世界各国が金本位制から離脱し、独自の経済圏（植民地経営）建設に向かいます。

植民地を保有している国はまだ逃げられますが、植民地を保有していない国は、植民地の奪い合い、武力衝突は避けられなくなります。第二次世界大戦が始まりました。

軍備拡大による景気拡大

国家予算に占める軍事費の割合

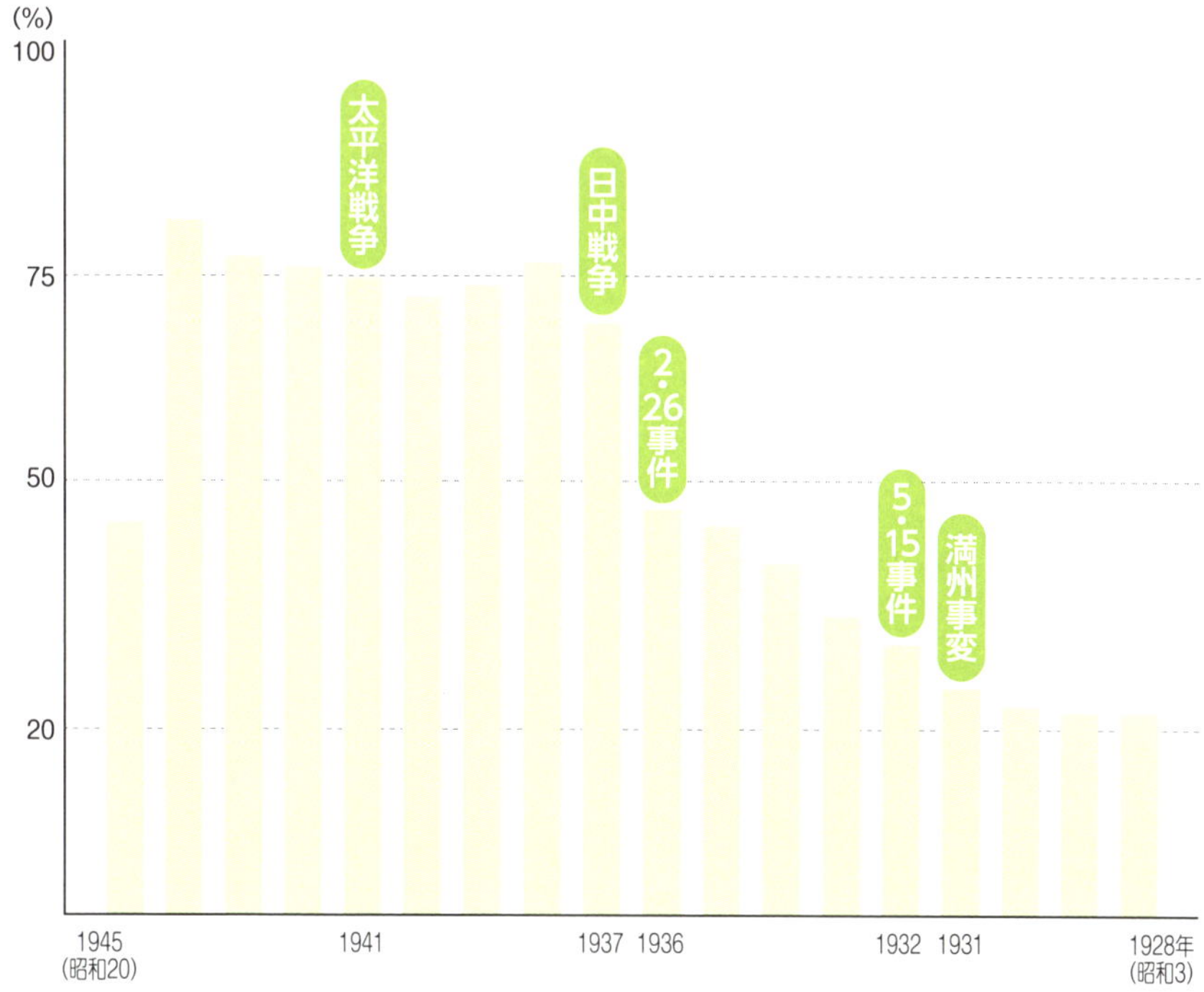

（出典:『日本統計年間』より）

Column

ケインズ理論は時代最先端

イギリスの経済学者ケインズは、昭和11年（1936）、「雇用・利子および貨幣の一般理論」と題する論文を発表して一躍話題になる。経済の目的は完全雇用にあり、それを達成するには国が金利を下げ、積極的に財政支出の膨張を図る必要があるということで、前提として金本位制の放棄、通貨の人為的膨張＝インフレ政策が必要であるという主張だった。現代社会では常識になっているが、当時は奇想天外の発想として奇異に受け止められ、徐々に景気刺激策として採用されるようになる。

外野席

新しき村づくりの夢と挫折　ロシア革命の影響か、武者小路実篤ら文学青年は、宮崎県児湯郡木城において、人間が人間らしく生きる理想郷作りに熱中する。しかし、開拓暮らしは苦難が多い。理想通りには進まない。甘い幻想はたちまち敗れ、打ち砕かれた青年たちはわずか6年後に解散した。

84

東亜新秩序構想と日中戦争

世界から孤立する日本

国内	年	海外
	1931年	**満州事変** 関東軍は日本の南満州鉄道をみずから爆破し、中国軍の仕業だとして、奉天、長春を占拠
血盟団事件 井上準之助前蔵相 団琢磨三井財閥幹部暗殺 **5・15事件** 犬養毅首相暗殺	1932年	**満州国建国宣言**
	1933年	**国際連盟脱退** 連盟の臨時総会で満州における日本軍の撤兵勧告を42対1で可決すると、日本代表は退場し脱退を通告した
2・26事件 陸軍将校に率いられた1400名の兵が軍政府樹立を掲げて、首相官邸や警視庁を襲撃。高橋是清蔵相、斉藤実内大臣らを暗殺	1936年	

↓

軍部が実権を握る

ロシア革命によって社会主義社会の実現を目指すソビエト連邦が出現すると、自由主義陣営でもアメリカの提案で国際連盟が誕生します。その中で、日本はロシア革命干渉戦争に加わり、国際連盟に参加しながら独自の権益＝経済圏の確立に向かいます。

日・満・華、つまり、日本と満州、中国を柱とする「東亜新秩序」建設を目指します。これは植民地を持たざる国、イタリアとドイツ、日本の三国同盟を背景とするブロック経済圏の構築という狙いもありました。

ところが、国際連盟派遣のリットン調査団が「満州の日本支配は不当」と満州国建国を論断するなど日本批判が露骨になってきたため、日本は抗議の意味で国際連盟を脱退。我が道を突進することになります。

「窮《きゅう》鼠《そ》猫をかむ」の例えか、五・一五事件、二・二六事件と連続する右翼を中心とする軍部の武装決起が勃発します。例えにぴったりの状況でした。

大東亜共栄圏構想

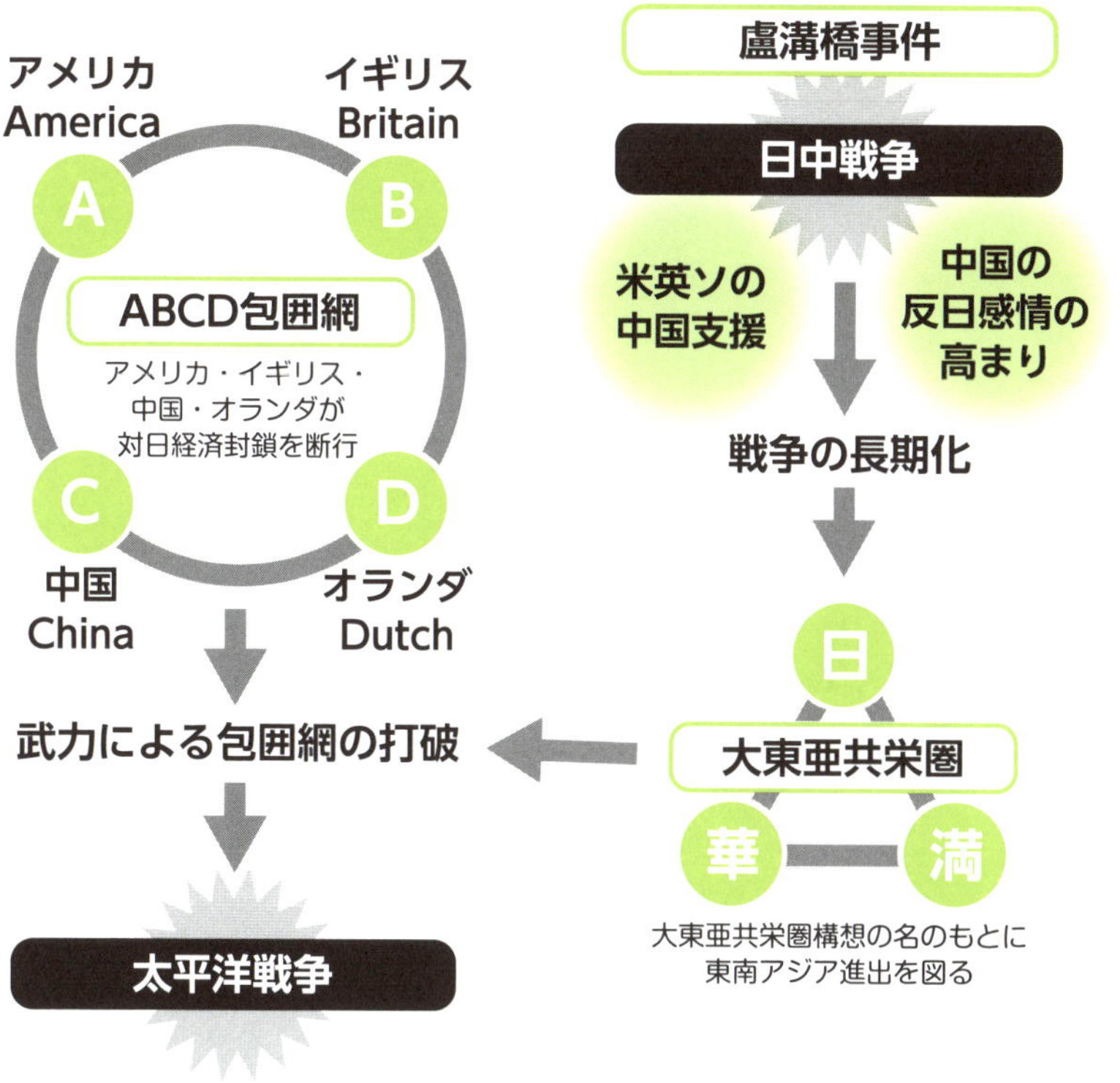

Column

ABCD包囲網

東亜新秩序建設を叫び、日本が南方作戦を開始するや、たちまち、日本包囲網「ABCD包囲網」が出来上がる。極東に米・英の潜水艦が増派され、ハワイに米太平洋艦隊が終結し、英・米・豪3国共同体制の構築、英の対中援助、蘭領インドシナに米の陸海空飛行教官の派遣など。問題は経済封鎖を実施したこと。米国輸出の禁止、南方のニッケル鉱、クローム鉱、屑鉄の対日輸出禁止、石油禁輸を総がかりで実施した。資源小国日本はたちどころにダウンせざるを得なかった。

外野席

独走する関東軍　帝国陸軍の主力、関東軍は政府の不拡大方針を無視し満州各地に散開し、主要拠点を占領する。そして、手際よく清朝最後の皇帝溥儀を執政に迎え、満州国建国を宣言する。これを基盤にして国家改造を断行せんとする青年将校や右翼が台頭するが、井の中の蛙、大海を知らず。他に道はなかったのか。

85

アメリカ参戦
太平洋戦争

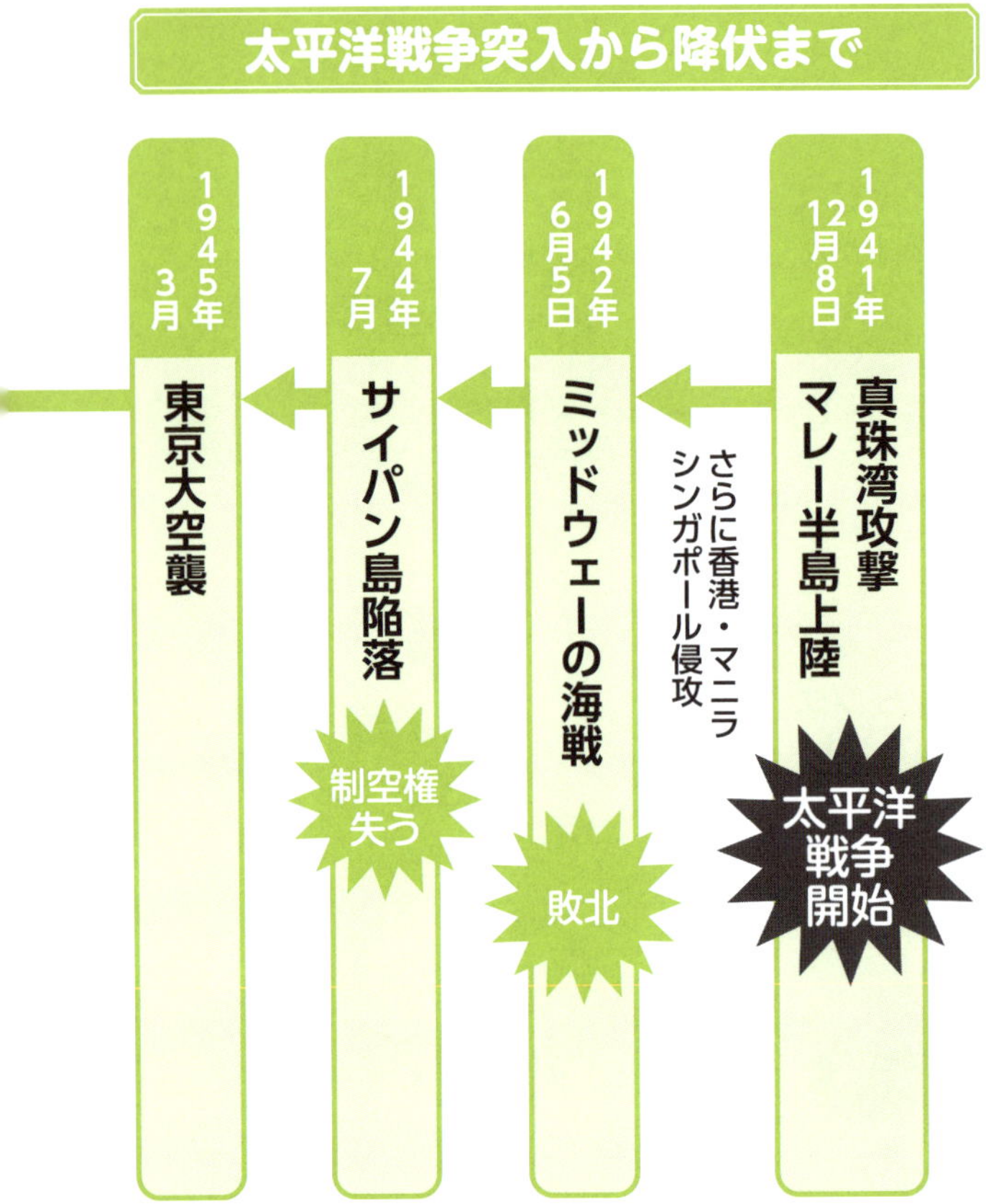
太平洋戦争突入から降伏まで
1941年12月8日
真珠湾攻撃
マレー半島上陸
さらに香港・マニラ
シンガポール侵攻
太平洋戦争開始
1942年6月5日
ミッドウェーの海戦
敗北
1944年7月
サイパン島陥落
制空権失う
1945年3月
東京大空襲

世界恐慌が拡がり、どの国も戦争経済体制に転換し、ブロック経済の実現に向かう中で極端な形でブロック経済の構築に向かったのが、持たざる国のイタリアとドイツ、日本の三カ国であった。

イタリアはエチオピア、ドイツは周辺諸国を脅かし、日本は満州を「赤化防波堤」としつつ、中国全土に戦線を拡大。蒋介石《しょうかいせき》（国民党）、毛沢東《もうたくとう》（共産党）と対立する一方、「日・満・華三国連帯の東亜新秩序」を唱え、汪兆銘を首班とする新国民政府を樹立する。

しかし、昭和十六年（一九四一）六月、ドイツ軍が独ソ戦を開始。日本もフランス領インドシナに進駐すると、アメリカは経済制裁を強化。日本の動きを抑止したため、開戦不可避となります。一二月、日本軍はマレー半島に上陸し、ハワイの真珠湾を奇襲したところでアメリカ、イギリスに宣戦布告。

太平洋戦争に突入します。

1945年4月
米軍　沖縄上陸

1945年5月
ドイツ降伏
（日本は同盟国を失う）

1945年8月6日 9日
原爆投下
（軍事力の圧倒的な格差）

1945年8月8日
ソ連参戦
（日ソ中立条約を無視し宣戦布告）

1945年8月14日
ポツダム宣言受諾
無条件降伏

1945年8月15日
天皇が終戦の詔書放送

Column

毛沢東を応援した米国

国際連盟を脱退した日本は、大陸支配の拡大に向かうのは理の当然であった。自衛行動である。満州を拠点にして華北一帯を支配下に置く方針を発表した翌年、1937年、盧溝橋事件をきっかけに中国全土に戦線が拡大し、泥沼化していく。日中戦争（日支事変）である。毛沢東と蒋介石は「国共合作」として抗日民族統一戦線を結成して抵抗。アメリカは「日本憎し」で、その共産党と国民党にテコ入れした。朝鮮戦争の勃発で、ようやく、日本を同盟国として待遇するようになる。

外野席　**忘れてはいけない東京大空襲**　サイパンが陥落した昭和19年（1944）以後、制空権を失った日本はアメリカの戦略爆撃機B 29の集中攻撃を受けるようになる。特に東京大空襲ではB 29が150機も現れ、下町を包囲するように爆弾150万発を投下。結果、逃げ場を失って、10万人が焼け死んだ。

86 GHQによる日本解体作戦

GHQの指示・監督のもと
日本の無条件降伏
GHQ（連合国軍最高司令部）
指示・監督
マッカーサー
民主化
帝国主義の排除
極東軍事裁判

生き残りを賭けて戦われた「東亜新秩序」建設の大東亜戦争は太平洋戦争という形で継続されますが、失敗。アメリカを中心とする連合国軍に敗退します。

敗戦し、武装解除された日本はD・マッカーサー元帥を最高司令官とするＧＨＱ（連合国軍最高司令部）の指示・監督によって行政に当たり、民主化政策と称する日本国解体作戦に取り組むことになります。

軍隊解体に続き、三井・三菱・住友・安田など財閥解体、地主制度の解体＝自作農創出、労働組合の結成などです。教育内容も修身、日本歴史、地理は国家主義、軍国主義を育むという理由で禁止されました。

そして国会を国権の最高機関とし、天皇は国民統合の象徴的存在に落ち着いたところで『極東軍事裁判』を開始。勝者が敗者を裁く一方的な政治的ショーになりました。

GHQの進める日本再生策

- 民主化
  - 教育
    - 教育基本法
    - 学校教育法
    - 民主教育
    - 男女平等
    - 教育機会均等
  - 経済
    - 財閥解体
    - 農地改革（地主制度の解体）
    - 労働組合の公認
  - 政治
    - 日本国憲法の制定
    - 選挙法改正
    - 民法改正
    - 主権在民
    - 平和主義
- 非軍事化
  - 天皇による「人間宣言」
  - 治安維持法の廃止
  - 思想警察・特高の廃止
  - 極東軍事裁判で戦争犯罪の追及
  - 軍隊の解体・軍需産業の停止

Column

廃案となった日本統治分割案

連合国軍は日本を分割し、直接統治する計画だった。北海道と東北はソ連、関東・東海甲信越・中部・北陸はアメリカ、中国・九州はイギリス、四国は中華民国が担当する予定。さらに東京都区部は米・中・ソ・英が共同統治し、近畿地方の大部分は米・中が統治するという案だった。しかし、元外相重光葵の間接統治案を採用して分割案は立ち消えになった。連合軍の75％はアメリカ兵で占められていたことが大きな理由だが、天皇を頂点にした仕組みを変えることはできなかったようだ。

外野席

マッカーサー証言　「彼ら（日本人）には、綿が無く、羊毛が無く、石油製品が無く～、～多くの資源が欠乏している戦争を始めた目的は、主として安全保障上の必要に迫られてのことだったのです」。同じ日、「太平洋において米国が過去百年間に犯した最大の政治的過ちは共産主義者を中国において強大にさせたこと」とも証言している。

87 GHQの統治方針の大転換

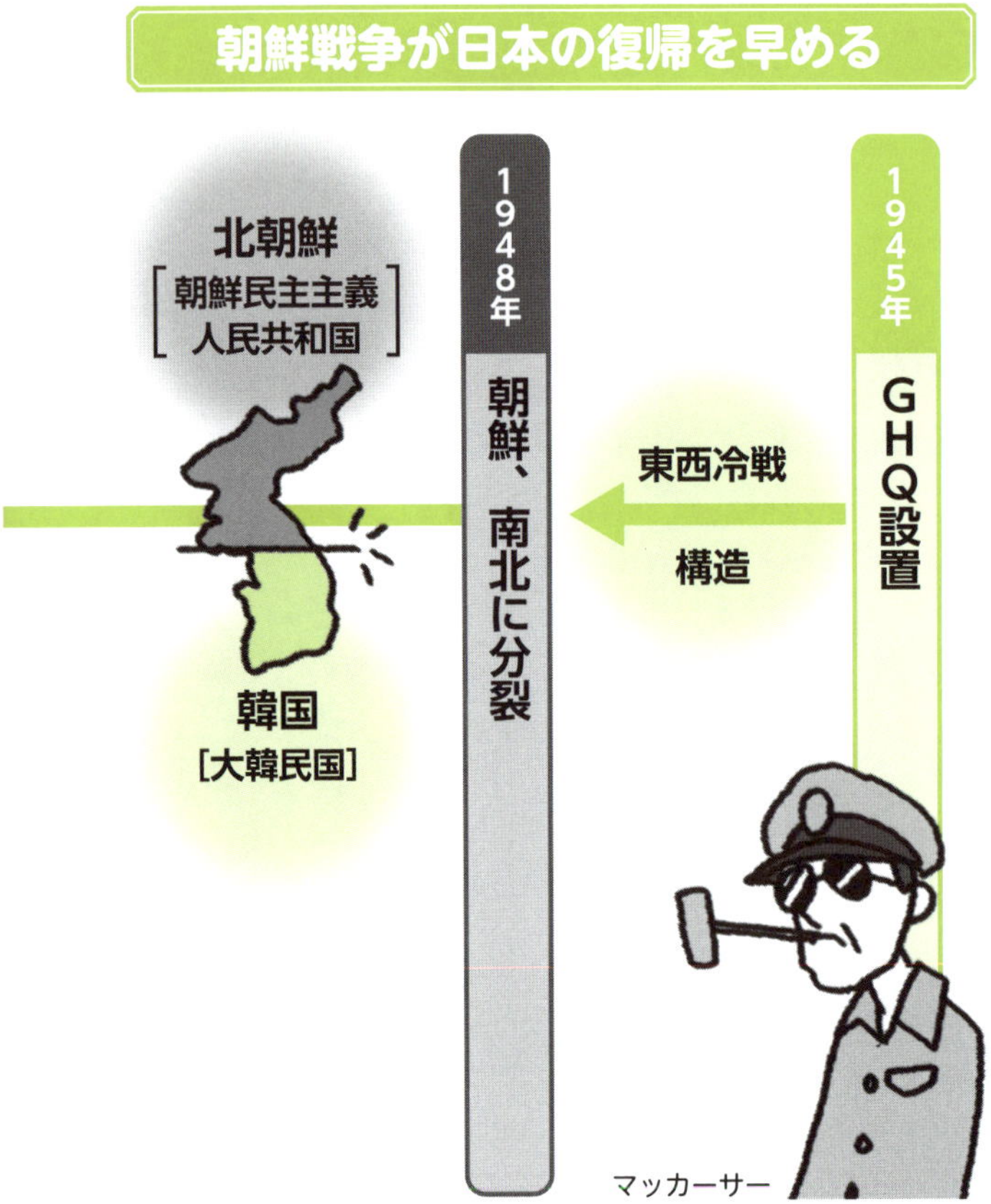

朝鮮戦争が日本の復帰を早める
1945年
GHQ設置
東西冷戦
構造
1948年
朝鮮、南北に分裂
北朝鮮
［朝鮮民主主義人民共和国］
韓国
［大韓民国］
マッカーサー

昭和二十五年（一九五〇）六月二十五日、夜明け前の午前四時（韓国時間）だった。突如、北緯三十八度線で北朝鮮軍の砲火が上がった。宣戦布告はなかったという。

三十分後には北朝鮮軍十万人が三十八度線を越えていた。同時に東海岸をゲリラ部隊が工作船に分乗して南下。韓国軍の後方に上陸して攪乱した。ところがなぜか、北朝鮮は南下作戦を停止。三日間の空白時間ができる。

国連軍は直ちに陣形を立て直し、ソウル近郊の仁川に精鋭部隊を強硬上陸させ、補給力のない北朝鮮軍を敗走させる。ところが、今度は中国共産党の志願兵が参戦。またもや、連合軍は押し返され、朝鮮半島の南端、釜山まで追い詰められる。

だが、最後の一線で押し返す。反撃の裏には日本の国連軍に対する後方支援活動、補給行動があった。GHQは日本をアジアの共産化を防ぐ最後の防波堤として再認識する。

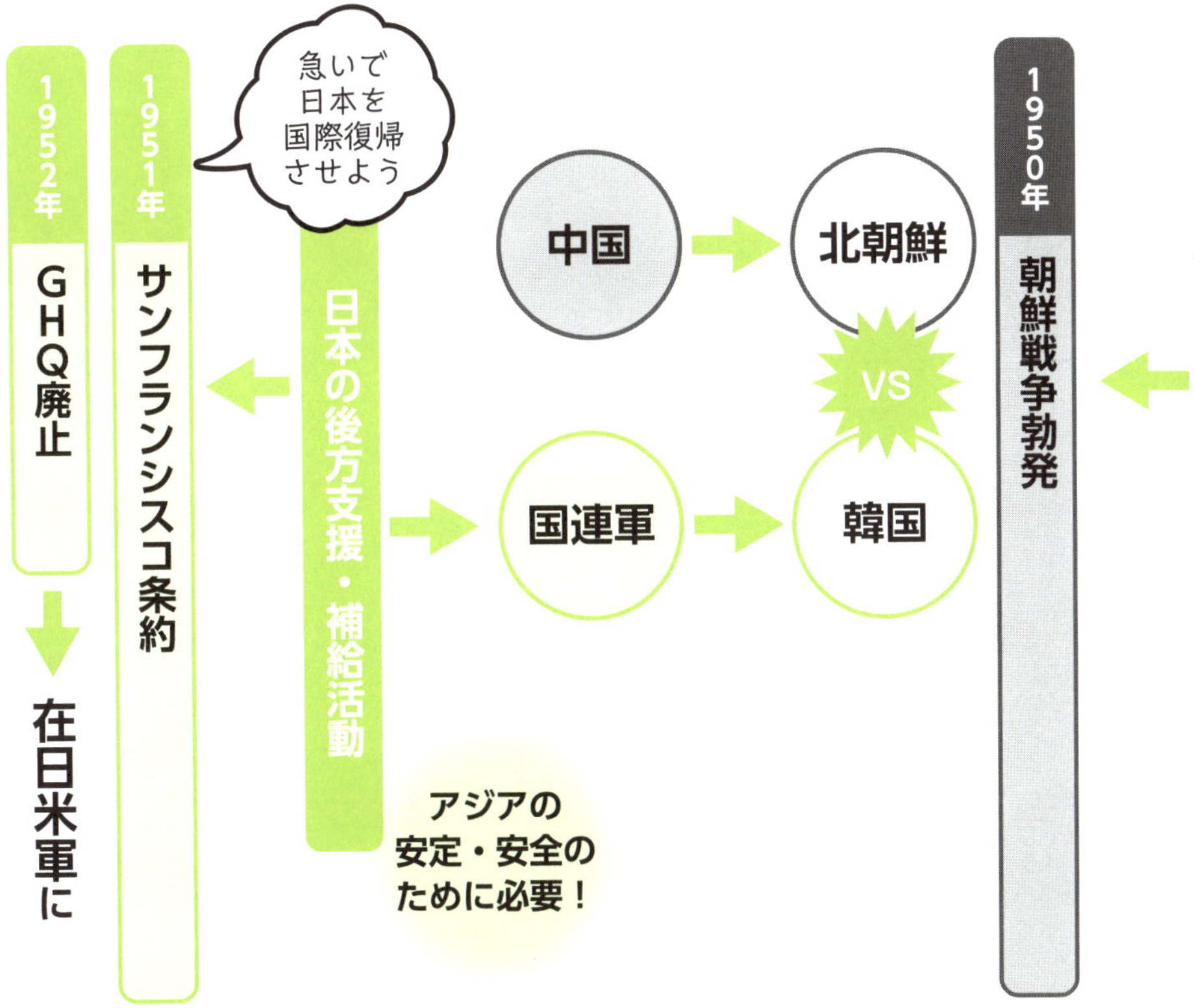
1950年
朝鮮戦争勃発
北朝鮮
中国
VS
韓国
国連軍
日本の後方支援・補給活動
アジアの安定・安全のために必要！
急いで日本を国際復帰させよう
1951年
サンフランシスコ条約
1952年
GHQ廃止
在日米軍に

Column

東西冷戦時代の始まり

北朝鮮支援のソ連と中国に対抗し、連合国は急ぎ「サンフランシスコ講和条約」を締結。警察予備隊（自衛隊の前身）が設置され、最低限度の自衛力を確保することが承認された。以後、独立と主権を回復した日本はアメリカと「日米安全保障条約」を締結し、戦後世界の平和と安定に大きく寄与する。東西冷戦時代に移行するにつれ、西側陣営の一翼を担うのだが、明治以来、日本の立ち位置と戦略は変わっていない。欧米諸国が日本を敵国扱いし、戦後は同盟国として見直したのである。

外野席

朝鮮特需　横浜に在日兵站司令部が設置され、戦場に送る大量の物資調達、買い付けが行われた。昭和25年（1950）から3年間で10億ドル。米軍に限らず、外国関連機関の間接特需も含めた場合、昭和30年までの間、約36億ドルと推計されている。これで日本経済が活気づき、立ち直る。

88 ソ連の崩壊と東欧の消滅

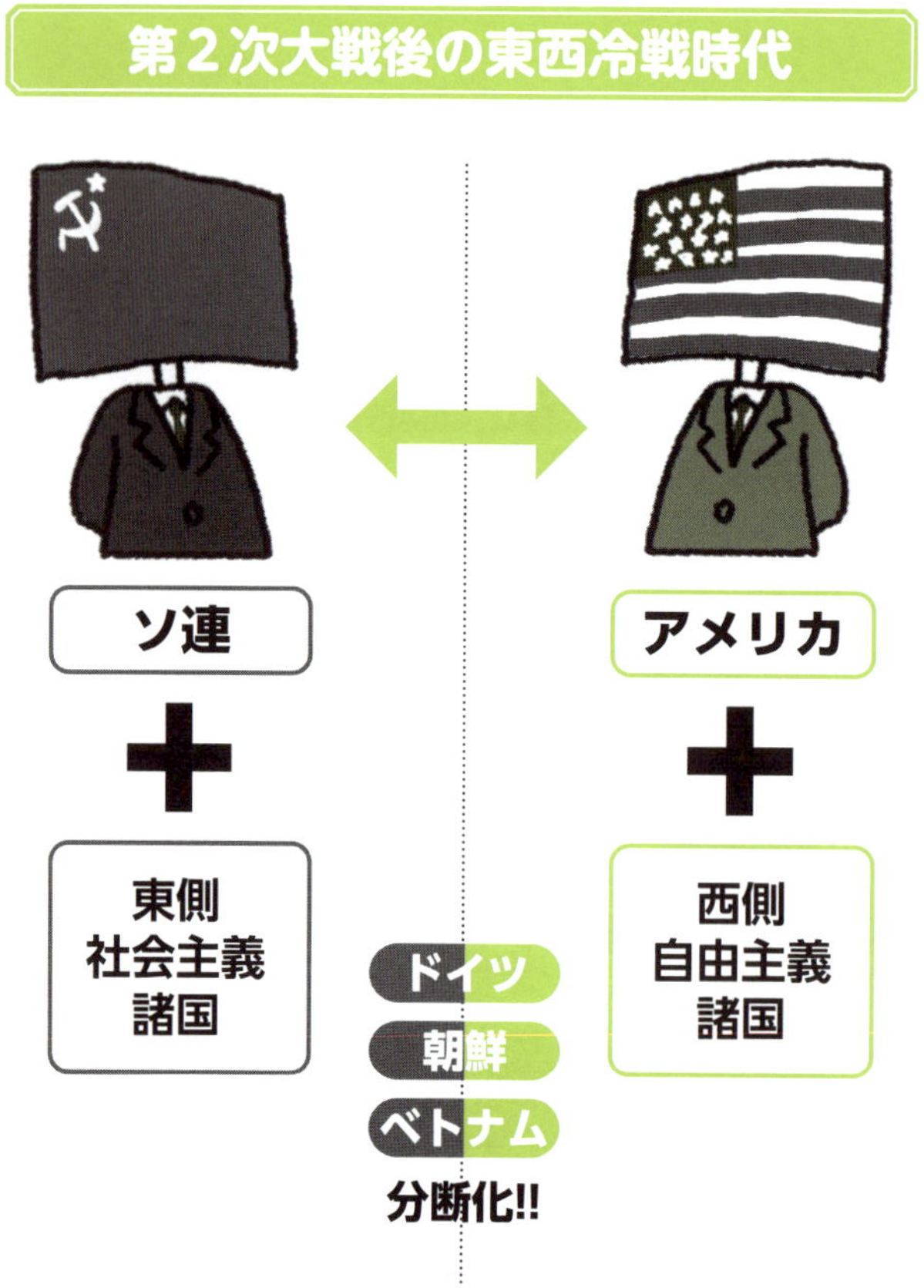
第２次大戦後の東西冷戦時代
ソ連
東側
社会主義
諸国
アメリカ
西側
自由主義
諸国
ドイツ
朝鮮
ベトナム
分断化!!

一九五六年六月、ポーランドのボズナニで生活改善と民主化を要求する運動が始まります。四カ月後、ハンガリーでソ連支配に抗議するデモが全国的な暴動に発展するとソ連軍が直接介入。戦車で踏み潰します。

しかし自由化を求める火は消えません。一九六一年、アルバニアがソ連と断交し、ルーマニアがソ連中心のコメコン、ワルシャワ条約機構から離脱。六八年にはチエコスロバキアがソ連と対決。一時は「プラハの春」と世界に報じられる。

そして一九八五年三月、ソ連共産党書記長にゴルバチョフが就任。「情報公開」「改革」に着手し、最高指導者自ら政治と経済、社会体制の全面的な見直しを始めると八九年十月、東ドイツのホーネッカー書記長が国民の退陣要求に出会って辞職。直ちに「ベルリンの壁」が壊され、東西ドイツが統一されます。

いわゆる東欧諸国は消滅したのです。

ソ連消滅と東ヨーロッパの解体

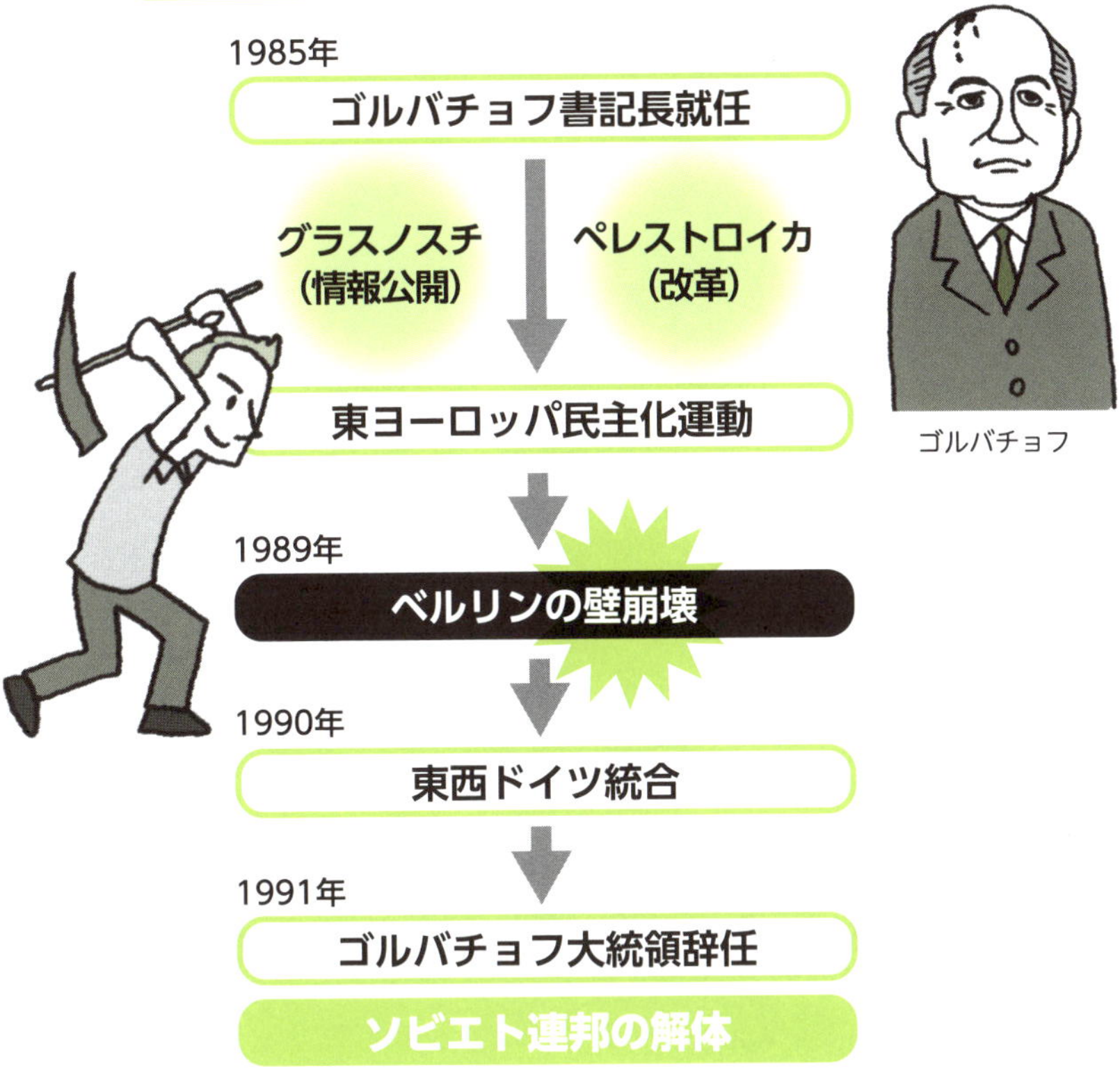
1985年
ゴルバチョフ書記長就任
グラスノスチ
(情報公開)
ペレストロイカ
(改革)
東ヨーロッパ民主化運動
1989年
ベルリンの壁崩壊
1990年
東西ドイツ統合
1991年
ゴルバチョフ大統領辞任
ソビエト連邦の解体
ゴルバチョフ

Column

時代の申し子、ゴルバチョフ

ソ連、すなわちソビエト社会主義共和国連邦は国家ではない。国家と国家の共同体であり、相互互助組織である。領土が圧倒的に広く、政治・経済・文化、あらゆる分野において群を抜くロシアが中心。徳川幕藩体制の、徳川家のような存在だ。連合体の離合集散は自由のはずだが、恐怖の縛りがある。だが、この縛りを自ら解き放ったのがゴルバチョフ。まさに〝時の人〟であり、時代の申し子として救世主のような存在だった。社会主義諸国の、どれだけ多くの人々が救われたことか。

外野席

ポーランド労組「連帯」の働き　1980年、ポーランドで政府に抗議するストライキがあった。ワレサ議長が指導する自主管理労組「連帯」だ。ストライキに参加する労働者が続々と増え、改革運動が全国に拡大。政府は戒厳令を布告するが、もはや押し止めることはできず、ワレサ議長は大統領選挙に立候補。政府入りする。

89 時代遅れの中国の帝国主義

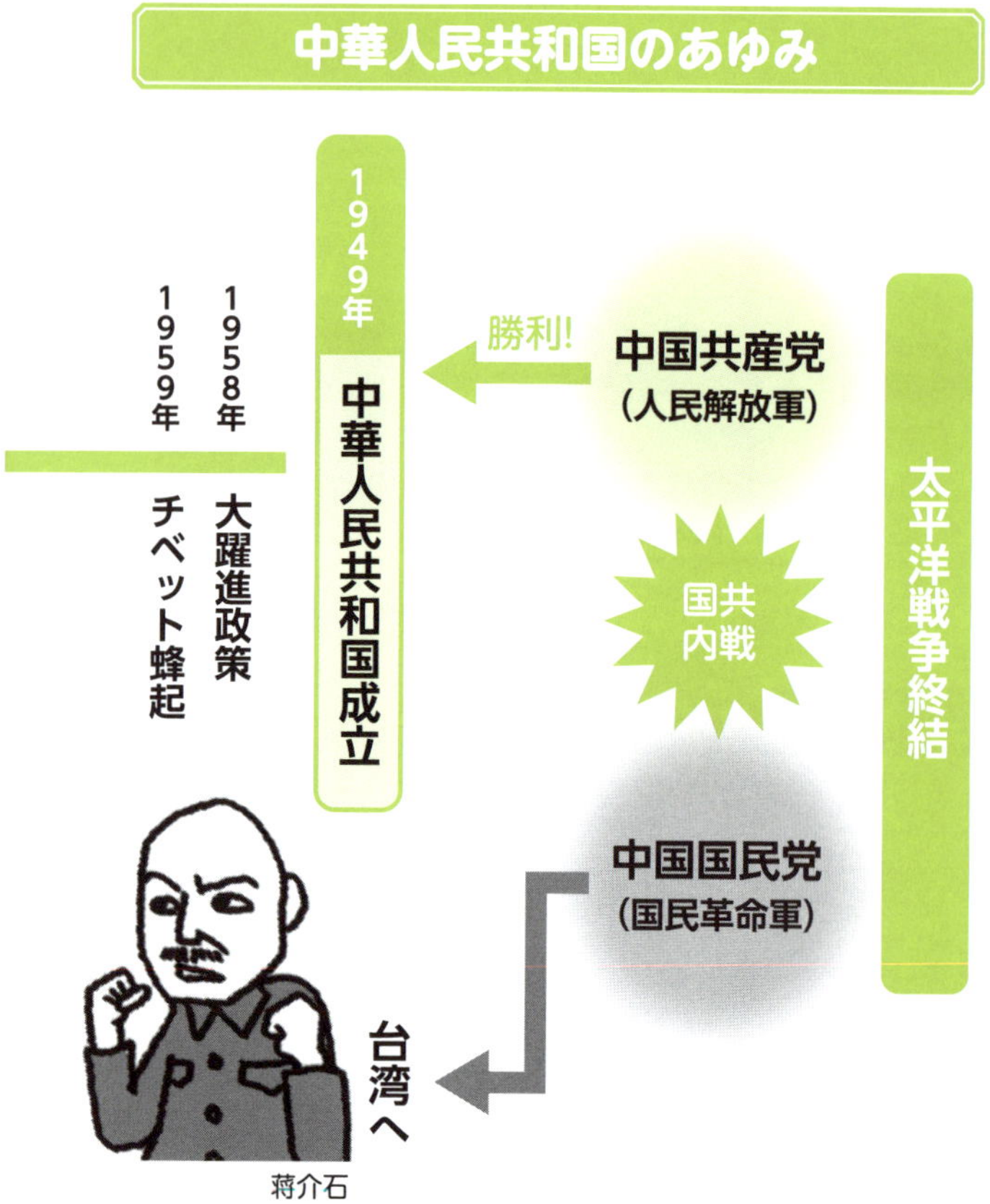
中華人民共和国のあゆみ
太平洋戦争終結
中国共産党
（人民解放軍）
勝利!
国共内戦
中国国民党
（国民革命軍）
台湾へ
1949年
中華人民共和国成立
1958年
大躍進政策
1959年
チベット蜂起
蒋介石

敗戦日本が中国大陸から撤退した隙間を突いて、蒋介石との内戦に勝利した毛沢東は、日本軍が放棄した資産、重火器類を接収し、中華人民共和国を建国します。

以後、長い間、時間と労力を費やして力を蓄え、いまやアメリカに次ぐ大国になりました。そして清国時代以来の欧米帝国主義列強による植民地支配の記憶、悲惨な体験があるためか、周辺諸国諸地域を暴力的に制圧・併合。逆に植民地支配をしています。

恐怖の独裁体制を敷いて君臨している有様は旧帝国主義そのものです。あるいは帝国主義以上に残虐な面も伝えられ、十九世紀ならば知らず、二十一世紀のいま、前近代的な暴力と独裁政治は通用しません。

アメリカ中心の戦後体制が崩壊したいま、日本は弱体化したアメリカを支え、赤い帝国主義と化した中国と向かい合い、自由主義陣営の要として働いていく必要があります。

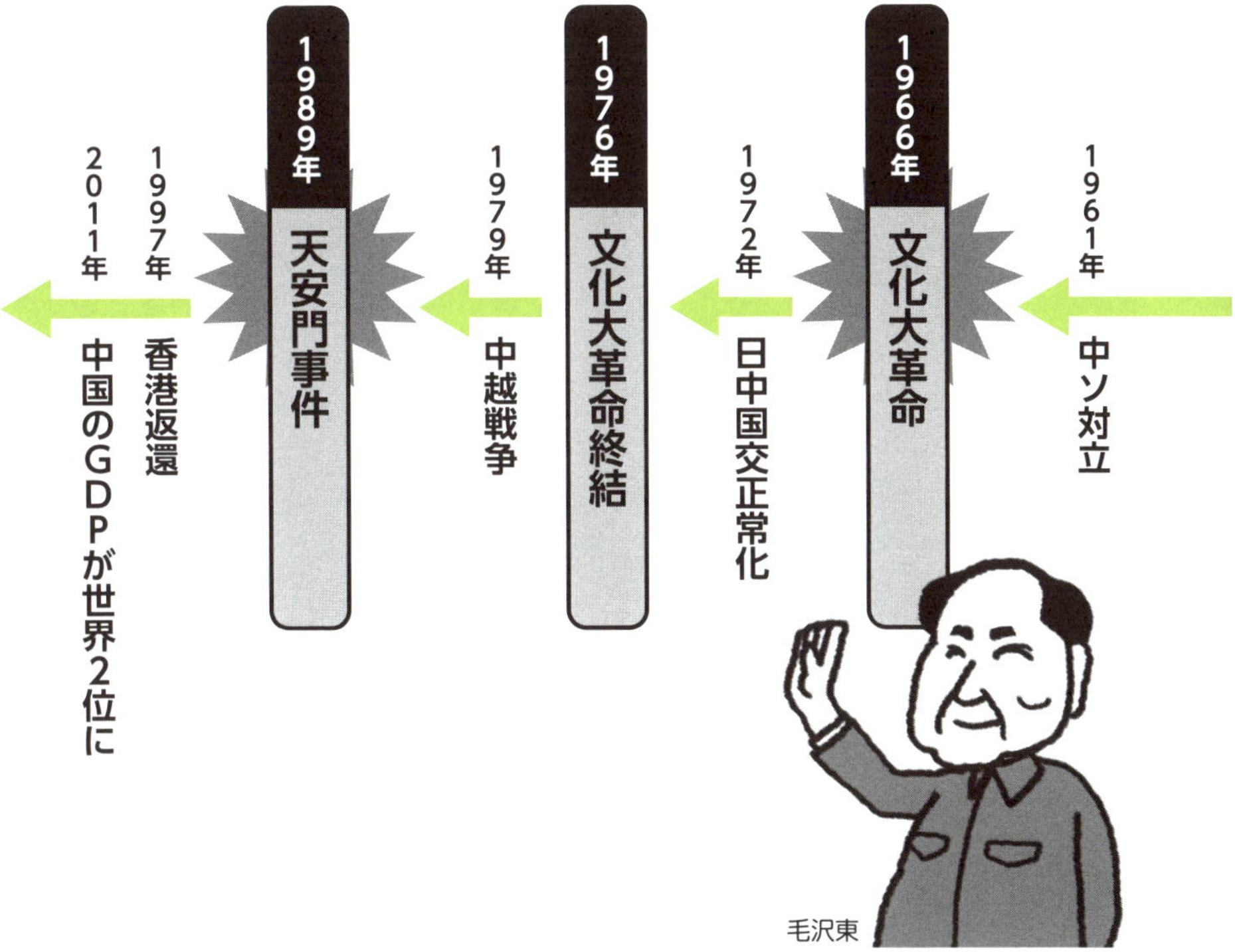
1961年
中ソ対立
1966年
文化大革命
1972年
日中国交正常化
1976年
文化大革命終結
1979年
中越戦争
1989年
天安門事件
1997年
香港返還
2011年
中国のGDPが世界2位に
毛沢東

Column

漂流するEC～EU

1952年、フランス、西ドイツ、ベネルックス、イタリア間の「欧州石炭鉄鋼共同体（ESSC）から始まり、58年には「欧州経済共同体（EEC）」「欧州原子力共同体」が発足した。やがて加盟国相互間の関税引き下げ、資本と労働力の移動の自由化、共同の商業と農業の各政策が実施されるようになり、67年、前期3機関の統合で「欧州共同体（EC）」となった。EU（欧州連合）となった現在は、各国の利害やイギリスの離脱問題など注目される。

外野席

ドル神話の崩壊と多極化時代　戦後体制はアメリカのドルと軍事力で支えられてきた。アメリカは各国の通貨当局の要求に応じてドルを金と交換することでドルの国際決済通貨としての信用性を確保してきた。しかし、金保有量が激減、対外債務が激増すればアメリカも苦しい。いま．もたれ合いと各国間競争の時代？

90 新生日本の『積極的平和主義』

日本経済のあゆみ
高度経済成長期（1952~1973年）
神武景気（1954~1957）
岩戸景気（1958~1961）
いざなき景気（1965~1970）
安定成長期（1973~1986年）
第1次オイルショック

日本はいま、戦後七十有余年を経て、大変身を遂げようとしています。

アメリカと共に新しい世界秩序を担う国際的プレイヤーとして働く国になれるのか。かつての敵対国同士が不動の同盟国となるわけで、歴史上、特筆される形になります。

東アジア周辺で軍事的緊張を強める中国を睨《にら》んで連携し、平時から有事に至る切れ目のない協力関係、強固な同盟関係を再構築しつつあります。そして、日米同盟を太平洋からインド洋における同盟ネットワークの中心に据え、集団的自衛権の行使を通じて日本の役割強化を図ろうとしております。

政治は言葉だけではありません。行動と実力が試されます。一国平和主義にどっぷり浸かって来た戦後日本が、国際平和と安定のために世界の荒海に身を乗り出すことになれば、否応なしに戦後的価値観と決別しなければなりません。新生日本に期待しましょう。

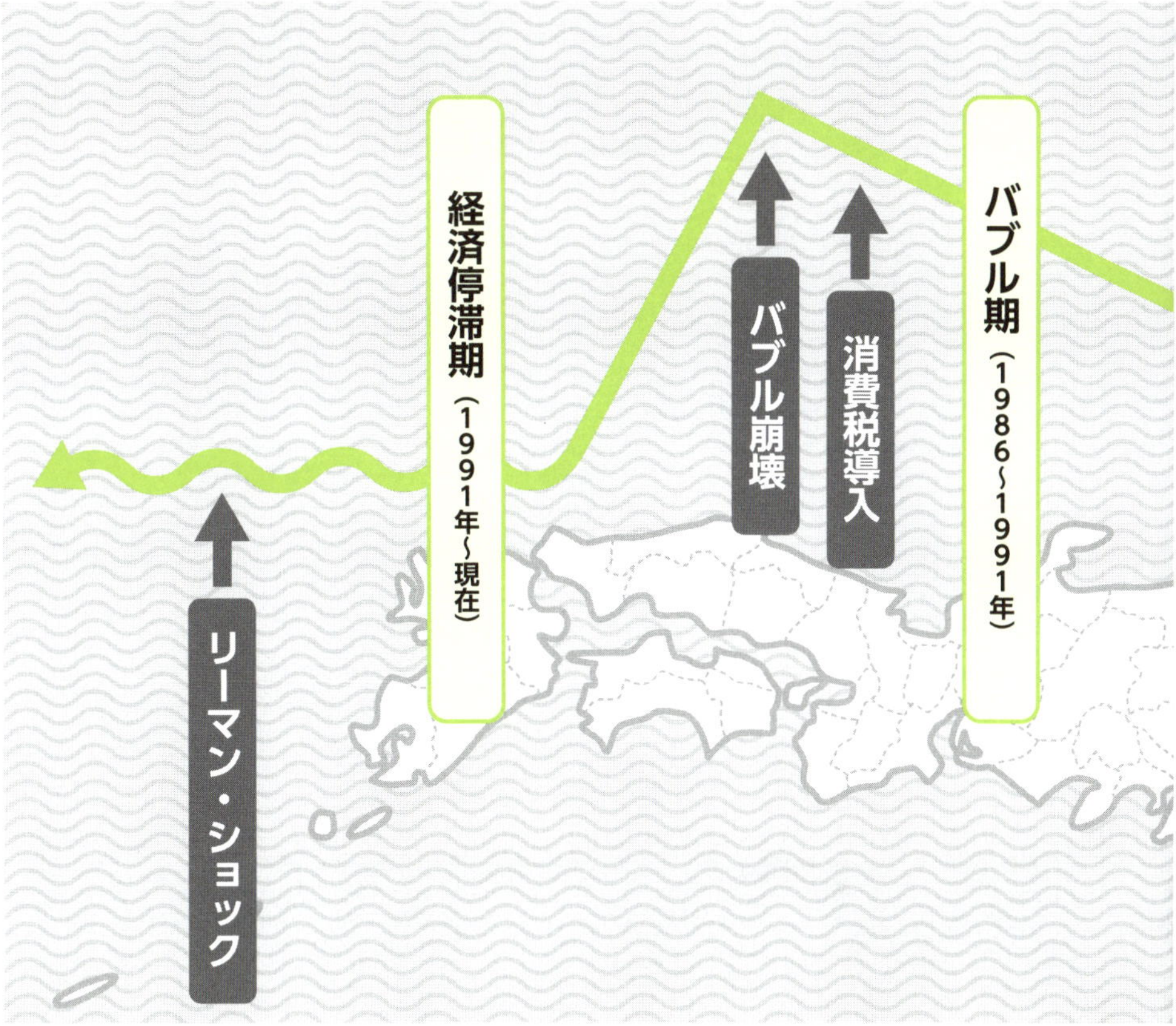

Column

安倍首相のアメリカ訪問

アメリカ訪問時、安倍晋三首相は、アメリカ下院議会において上下両院議員に向かって演説した。未来を向いて日米両国が更に結束を固めよう、と。そして内向きになっているアメリカを鼓舞激励し、共に戦おうと手を差し伸べた。アメリカの議員たちは安倍首相が、今後は信頼できるパートナーとして「地球的課題」を担うことを宣言したと理解した。だからこそ、500人を越える上下両院議員は何度も立ちあがり、敬意を込めて拍手を送ったのだった。

外野席

自虐史観　真面目な日本国民を呪縛する「自虐史観」とは、そろそろ決別しなければいけない。元を質せば、ＧＨＱの言論統制や教育政策、世論操作などによる洗脳工作にまんまと引っかかってしまったわけで、まともな思考ができなくなっている。日本の歴史と文化を正しく見直せるようにしたい。

著者紹介

鈴木 旭（すずき・あきら）

昭和 22 年 6 月、山形県天童市に生を受ける。法政大学第一文学部中退。地理学、史学専攻。高校が電子工業高校だったためか、理工系的発想で史学を論じる。手始めに佐治芳彦氏と共に「超古代文化論」で縄文文化論を再構成し、独自のピラミッド研究から環太平洋学会に所属して黒又山（秋田県）の総合調査を実施する。以後、環太平洋諸国諸地域を踏査。G・ハンコック氏と共に与那国島（沖縄県）の海底遺跡調査。新発見で話題となる。本業の歴史ノンフイクション作家として、「歴史群像」（学研）創刊に携わって以来、「歴史読本」（新人物往来社）、「歴史街道」（PHP）、「歴史法廷」（世界文化社）、「歴史 eye」（日本文芸社）で精力的に執筆、活躍し、『うつけ信長』で「第１回歴史群像大賞」を受賞。「面白いほどよくわかる」シリーズ『日本史』『世界史』『戦国史』『古代日本史』はロングセラーとなる（すべて日本文芸社）。他に『明治維新とは何だったのか？』（日本時事評論社）、『本間光丘』（ダイヤモンド社）など著書多数。歴史コメンテーターとして各種テレビ番組にも出演。幅広い知識と広い視野に立った史論が度々話題となる。NPO 法人八潮ハーモニー理事長として地域文化活動でも活躍中。行動する歴史作家である。

眠《ねむ》れなくなるほど面白《おもしろ》い

図解《ずかい》 日本史《にほんし》

2019 年 11 月 1 日　第 1 刷発行
2024 年 11 月 1 日　第11刷発行

著　者　鈴木《すずき》 旭《あきら》
発行者　竹村　響
印刷所　TOPPANクロレ株式会社
製本所　TOPPANクロレ株式会社
発行所　株式会社 日本文芸社
〒 100-0003 東京都千代田区一ツ橋 1-1-1 パレスサイドビル 8F
URL https://www.nihonbungeisha.co.jp/

Printed in Japan 112191019-112241016 Ⓝ 11（300023）
ISBN978-4-537-21735-3

（編集担当：坂）